语文课程
分合论

张心科◎著

华东师范大学出版社
·上海·

图书在版编目（CIP）数据

语文课程分合论/张心科著. —上海：华东师范大学出版社,2022
ISBN 978－7－5760－3069－3

Ⅰ.①语… Ⅱ.①张… Ⅲ.①语文教学－教学研究 Ⅳ.①H19

中国版本图书馆 CIP 数据核字（2022）第 139737 号

语文课程分合论

著　　者　张心科
责任编辑　王丹丹
责任校对　陈　易
装帧设计　卢晓红

出版发行　华东师范大学出版社
社　　址　上海市中山北路3663号　邮编 200062
网　　址　www.ecnupress.com.cn
电　　话　021－60821666　行政传真 021－62572105
客服电话　021－62865537　门市（邮购）电话 021－62869887
地　　址　上海市中山北路3663号华东师范大学校内先锋路口
网　　店　http://hdsdcbs.tmall.com

印　刷　者　上海锦佳印刷有限公司
开　　本　787毫米×1092毫米　1/16
印　　张　14.5
字　　数　251千字
版　　次　2022年10月第1版
印　　次　2022年10月第1次
书　　号　ISBN 978－7－5760－3069－3
定　　价　48.00元

出 版 人　王　焰

（如发现本版图书有印订质量问题，请寄回本社客服中心调换或电话 021－62865537 联系）

目 录

前言　合而不分：语文教育尴尬之源　　　　　　　　　　1
一、研究缘起　　　　　　　　　　　　　　　　　　　　3
二、概念界定　　　　　　　　　　　　　　　　　　　　5
三、研究现状　　　　　　　　　　　　　　　　　　　　6
四、研究思路　　　　　　　　　　　　　　　　　　　　8

第一章　分：历史的探寻　　　　　　　　　　　　　　　9
一、古代语文课程的分合　　　　　　　　　　　　　　　11
二、近代语文课程的分合　　　　　　　　　　　　　　　12
三、现代语文课程的第一次分合　　　　　　　　　　　　20
四、现代语文课程的第二次分合　　　　　　　　　　　　24
五、当代语文课程的第一次分合　　　　　　　　　　　　28
六、当代语文课程的第二次分合　　　　　　　　　　　　30

第二章　合：现实的困境　　　　　　　　　　　　　　　47
一、识字"四会"：齐头并进，还是分进合击　　　　　　　49
二、教材"范文"：阅读之范，还是写作之范　　　　　　　57
三、言语形式：阅读教学内容，还是写作教学内容　　　　65
四、敲打词句：有语文味，还是无语文味　　　　　　　　81
五、读写结合：阅读教学之读写，还是写作教学之读写　　93

六、教学内容：可以确定，还是难以确定　　107
七、教学形式：可有可无，还是千挑万选　　115

第三章　分：未来的方向　　123
一、语文课程分合与语文课程重设　　126
二、语文课程分合与语文知识重构　　129
三、语文课程分合与语文教材重编　　141
四、语文课程分合与语文教学重定　　162

结语　分而有合：语文教育正本清源　　197
一、为何分　　199
二、为何合　　200
三、如何分　　201
四、如何合　　202

附录　　204
参考文献　　223
后记　　224

— 前言

— 合而不分：
  语文教育尴尬之源

— 从来如此,便对么?
    ——鲁迅《狂人日记》

一、研究缘起

　　语文教育理论研究向来莫衷一是,实践操作更是百人千样!语文科因研究水平低下而至今还仍被认为处在"前学科""亚学科"的状态,因为实践效果低下而引发了"咄咄怪事"的质疑,招来"误尽苍生"的骂名。早在1922年,叶圣陶在一篇谈语文教育改革的文章中也谈到了这种尴尬并提出要寻找病根、摸索解决的路径:"在已往或现在的情状里,什么是病根?应从何道改革?是一个问题。"不过,最后他无奈地感叹:"实因我国教育,太过幼稚,顾及一端,便牵动全体。前提之前更有前提……"①那么,能否针对当下语文科的混乱、幼稚、低效"情状"寻出"病根",并针对"病根"开出"药方"呢?这"药方"就是要确定一个"前提",而这个"前提"可以起到抓住一端以牵动全体进而让语文教育得到"全体的改善"的作用。

　　语文教育的病根何在,药方为何呢?在语文教育研究界,常见那种三五个人成立的"派",单个人创建的"说",其创立者谁不认为自己所提出的主张切中了语文教育的要害?谁不认为自己提出的方案可以解决语文教育的一切问题?虽然这种包治百病、包打天下的言论满天飞,但是语文教育实践仍然是高耗低效、研究依然是众说纷纭。这十几年,我在从事语文教育专题史研究时,常思考百年来一直困扰语文教育研究及实践的诸多较大的难题,如语文应该叫什么(课程名称)、语文到底是什么(课程性质)、语文课程知识如何建构、选文标准如何确定、教学内容如何选择、教学方法如何运用,等等。我在《清末民国识字教育现代化研究》《清末民国儿童文学教育发展史论》和《从传统蒙学到现代教育》等论著的余论部分中,均试图通过回溯历史、预设未来的方式对其中的部分难题予以回答。后来,我又试图通过对这些难题产生的历史及各时期提出的不同观点进行梳理来各个击破,这便形成了《语文课程论》一书。我想,如果

---

① 叶绍钧《小学国文教授的诸问题》,《教育杂志》,1922年第十四卷第一号第1、9页。

把语文教育当成一个大迷宫,那么这些难题就如同一个个暗室,《语文课程论》中的每一章就是试图找到打开这些暗室之门的每一把钥匙,不过也只能是叶圣陶所说的"顾及一端"。那么,能不能进一步找到一把很特别的钥匙,只需这一把钥匙就能打开全部暗室之门呢?也就是说,在这些难题中哪一个问题是最根本的问题呢?如果把这个问题弄清楚了,思考其他问题就豁然开朗了,只要这个问题解决了,其他问题的解决就势如破竹了,那就真的可以顾及一端便可"牵动全体"了。

在最近几年,我又遇到一些相对微观的问题,如汉字的"四会"是齐头并进,还是分进合击,各自的利弊是什么?教材中的"范文"是阅读之范,还是写作之范?"语文味"到底是什么,适用范围如何?言语形式是阅读教学的内容,还是写作教学的内容?语言鉴赏是阅读教学的内容,还是写作教学的内容?在阅读教学中,语言鉴赏("敲打")在文学文体和实用文体教学中应有所区别吗?阅读教学中的读、写,与写作教学中的读、写如何区分?教学内容是否可以确定,如何确定?这些问题,中小学语文教师在设计教学时普遍感到困惑,语文教育研究界在进行理论探讨时也没有多少学理上的分析,或不认为是重要的问题而视而不见,或争论不休而导致难有定论。如何解决这些问题?我也曾想像其他学者那样,以某种理论为先导,如现象学、生态学、阐释学、语言哲学、存在主义、建构主义、任务分析理论、图式理论等,一边选一个点进行演绎,一边用语文教育为例来说明,这样可以涉及语文教育的方方面面,似乎解决了语文教育的所有问题。这种将理论套用到语文教育中的移植研究非常流行,每种研究似乎都有点道理,但似乎都没根本解决语文教育的痼疾。后来我想,与其空立一说,不如返回本源,重新思考,去寻找那种牵一发而动全身的东西,或者像阿基米德说的,寻找那个可以撬起整个地球的支点。吕叔湘曾说:"我觉得每逢在种种具体问题上遇到困难,长期不得解决的时候,如果能够退一步在根本问题上重新思索一番,往往会使头脑更加清醒,更容易找到解决问题的途径。"①于是在思考这些难题时,我又退回到百年语文教育发展的历史中去,退回到自己过去的研究中去。我忽然发现撬动整个语文教育的支点、走出语文教育暗胡同的出口、打开多扇暗室之门的那把特别的钥匙,就是我在《清末民国儿童文学教育发展史论》的余论及《语文课程论》的第四章中所提到的"语文课程分合"问题。我认为这是一个影响语文教育全局的问题,目前许多理论问题争论不

---

① 吕叔湘《关于语文教学的两点基本认识》,《语文学习》,1963年第4期第1页。

休、实践操作左右为难都与之有关。这也是一个牵一发可动全身、纲一举而目全张的问题,如果把这个问题弄清楚了,那么许多理论问题不必无休止地去争论,实践操作也不会出现教学目标的确定"没有把握"、教学内容的选择"各不相同"和教学方法的运用"自以为是"等"没有定状"的语文教育了。我似乎找到了叶圣陶试图寻找的那个抓住一端以牵动全体进而得语文教育的"全体的改善"的"前提"。

二、概念界定

首先,此处的"语文课程分合",并不是一般论者常讨论的文言与白话教材的分编与混编、汉语与文学的分科与融合等,①而是指落实识字、写字、阅读、写作、口语等专项能力培养的课程设置、知识建构、教材编写与教学活动的分与合。

其次,此处的"语文课程分合",并不是语文学科外的学科分合,而是学科内的课业分合。"学科"和"课程"是相互联系又有所区别的两个概念,不过在教育学界二者经常被混用而互相替代。有人从学理上对其概念进行过辨析,认为"学科这一术语仅限于学校教育内的教学科目,课程指的是学校教育内的课业或课业进程"②。平时,人们在讨论"语文"时,有时指识字、写字、阅读、写作、口语等课业,有时指整个教学科目。从"学科"与"课程"的关系来看,本文所说的"语文课程分合"实指在"语文"这一教学科目中对识字、写字、阅读、写作、口语等课业进行分与合的设置和实施。当然,当专门的课业成为专门的学科时,即识字、写字、阅读、写作、口语等课业各自的知识体系已经分别完整地建构起来,被确定为完全相互独立的教学科目,具备了作为学科的基本条件,又有足够的分别开设的时间、各自独立成套的教材及专门的师资保证时③,识字、写字、阅读、写作、口语等又可以像现在与语文并列的政治、历史、地理、物理、化学、生物等学科那样独立成科。

又有人认为,在现代课程论视域中,"学科课程"含有学科综合性的意思,如数学学科、社会学科,而"科目课程"强调分科,如数学学科可分为代数、几何、三角等。④ 语

---

① 更不是近年来有人提出的把"语文"分成所谓的"国语科""文学科"与"文化经典科"。
② 田青宇《学科与课程关系初探》,《内蒙古师范大学学报(教育科学版)》,2002 年第 3 期第 82 页。
③ 杨天平在《学科概念的沿演与指谓》中认为,"学科"内涵有四:"其一,一定科学领域或一门科学的分支;其二,按照学问的性质而划分的门类;其三,学校考试或教学的科目;其四,相对独立的知识体系。"《大学教育科学》,2004 年第 1 期第 14 页。
④ 施良方著《课程理论——课程的基础、原理与问题》,北京:教育科学出版社,1996 年版第 273 页。

文就相当于其所界定的"学科课程",而识字、写字、阅读、写作、口语则是与之相对的"科目课程"。

总之,本书说的"语文课程分合"是指"语文"学科内部的识字、写字、阅读、写作、口语等课业的分合。所以,也可以叫作"语文科课业分合"。当然,不排除未来时机成熟时,"语文"学科会消亡,或者说又分成了识字、写字、阅读、写作、口语等新的学科。

三、研究现状

我在《语文课程论》中认为,有关语文课程分合"这种实践和主张近年来出现了消停的迹象"①。最近十几年关于语文课程分合的研究确实不多,主要有以下三家。

一是从梳理历史的角度去总结。2011年,在《清末民国儿童文学教育发展史论》的余论中,我初步梳理了清末民国期间语文课程分合的发展史,然后指出:要重新审视识字、写字、听说、阅读、写作教学之间的关系,建立相互独立的识字、写字、听说、阅读、写作教学,确定各自的教学内容;重构语文课程知识,确定识字、写字、听说、阅读、写作课程知识;重编语文教材,分别编写识字、写字、听说、阅读、写作教材。② 2014年,在《语文课程论》的第四章"语文课程分合论"中,我又进一步梳理了1949年之后的语文课程分合的实践与论争,并提出了语文课程分合设置的设想,即应借鉴历史上的做法,采取新的"分进合击"的方案:小学低年级第一学期集中识字。在识字中进行初步阅读。第二学期,学习写字,集中教学汉语拼音,阅读散体材料。第三学期,继续进行识字、写字教学,阅读教学要提示简单的阅读技法,尝试进行初步的写作(写话)。第四学期,进一步训练阅读和写作。其中的口语交际教学应以训练口语表达技能为主,到了小学高年级乃至初中、高中阶段,为了训练学生高级的阅读、写作和口语交际技能,应开设专门的阅读、写作和口语交际课程。③

二是从学理阐释的角度去分析。2013年出版的《顾黄初语文教育文集外集》中收录了顾先生生前的集外文字,其中有几段是讨论教材分编的,涉及了课程分合的问题。其一,在讨论刘国正的语文教育思想的文章《在继承中求创新》中,他对1980年代初刘

---

① 张心科著《语文课程论》,福州:福建教育出版社,2014年版第3页。
② 张心科著《清末民国儿童文学教育发展史论》,北京:北京师范大学出版社,2011年版第340—386页。
③ 张心科著《语文课程论》,福州:福建教育出版社,2014年版第75—99页。

国正提出的"读写分书"的主张十分赞同:"把阅读、写作和语文基础知识三方面的内容分别编成两本书,一本阅读,一本写作(包括语文基础知识)。二者既各有系统,又相互联系。"①不过,顾先生并没有对此进行分析。其二,在顾先生生前写作的一篇未刊稿《体系的设想和课程的策略——语文学科课程改革的趋势预测》中,他又指出,语文教材"在编法上,可以是阅读、写作、语言基础知识三者分书分编。之所以要强调读、写、语知三者分编,是因为这三种书的'文选'部分,作用不同、要求不同,取舍标准也应有某些差别"。他从"文选"的角度对刘国正的观点进行了分析,也对自己提出的三种文选的作用、要求、标准不同的观点进行了分析。②

三是从实践经验的角度去设计。1960年代,周正逵先生在北京景山学校任语文教师时参与了该校发起的著名的语文教育改革运动。1980年代,他在人民教育出版社任编辑时又主持了高中语文实验教材的编写。在其所著2013年出版的《语文教育改革纵横谈》之《一次全方位的语文教学整体改革实验——1960年代景山学校语文教学改革述评》中,他回顾了景山学校语文教育改革的经验,其中就提到该校课程设置的"分进合击",如一、二年级集中识字、识写分开、作文中心、读写结合;还提到了分编的教材,如低年级的《识字课本》《阅读课本》和《写字练习册》,中年级以上的精读教材有《儿童学现代文》《儿童学文言文》《儿童学诗》《词选》等。③ 在《一次长达二十多年的高中语文教材体系改革实验——1980年代人教版高中语文实验课本述评》中,他对这套分编教材的指导思想、主要特点、基本内容、实验效果等进行了介绍。他指出,全书的主要特点是一"分"、二"合"、四个"转变"。"分"指读写分编,"合"指课内外结合,"转变"指"摆脱以'文选组合''阅读本位''文体循环'和'讲读中心'为基本特征的传统模式,建立以'训练系统''分进合击''能级递进'和'自学指导'为基本特征的新模式",因此"在高中语文教材体系的改革上有较大突破"。④ 在总结自己参与教育改革和主持教材编写的实践经验的基础上,他又提出了一个系统的语文教材编写方案:在《一个承前启后的义务教育语文教科书编写方案》中,他提出:小学要集中识字、识写分开,后学拼音,文言启蒙;初中要阅读、写作分进合击,文言、白话分编分教,文学文、

---

① 顾黄初著《顾黄初语文教育文集外集(下)》,南京:江苏教育出版社,2013年版第671页。
② 顾黄初著《顾黄初语文教育文集外集(下)》,南京:江苏教育出版社,2013年版第1047—1048页。
③ 周正逵著《语文教育改革纵横谈》,北京:教育科学出版社,2013年版第231—232、246—247页。
④ 周正逵著《语文教育改革纵横谈》,北京:教育科学出版社,2013年版第267—268页。

实用文各成体系,不同内容而学法有别,训练分步以循序渐进;等等。①

从总体上看,有关语文课程分合的问题,历史与实践研究相对充分,理论研究最为缺乏,主要表现在两个方面:一是研究集中在谈论教材编写上,很少涉及课程设置(种类、内容)和教学实施(内容、方法);二是在谈教材编写时又多局限在体系与选文上,而缺乏全面系统的设计。所以,全面、系统、深入地对语文课程分合的问题进行理论研究最为迫切。当然,历史与实践研究也应进一步加强,如我在《语文课程论》中提出的1949年之后只有"零星的、偶发的分合试验"的观点现在看来显然是不恰当的,最起码1960年代的北京景山学校的语文教育改革实验、1980年代人民教育出版社主持的高中语文实验教材的编写,以及1980年代张志公、刘国正等人的有关主张,都说明学者们曾认真思考过这个问题,只不过还不全面、深入和系统而已。又如,虽然周正逵先生在实践的基础上提出了新编教材的设想,但是还可进一步深入、细化,例如识字教材怎么编,写字教材怎么编,识字教材与写字教材之间是什么关系,等等,这些问题都有待进一步探索。

另外,与语文课程分合相关的研究举不胜举。在我看来,关于语文课程名称、性质、目标、知识等,以及上述汉字"四会"、教材"范文"、"语文味"、言语形式归属、词句鉴赏、教学内容确定等问题其实都与语文课程分合有着直接的关系。不过,这些论文的作者很少知道自己所讨论的问题竟然与语文课程的分合相关,这就好比人们热衷于讨论各种病症却浑然不知病根之所在。

四、研究思路

鉴于当前研究存在的问题,本书试图从三个方面进行研究:首先,梳理语文课程分合的历史,为理论阐述和实践操作提供一个参照。这项研究因为已有一定的基础,所以只需做局部的补充、修正。其次,探究语文课程分合的理论,从目前语文教育的理论研究中出现的纷争与实践中所遭遇的困境入手,以语文课程分合为工具来进行剖析。这项研究因为极为缺乏,所以要力求全面突破。最后,建构语文课程分合的方案,从课程分设、知识重构、教材重编与教学重建等方面对语文学科重新进行设计。方案的设计,拟适当地参合众家,以推陈出新。

---

① 周正逵著《语文教育改革纵横谈》,北京:教育科学出版社,2013年版第299—329页。

— 第一章

— 一分：
历史的探寻

— 黄色的树林里分出两条路，
可惜我不能同时去涉足，
我在那路口久久伫立，
我向着一条路极目望去，
直到它消失在丛林深处。

— 但我却选了另外一条路，
它荒草萋萋，十分幽寂，
显得更诱人，更美丽；
虽然在这两条小路上，
很少留下旅人的足迹；

— 虽然那天清晨落叶满地，
两条路都未经脚印污染。
呵,留下一条路等改日再见！

但我知道路径延绵无尽头,
恐怕我难以再回返。

—— 也许多少年后在某个地方,
我将轻声叹息把往事回顾:
一片树林里分出两条路——
而我选了人迹更少的一条,
因此走上了这迥异的旅途。
　　　　　——罗伯特·弗罗斯特
　　　　　《未选择的路》(顾子欣 译)

无论是在我国传统语文教育中,还是在欧美国家的现代语文教育中,识字、写字、阅读、写作、口语教育基本上是分开的,那么为什么我国现代语文教育在摆脱传统、借鉴西方的发展历程中,却走上了合而不分的道路呢?

当今天语文教育困难丛生时,我们有必要回溯历史,看看我们是怎样一路走来的。道路的选择是否恰当,走得是否正确,在进路探索的过程中是不是有人怀疑过正在走的路,是不是规划过其他的路?

"以史为鉴可以知兴替",是说应从历史中总结成功的经验、吸取失败的教训。"以古鉴今",是指可将古代与当下进行比较,考察得失、权衡利弊。从历史的角度梳理语文课程分合的发展轨迹,从表面上看是描画出一条历史发展的实线,实际上是为未来设计一条理想的虚线提供参照。

本章主要回溯语文课程分合及其论争的历史[1],为下两章对课程分合问题进行理论阐释并尝试设计未来的课程实施方案提供参照、奠定基础。

一、古代语文课程的分合

我国古代小学教育俗称"蒙学"。《易·蒙》云:"蒙以养正,圣功也。"《尚书正义》云:"蒙谓暗昧也,幼童于事多暗昧,是以谓之童蒙焉。"张志公先生认为,定型于明清两朝的传统蒙学教育基本上包括了四个阶段[2]:第一,集中识字阶段。先以《三字经》《百家姓》和《千字文》(以下简称"三、百、千")为主要教材来让儿童集中识字,同时也让其接受知识和思想教育,如明代吕坤认为,"先读《三字经》,以习见闻,《百家姓》,以

---

[1] 顾黄初先生认为,一门学科成熟的标志之一就是"对本学科的历史发展有较为全面的开拓,并能从历史的观照中洞察本学科未来发展的方向"。《关于语文教育史研究与对话》,见刘正伟著《语文教育现代性探索》,北京:商务印书馆,2015年版第186页。
[2] 张志公著《传统语文教育初探(附蒙学书目稿)》,上海:上海教育出版社,1962年版第1页。

便日用,《千字文》,亦有义理"(《社学要略》)①。第二和第三,初步读写和进一步识字阶段。以《弟子职》《文字蒙求》《史学提要》和《名物蒙求》等为主要教材,通过初步阅读进行知识教育及思想教育,同时巩固识字教育;以《日记故事》《书言故事》《千家诗》和《神童诗》等诗文为教材,在初步阅读的同时进行属对等初步的写作训练。第四,进一步读写阶段。以"四书""五经"②、《昭明文选》和《古文观止》等及其选注评点本为教材,通过进一步的经义研习、整篇的写作训练,进行伦理道德训育;同时,进行初步的诗歌写作训练,以备科举考试。

可见,在传统蒙学中,识字、写字、阅读、写作教学是分进合击的:"三、百、千"等是识字教材,识的字是"人之初,性本善",写的字是"上大人,丘乙己";"四书""五经"等是阅读教材,读的是"关关雎鸠",写的是"八股""策论"(明清科举时代)。其实,识字、写字、阅读、写作课程也是各有各的特点,各有各的规律、步调,也应该当分则分,当合则合。而且,在 20 世纪人们曾做过五次分的努力,但因多种原因至今仍合在了一起。下文试图对这五次主要的分合进行梳理、辨析,来探讨语文课程的分合问题。

二、近代语文课程的分合

1902 年,《钦定学堂章程》颁布而未实行。1904 年,《奏定学堂章程》颁布且实行。这两部学堂章程的颁布标志着语文独立设科。传统蒙学向现代教育转型,体现在很多方面,如教育目的由培养精英变为培养公民,场所由私塾社学变为现代学堂,教材由"三、百、千""四书""五经"变为现代教科书,形式由重个别教学变为重集体教学,方法由记诵点拨变为讲解启发,考试由八股、策论变为一般文章,等等。除此之外,一个重大转变就是课程由原来的混沌不分变为分科设置。

(一)学堂章程中分与合的设想

在《钦定学堂章程》和《奏定学堂章程》中并无单一的语文学科,而是以学科群的形

---

① 陈宏谋辑《五种遗规》,北京:线装书局,2015 年版第 74 页。
② 汉代以"五经"(《诗经》《尚书》《礼记》《易经》《春秋》)为教材,宋代又增加"四书"(《大学》《论语》《中庸》《孟子》)为教材。不过,因为"读经以存圣教",所以"五经"中的《诗经》和"四书"中的《孟子》都是供教化之用。

式出现的。如《钦定学堂章程》在"功课教法"中所列的与语文相关的"课程",蒙学堂中有字课、习字、读经,寻常小学堂中有读经、习字、作文,高等小学堂中有读经、读古文词、习字、作文。从其所规定的"功课"内容来看,是将识字(字课)、写字(习字)、阅读(读经、读古文词)、写作(作文)分开实施的,采用的是蒙学教育分进合击的方式。而在《奏定学堂章程》中采用的是整体分进合击、局部齐头并进的方式,在其"学科程度及编制"中所列的与语文相关的"科目",初等小学堂中有读经讲经、中国文字,高等小学堂中有读经讲经、中国文学,还有官话及中小学堂读古诗歌法。从其所规定的"科目"内容来看,读经讲经、中小学堂读古诗歌法是进行阅读教学,官话是进行听说教学,中国文字是将识字、写字、作文结合在一起教学。如在《奏定初等小学堂章程》中,第一年"中国文字"所规定的内容为"讲动字 静字 虚字 实字之区别 兼授以虚字与实字联缀之法 习字即以所授之字告以写法"①。当时的作文又称"缀文",作文训练按联字成句、联句成段、联段成篇的方式逐步训练,所以"授以虚字与实字联缀之法"是进行初步的作文训练。中国文学将阅读、写作结合在一起教学,并将写字、说话与其分开教学,如《奏定高等小学堂章程》中第一年"中国文学"所规定的内容为"读浅显古文 即授以命意遣词之法 兼使以俗话翻文话 写于纸上约十句内外 习楷书 习官话"②。

在某种程度上,"'学科'变成等同书本的列单","不同学科全赖不同的课本才能区分开来"③。"书本""课本"确实只是"学科"的一部分,但是"书本""课本"是"学科"知识得以具体化的凭借,如果其没有这个凭借,而仅仅停留在口头传承阶段或者只记载在课程纲要中,我们很难说这是一门"学科";进一步说,因为"书本""课本"是"学科"知识的载体,所以在一定程度上也可以通过表现不同门类知识的"书本""课本"来区分不同的"学科"。从这个意义上说,不同门类知识的"书本""课本"也可以建立不同的"学科"。但是,清朝学部并没有编出识字、写字、听说、阅读和写作教科书,直至1907年才编写出国定的《初等小学国文教科书》《初等小学修身教科书》,因为人力有限,自身编、印的教科书质量不佳,尤其是仿照商务印书馆出版的《最新初等

---

① 课程教材研究所编《20世纪中国中小学课程标准·教学大纲汇编(语文卷)》,北京:人民教育出版社,2001年版第6页。
② 课程教材研究所编《20世纪中国中小学课程标准·教学大纲汇编(语文卷)》,北京:人民教育出版社,2001年版第9页。
③ 华勒斯坦等著,刘健芝等编译《学科·知识·权力》,北京:生活·读书·新知三联书店,1999年版第14、15页。

小学国文教科书》的体例,抄袭其他教科书中的课文,所以其在第一册出版时,受到了抨击。可见,这两份学堂章程只是停留在纸面上的课程设计。

(二) 国文教科书中分与合的实施

1904年底,商务印书馆的《最新初等小学国文教科书》和《小学校习字帖》出版,这样就以教科书的形式确立了一种有别于学堂章程中学科群的"语文"学科,而且其名称为"国文"。商务印书馆所编的教科书,除国文外①,随后还有初小修身、算术、珠算、格致,高小地理、历史、理科、算术、珠算。另外编有"重在与国文教科书联络"的"习字帖"②。将这些"学科"和《奏定学堂章程》比对后,我们发现,商务印书馆以"国文"教科书和"习字帖"的形式确立了一个和章程不同的"语文"学科,其基本做法是对《奏定学堂章程》进行改造,用"国文"名称替换或者说统并了其中的中国文字、读经讲经、中国文学和中小学堂读古诗歌法等学科所组成的"群"的名称,然后通过教科书的"课文"对这些学科的内容作了综合和替换,以字、句、成篇的作品来替换章程中所列经书、古文、古诗。当然,虽然此学科定名为"国文",但是商务印书馆的编辑自己对学科的认识也是矛盾的。如蒋维乔将"国文教科书"和"习字帖"并列,《最新初等小学国文教科书》的编辑大意称习字帖与国文科联络。这说明他们认为"习字"既可独立为"书法",又可归入"国文"中的"写字"。可能商务印书馆认为将识字、阅读和写作等教学借助一本《最新初等小学国文教科书》来完成只是权宜之计,所以随后又着手编写了以下相应的教科书。

识字教科书。《教育杂志》第一年(1909)第一号刊登有商务印书馆发售的盒装《五彩精图方字》(1906,长乐高凤谦校订、钱塘戴克敦编辑)和册订《五彩绘画看图识字》的广告,宣称此"可为家庭教育及幼稚园之用,小学校奖品用此,亦最相宜"③。对前者的介绍是:"儿童初入塾,教以方块字,法本善也。惟无图画,儿童既苦其难;随手

---

① 1909年前后,又编有小学用的《初等小学简明国文教科书》《初等小学女子国文教科书》和《半日学堂简易国文课本》等,中学用的《中学国文读本》和《中学国文教科书》等,均以"国文"名之。《教育杂志》,第一年(1909)第三期插页广告。
② 蒋维乔《编辑小学教科书之回忆》,商务印书馆《出版周刊》,1935年新一百五十六号第11页。
③ 《教育杂志》第一年第三期此书广告,实物画封面有"一面有图,一面有字,儿童观之,自然识字"语。第五期改《五彩精图方字》为《学部审定五彩精图方字》,广告用语改为"家庭教育及幼稚园、五六岁儿童"必需之用品。

缮写,次序亦多不合。本馆特制方字一千装入盒中,其先后以笔画之繁简、意义之浅深、音调之难易为准,最合儿童之心理。"对后者的介绍是:"此书与方字用意略同,第一册专列单字,第二册专列双字。左方图画,右方写字。其图皆取事物之习见者,其字皆取与语言相合者。虽字数无多,亦足以为儿童认字入门之用也。"其实它们就是一套活页的、一套装订的"集中识字"教科书,而且商务印书馆曾以此为教科书呈学部审定,学部的批文是:"据呈书悉查,五彩精图方字,极便初学,惟附图尚未详备,宜即补绘,作为初等小学之用。"①

作文教科书。商务印书馆在其《教育杂志》第一年(1909)第一号的"悬赏征集教授案简章"中说:"本社为读者诸君研究教法,交换智识起见,特悬赏征集教授案,每月一次,于修身、读本、作文、算术、历史、地理、理科等门中,择一门命题。"②从其所罗列的学科名称可以看出,此处将"读本"和"作文"并列为两"门"。可见,《最新初等小学国文教科书》只是"读本",是"阅读"科教科书,而非"作文"科教科书。于是,商务印书馆出版了戴克敦编辑的初等小学用《最新作文教科书》(五册)和教授法(五册)。其广告称:"儿童初入学堂,程度甚浅,教写作文,十分困难,而又苦无善本,有鉴于此,特编是书,专为初等小学作文之用。全书五册,材料均与本馆前出《最新国文教科书》比附,按课编次,无一生字,并参酌东西各国文法书而折衷于吾国儿童之习惯,所采辨形、正音、分类、嵌图、联字、造句、成文之法多至数十。用圆周教授法,别其难易,按册分配,务使儿童易于领悟。既读一课,即得一课之用。另编教授法,按课说明,教员得此,尤便应用。现出第一册,供初等小学第一年之用。"③

官话教科书。1911年第二期《教育杂志》登载了林万里等编辑的四册《最新国语教科书》的广告,广告称:"近来学堂设官话一科,以谋语言之统一。本书取材于学部审定之各种教科书,演为通行官话,以为初等小学后二年之用。"学部在此教科书的批语中写道:"国语教科书编辑大意,以国语为统一国众之基,又注意于语法,并准全国南

---

① 光绪三十四年九月二十二日《商务印书馆经理候选道夏瑞芳呈书请审定禀批》,《教育杂志》第一年(1909)第二期"附录"第17页。第一年第四期插页广告"初等小学堂用书"中明确将《五彩精图方字》列为教科书:"五彩精图方字 一盒 共一千字 附教授法 每盒八角"。可见识字教学不仅有教科书,还configured有教法用书。
② 《教育杂志简章》,《教育杂志》第一年(1909)第二期第3页。
③ 《教育杂志》,第一年(1909)第二期。

北之音而折衷之。全编大致,由浅入深,虽异文言,却非俚语,各课义无偏岩,且足引起儿童兴会。由此进步,足为研求文学之阶梯,应准作为初等小学教科书。"①

关于《奏定学堂章程》中模仿音乐科所列的"中小学堂读古诗歌法"一科,商务印书馆认为应纳入"音乐"一科内完成。《教育杂志》为此悬赏征集歌词,而且曾编《唱歌教科书》呈学部审定,学部对此批语为:"《小学唱歌教科书》尚可用,惟协韵间用方音,务须速即改正。"②编辑庄俞认为,"中小学堂读古诗歌法"确有好处,将其纳入新增设唱歌科中,即以真正的"音乐"科代替"中小学堂读古诗歌法"③。当时,音乐科已存在,学部图书编译局也刊行过《歌唱教科书》。

关于"读经""读经讲经"科,《奏定学堂章程》已指定了相应的教科书,商务印书馆没有编相应教科书,而且反对设立"读经""读经讲经"科,所以《奏定学堂章程》中属于"阅读"的"读经""读经讲经"在"国文"学科的阅读教学中也就不存在了。《教育杂志》第一年(1909)第四、五期连载了顾实的《论小学堂读经之谬》。该文指斥设置"读经"一科是"科举之变相","四书""五经"是培养卿相大夫、普通官吏的"仕宦教科书或做官教科书",难以作"国民教育"培养普通人才之用,其内容中所定的儒家教义、规范也与当今现实需要格格不入,如"君子喻义,小人喻利"与当时重视实业的思想相违背,如果"强今之世循古之法",则必然会违背科学性教育的基本原则。关于"读经"是否要独立设科,江苏省教育总会的会员对此意见不一,章广祺认为"讲经宜附于修身科",李元蘅认为"修身科内之读经时间宜改并为国文"④。可见,均反对设立"读经讲经"一科。1911年,学部仿照日本高等教育会议的方式而在京师召开中央教育会议,会上林传甲等代表主张读经,但多数人反对设"读经讲经"科,如何劲致书全国教育联合会时痛斥读经讲经之害,认为经书内容不庄而不宜学习(《诗经》中多男女相悦之辞)、文理艰深而不易学习("《大学》《中庸》理太深而文太奥……今乃执八九岁之童子,而遽语之曰道千乘之国,曰吾道以一贯之,何其视今日八九岁之童子,其程度竟高

---

① 《学部批示商务印书馆呈请审定教科书》,《教育杂志》,第二年(1910)第一期第4页。
② 光绪三十四年九月二十二日《商务印书馆经理候选道夏瑞芳呈书请审定禀批》,《教育杂志》第一年(1909)第二期"附录"第17页。
③ 庄俞《教育琐谈》,《教育杂志》,第一年(1909)第四期第21—22页。
④ 《江苏教育总会研究学部变通初等小学章程意见书提要、续交到意见书提要》,《教育杂志》,第一年(1909)第十期第21、22页。

于孔门之高足弟子乎")①。最终,会议通过了"不设读经讲经科"的决议案。②

可见,在商务自身看来,"国文"一科,其教科书应包括《五彩精图方字》《五彩绘画看图识字》《小学校习字帖》《最新国文教科书》《最新作文教科书》和《最新国语教科书》,分别用以完成识字、写字、阅读、作文和说话教学的任务。虽然1905年出版的《最新初等小学国文教科书教授法》在总论中称阅读、写作和写字等内容有别——"导生徒之心思,使于文字之中,领略他人之思想,即读书一科之教授也。久之而发挥自己之心思,以施诸文字,即作文一科之教授也。……此外尚有练习写法(国文科练习写法,专讲起笔先后,与习字科有别),亦最为紧要"③——但是,因为最初只出版了《最新初等小学国文教科书》和《小学校习字帖》,所以当时只是凭借一本《最新初等小学国文教科书》来完成识字、写字、阅读、写作、口语等任务,而且在与之配套的《最新初等小学国文教科书教授法》中每一课的教学内容均有识字、写字、写作等内容,这之后的教授书都是如此设置,如《共和国国文教授法》称:"教授法……凡缀方、读方、谈话诸法,均已略具其中,定为教授用书,庶几无憾。"④因为识字、作文、官话等其他教科书出版的滞后,实际上导致《最新国文教科书》并非单一的"读本",而是完成各项教学任务的"课本",如一位小学教师介绍自己学校里的国文教学时就提到,"教授国文,第一在选择课本",而他们学校"国文则分四班,四五年级同一教科,全校均用集成课本,其授课为同事朱君所担任,而作文等项仆则分任之"⑤。商务印书馆编译所杨天骥、蒋维乔编校的《初级师范学校教科书各科教授法》将"国文科"又分成"读书作文科"和"习字科",关于阅读、作文的教学的安排,该书特意作了说明⑥:

> 读书与作文同属于国文科之一部,为其性质互相联合,故教授者当常令连络

---

① 何劲《说两等小学读经讲经之害》,《教育杂志》,第三年(1911)第五期第53、54页。
② 陆费逵《论中央教育会》,《教育杂志》,第三年(1911)第八期第71页。
③ 后文对写法与习字就行区分:"教者勿误会写法即习字科。盖习字科之意,务使学生练习用笔结构。国文科之写法,在使学生练习起笔先后,不求十分工整也。文字写法,最宜纯熟,我国文字笔画繁难,尤宜加意,故教授时但能习练起笔先后,不能十分纯熟,再另设字科以习练之。"(蒋维乔、庄俞编《最新初等小学堂国文教科书教授法(第1册)》,上海:商务印书馆,1905年版"总论")这说明写法重在对字的形体结构、笔画多少、笔顺先后的熟悉,侧重认知;而习字则重在写成之后形体结构是否美观、笔画书写是否到位、笔画之间衔接是否恰当等,侧重审美。二者之间的关系类似于现在所说的写字与书法之间的关系。
④ 《京外教育行政官厅批上海商务印书馆请审定各种教科书呈、广东教育司长钟荣光批》,《教育杂志》,1912年第四卷第七号第49页。
⑤ 苏耐盦《教育实验心得》,《教育杂志》,1911年第三卷第二期第25页。
⑥ 杨天骥、蒋维乔编校《初级师范学校教科书各科教授法》,上海:商务印书馆,1906年版第6—7页。

并行也。

读书之目的,在读他人所缀之文字,而养成理解之能力。作文之目的,在养成正当之思想,而表彰于文字之能力。读他人之文字而得理解,即所以学表彰自己思想之方法,故读书者,为作文之基础,又为其材料。更详说之,读书者,主学文字及其用法,兼发各种之思想。作文者,就既知之文字,而习练表彰心得之方法。两者关系之密切既如此,故在初等小学,不分读书作文之教授时间也。

可见,在编者看来,所谓的阅读只不过是借此学习作文的方法以及积累作文的材料,所以教学阅读就是在教学作文,二者没有必要区分。从以上两处材料可以看出,这一时期"国文"虽按识字、写字、阅读、写作(当时"官话"一科并未实行)分科设置,但教学所用的是同一本教科书("集成课本")。

如果说教科书出版的滞后导致了识字、写字、阅读、写作、说话的混合教学,那么随着相应的教科书出版就应该进行分开教学了,但是后来并没有分开,又是为什么?除了出版各科教科书增加了学生的学习负担和家庭的经济开支,进行分科教学增加了教师的工作压力、学校的经济负担等原因,最主要的原因,还是与教科书的编写方式以及人们对识字、写字、阅读、写作、说话之间关系的认识有关。《最新初等小学国文教科书》是按由单字到联字、到短句、再到短文的思路编辑,这主要受《新订蒙学课本》(1901)的文字组织形式的影响,而《新订蒙学课本》主要是"仿泰西读本",即沿用的是西方小学教科书的编写思路。按陈荣衮的说法,蒙学课本的编写旨意是让识字符合儿童的语言水平,如儿童初学讲话多单字,再词语,再完整的句子,"是其初读不过眼前物件,且又由一字至二字至三字,递推递增,非开口便读全句也。盍观婴儿之学语乎?其始只能学一字之语,多一字不能也。童子读书与学语无异耳"[1]。可见,这种编排方式可使这种国文教科书作为识字教学的教科书。另外,当时认为学习一个字既要能识、又要会写,所以识字、写字不再分开,故"初等小学之习字帖,重在与国文教科书联络。其原则即每册所习之字,必取教科书已读过之字是也"[2]。那么,这种国文教科书理所

---

[1] 陈子褒《论训蒙宜用浅白读本》,陈子褒著《教育遗议》,台北:文海出版社,1973年版第37页。

[2] 蒋维乔《编辑小学教科书之回忆》,商务印书馆《出版周刊》,1935年新一百五十六号第11页。前述商务印书馆编《最新国文教科书》由日本人担任顾问,习字帖编写可能也应该受到了日本习字帖编写的影响,如陈荣衮回忆自己1898年考察日本教育时曾对日本经"数十年之试验"的习字帖佩服得"五体投地",认为其"尽善尽美为地球各国所无而可为中国之师者,则习字帖是也"。陈子褒《童子习字帖说》,陈子褒著《教育遗议》,台北:文海出版社,1973年版第41页。

当然地又成了写字教科书。当时人们认为,"儿童语言,由简单而复杂,为文亦然。初等小学常不过数十字,至高等以上,累数百言也"①。写作教学的过程应该是教学生"由积字而成文"②,而"文章不外文字、语句、段落、篇章。自联字、造句以成节篇而求明晰也易,自成篇以进势力也难"③。可见,这种编排方式也可使这种国文教科书作为写作教学之用的教科书。另外有人认为,"国文之作法,实养成于国文之读法。读法之教授,既能十分完善精密,儿童能十分理解运用,则作文之基础已成,于作文时自能活动应用。造因既佳,结果自良","作文教授,若仅就作法上研究,是犹军队之作战,不于先时准备养成,而于临阵时讨论战术也",所以,"教授读法之时,于文字、文法、思想、感情等,须令儿童得正确之知识,应用段中形式内容两方,均须充分练习应用。若读法应用不充分,作文时即不善运用","读法与作法有密切之关系,形式上有吸收文字文章之力,内容上有启迪思想感情之能。文字文章、思想感情之二者,乃作文之要素也"。④ 可见,完全可以借助阅读来完成写作教学的任务,"盖读本之文,乃缀法教材之贮藏库,亦为缀法之模范文"⑤,所以也就不必再另编写作教科书了。

因为以上原因,所以1912年颁行的《小学校教则及课程表》和1916年颁布的《国民学校令施行细则》《高等小学令施行细则》都规定,"读法书法作法联络一致,以资熟习"⑥。这样就将学堂章程中设定的与阅读、作文、识字、写字、听说相应的学科作了统整,相应地,多种"国文"科教科书又变成了一本由单字、联字、短句、短文组成的国文教科书。虽然民初商务印书馆仍然在出版《五彩精图方字》和《五彩绘画看图识字》,但其性质又恢复成了"家庭教育之利器"⑦,而并非学校用的识字教科书;又出版了《小学文法初阶》和《小学作文入门》,但从其广告内容来看,这两本书并非学生用的作文教科书,只是学生作文选的评注本,为学生课外写作提供参考("初学速通文字之秘

---

① 《教育杂志》,1913年第四卷第八号广告。
② 沈颐《论小学之教授国文》,《教育杂志》,第一年(1909)第一期第6页。
③ 蒋维乔《论小学校以上教授国文》,《教育杂志》,第一年(1909)第三期第40页。
④ 姚铭恩《小学作文教授法》,《教育杂志》,1915年第七卷第六号第15页。
⑤ 《教育研究实用主义问题:实用主义实施法》,上海:教育杂志社出版,1914年第六卷临时增刊第50页。
⑥ 课程教材研究所编《20世纪中国中小学课程标准·教学大纲汇编(语文卷)》,北京:人民教育出版社,2001年版第11页。
⑦ 《教育杂志》1914年第五卷第十号广告。

钥"),为教师研究作文教学提供帮助("初学研究国文者之宝筏")而已①;也没有再见到新出版的《习字帖》和《国语教科书》。教学参考书也将各种教学活动列入单篇课文的教学之中,如1913年有人在评价商务印书馆出版的高等小学用《共和国教科书新国文教授法》时称:"凡缀方读方谈话诸法,均已略具其中。"②

三、现代语文课程的第一次分合

1920年,"国文"改为"国语",小学教科书逐步废除文言改为白话。中学教科书文言渐增、白话递减。从美国传入的设计教学法也风行国内。随着语言工具和教学方式的变化,人们对识字、写字、阅读、作文、口语之间的关系的认识发生了很大的变化,对其课业设置也有不同主张和实践。

(一)吴研因主张有限分离

1. 识字与阅读教学完全结合,与写字、用字(写作)教学适当分离

就识字、写字、用字来说,从1904年出版的《最新国文教科书》的第1册到1920年出版的《共和国教科书新国文》的第1、2册都是按单字、联字到短句、短文的方式编排,都强调儿童集中识字,而且要求识字应做到识(念)、写、讲、用等"四会",目的是让儿童能够快速地用文字进行书面表达。吴研因认为,"文字的识和写,是要慢慢儿自然学会的,读过了许多自然能识能写","要使学生读过一字,认识一字,且要能够分析书写,这也实是'硬做'",③其实儿童在"看第一遍,有些生字新词,虽不了解,因为切求内容之故,也往往推想他的意义而通过了",所以,"在概览全课的中间,不当多费工夫,斤斤于生字新词的教学,遇有生字新词,只须轻轻指点说明就是了"。④可见,可将字的识与写融合到阅读教学中去完成。他还说:"最可笑的:一个'人'字或'一'字,其实只须在学生需要的时机,轻轻指示一下,也就够了,我们也偏要练习话

---

① 《教育杂志》1914年第五卷第十二号广告。
② 《广东教育司司长钟荣光批上海商务印书馆共和国教科书请审定呈》,《图书汇报》,1913年第十九期第5页。
③ 吴研因《文字的自然教学法》,《教育杂志》,1922年第十四卷第三号第2、6页。
④ 吴研因《小学国语教学法概要》,《教育杂志》,1924年第十六卷第一号第13页。

法,深究应用。"①也就是说,也不必强调一个字识过就会用。可见,他反对集中识字而主张随文分散识字,识写分开,多识少写、少用,因为这样既可提高儿童识字的兴趣、增加儿童的识字数量,又能使儿童在不同的上下文中领会一个字的多种意义和用法,而又不减弱儿童阅读的兴趣。所以,他在《新学制课程标准纲要小学国语课程纲要》中,针对第一、二学年教学识字只要求认识"重要文字",并不要求每个字都识;整个小学六年的写字教学也有专门的"设计练习",并逐渐发展成"书法"。可见,并不要求识即会写;更不要求识后就用,况且"小学初年级的儿童,也没有用文字发表情意的能力"②,所以宜用语言表达代替书面表达。总之,主要是将识字与阅读结合,而与写字、用字适当分离。

2. 阅读与写作教学分离

吴研因认为,新学制国语课程纲要,阅读以兴趣为主,所以阅读教科书偏重文学,而将那些不易引起阅读兴趣的一般记叙文、说明文、议论文等实用文章和应用文,纳入作文教学中。这和以前的主张颇不相同:以前是写什么就读什么,或者说读什么是为了写什么,而他认为阅读主要是提高兴趣,写作主要是应付生活。所以,他在课程纲要中规定的一至六学年的阅读材料都是儿童文学作品。而关于写,除一、二学年要求学习"简单语言的记录发表"外,三至六学年要求写的都是普通文章和应用文,如第三学年为"通信、条告、记录的设计,和实用文、说明文的作法、研究、练习",第四学年在此基础上"注重实用文、说明文的作法、研究、练习",第五、六学年为"实用文、记叙文、说明文、议论文的作法研究、练习、设计"。③ 可见,他认为阅读和写作要分开设计。当然,他并不反对以读促写,他在《小学国语教学法概要》中将作文分成"文章的研究"与"文章的练习制作",并将二者结合在了一起。可见,"作文"课中也有阅读材料,"可把读文等中所读过的材料做基础;再收集许多读文中所缺少的材料,例如说明文、书信文、议论文等","所用材料,要以实用文、说明文为主,不必多研究文学文的作法;因为文学文是供儿童读的,不是要儿童学做的"。④ 但是,"国语教科书,乃教学读

---

① 吴研因《文字的自然教学法》,《教育杂志》,1922 年第十四卷第三号第 2 页。
② 吴研因《小学国语教学法概要》,《教育杂志》,1924 年第十六卷第一号第 21 页。
③ 课程教材研究所编《20 世纪中国中小学课程标准·教学大纲汇编(语文卷)》,北京:人民教育出版社,2001 年版第 13—14 页。
④ 吴研因《小学国语教学法概要》,《教育杂志》,1924 年第十六卷第一号第 23 页。

文的工具"①,即非教学其他的工具。

3. 阅读与说话教学分离

国文时代,说话教学是和阅读教学结合在一起进行的,且说话教学并非真正的说话练习,而只是阅读教学的附庸。正如吴研因所说的,"话法练习,教员把课文演译成口语,一句句说给学生听,教学生一句句跟着他学,在教员很费工夫,在学生毫无趣味;真所谓'鹦鹉学舌'罢了"②。作为国语教学,必须有独立的话法练习,所以《新学制课程标准纲要小学国语课程纲要》将"语言"(话法)单独设置,其第一至六学年的教学内容分别为:第一学年"演进语练习,简单会话,童话讲演",第二学年在此基础上"注重会话和童话讲演",第三学年"童话、史话、小说等的演讲",第四学年在第二学年的基础上"加普通的演说",第五学年在第四学年的基础上"加辩论会的设计、练习",第六学年在第五学年的基础上更"注重演说的练习"。③ 会话、演讲、辩论三者构成一个独立于阅读的说话训练体系。

综上可见,吴研因试图将课文只作为阅读的对象,以矫正以前将课文作为识字、写字、作文、说话教学的凭借而使阅读教学异化的倾向。

(二) 黎锦熙主张完全结合

国语运动倡导者认为,口头上说的和书面上写的能够完全一致,说的是白话,写下来就是白话文,多数人能听懂的话就是"国语",照此写下来也是"国语"。如认为,国语包括"口头的——本国多数地方能懂能说的语言,……纸上的——写在纸上,和上述语言一致的体裁,不必再用口语详细注解或翻译的"④。黎锦熙说:"国语科的文字,是要完全以语言为背景的。"⑤读和说、读和写、说和写的对象都是白话,那么自然就能联络一气,而且要达到言文一致,也必须联络一致。所以,他认为,"作文在儿童方面,是完全以读法、话法为基本的"⑥,故有"话法中的缀法"和"读法中的缀法"。有"话法中

---

① 吴研因《小学国语教学法概要》,《教育杂志》,1924 年第十六卷第一号第 9 页。
② 吴研因《文字的自然教学法》,《教育杂志》,1922 年第十四卷第三号第 2 页。
③ 课程教材研究所编《20 世纪中国中小学课程标准·教学大纲汇编(语文卷)》,北京:人民教育出版社,2001 年版第 13—14 页。
④ 黎锦晖《国语概论》,《国语月刊》,1922 年第一卷第三期第 3 页。
⑤ 黎泽渝、马啸风、李乐毅编《黎锦熙语文教育论著选》,北京:人民教育出版社,1996 年版第 489 页。
⑥ 黎泽渝、马啸风、李乐毅编《黎锦熙语文教育论著选》,北京:人民教育出版社,1996 年版第 472 页。

的缀法",是因为口头作文,虽然属于话法,但其演讲、辩论之前的准备和之后的记述都为作文积累了材料、提供了练习机会。有"读法中的缀法",是因为"读本即是儿童作文的模范",通过对课文"文法"的分析,让学生掌握写作方法;也可就所读的故事,先由教师同学表演、讲述,让学生用文字记述出来,或仿作一篇,或改编成剧本等写作实践。① 读本也是话法的材料,所以要在"读法前的话法"和"读法外的话法"之外,特别注意"读法内的话法",即就读法的内容进行问答、演讲、辩论及"口语式的'朗读'"。② 识字可纳入读法,在阅读过程中随文识得;写字可"与读书作文联络"③,写字可写读本中的字,同时写字"是记录发表的初步,是作文的基本单位",单纯的写字是没有多大意义的,作缀法基本的"写字教学,也不是离开字的用法和内容而专作机械的笔顺练习可以发生效果的"。④

总之,在黎锦熙看来,"不但读法、话法、写法、作法要打成一片,就是国语和其他科目也要打成一片"⑤。这主要受1920—1924年传入我国的克伯屈所创立的设计教学法的影响,黎锦熙曾在《新著国语教学法》中特设一章"国语教材和教学法的新潮",举例介绍设计教学法。设计教学法不仅要求教材应做到自然、体育、社会、算术、音乐等各科联络,而且要求做到话法、识字、书法(习字)、读法、作法等各项活动联络。黎锦熙认为,只有做到教材的各科联络、活动的各项联络才是上品的"国语科"。

虽然吴研因设想识字、写字、说话、阅读、写作教学有限分离,但因为这几者之间存在着一定的关联,而又没有相应的教科书将这几项不同教学活动的内容具体化,所以实际上仍是用由儿童文学为主的读本来完成这几项教学活动。这样一来实际的阅读教学就必须担负起识字、写字、说话、阅读、写作等教学任务,而且这之后的课程文件如《新学制课程标准纲要小学国语课程纲要》(1923)、《小学课程暂行标准小学国语》(1929)、《小学课程标准国语》(1932)、《小学国语课程标准》(1936)等也一直这么规定,如1936年颁布的《小学国语课程标准》就规定:"第一、二学年说话、读书、作文、写字以混合教学为原则。""第三、四学年起,说话、读书、作文、写字仍可混合教学。如分

---

① 黎泽渝、马啸风、李乐毅编《黎锦熙语文教育论著选》,北京:人民教育出版社,1996年版第498—501页。
② 黎泽渝、马啸风、李乐毅编《黎锦熙语文教育论著选》,北京:人民教育出版社,1996年版第103页。
③ 黎泽渝、马啸风、李乐毅编《黎锦熙语文教育论著选》,北京:人民教育出版社,1996年版第105页。
④ 黎泽渝、马啸风、李乐毅编《黎锦熙语文教育论著选》,北京:人民教育出版社,1996年版第488页。
⑤ 黎泽渝、马啸风、李乐毅编《黎锦熙语文教育论著选》,北京:人民教育出版社,1996年版第416页。

别教学时,也应互相联络。"①

这一时期,虽然有些学校将话法(语言)、书法(习字)、读法(读书)和作法等教学分列在课程表中,但实际的教学仍是仅凭一本由单篇文章构成的课本来完成。如有人就提出:"国语科虽分为'读法''缀法''听法''话法''书法'等五科目,但各科目之教学,须相互构成其有机的联络,然后始能使儿童之国语能力,有普遍而迅速的发展。故欲澈底实施读法科之教学,必须同时于读法教学过程中,包含'缀法''听法''话法''书法'等各分科的教学。"②可见,国语能力包含这五项,而其他四项完全可以在"读法"中完成,而且应该在"读法"中完成,因为只有这样才是"澈底实施读法科之教学"。

四、现代语文课程的第二次分合

1937年,抗日战争全面爆发,虽然战火纷飞,但是学者们仍以《国文月刊》《国文杂志》等为阵地积极研讨语文教育问题。1945年,国共内战爆发,边区教育工作者也在《新教育》上发表了一批有关语文教育的论文。从这些研究成果中可以发现,人们一直没有停止对语文课程分合问题的思考和争论。

(一) 说、写教学应该分离

1. 说和写不可能完全一致

黎锦熙等国语运动者认为言文能够一致。但早在1922年庄泽宣就提出"言文永不能一致,但可以很接近"③。俞平伯也说:"我赞成统一国语,但我却不因此赞成以国语统一文学。文学的国语,国语的文学,如胶似漆的挽手而行,固不失为一个好理想;不过理想终久(究)只是理想,不能因它的好而斗(陡)变为事实。"④

朱经农在1924年也认为白话文需要文言、外语的洗礼,他说:"近来的人很有一种误会,以为提倡语体文的人都不主张读古书。其实所谓'文学的国语'决不是毫无剪

---

① 课程教材研究所编《20世纪中国中小学课程标准·教学大纲汇编(语文卷)》,北京:人民教育出版社,2001年版第32页。
② 袁哲著《国语读法教学原论》,上海:商务印书馆,1936年版第2页。
③ 庄泽宣《用科学的方法去解决中国的言文问题》,《教育杂志》,1922年第十四卷第八号第3页。
④ 俞平伯《吴歌甲集序》,《国语周刊》,1925年9月6日第十三期第2页。

裁的白话。有文字价值的语体文是经过一番陶冶的。中国的古书和西洋文学作品都可以帮助文学上的陶冶。提倡语体文的人似乎也应该提倡读古书。胡适之先生不是提倡国语文学最力的人吗？试看他所作《中学国文的教授》一文里面所开自修书目，就知道他绝不反对读古书。"①周作人也认为，理想的国语"以白话（即口语）为基本，加入古文（词及成语，并不是成段的文章）方言及外来语，组织适宜，具有论理之精密与艺术之美。这种理想的言语倘若成就，我想凡受过义务教育的人民都不难了解，可以当做普通的国语使用"②。1941年，胡时先还对那些"以为语体文只是口中话语的誊录"的观点提出过批评，认为"语体文只是语'体'，并不就是日常的话语"，他从五个方面全面地比较了口语和书面语的区别③：

A. 话语只要听者明白说话者的意思便够了，不必十分讲究修辞与结构（但演说家、律师等都是很注意的）。文章不但要将意思、思想、情感表达出来，并须表达得充分、漂亮；所以必须讲究修辞与结构。

B. 话语中常不免杂有方言和鄙俚的字句（但演说家与有学识的人，则常注意避免）。文章则应避免方言和鄙俚的字句（讲话记录除外）。

C. 话语中若文法、语意有不妥善或不完足之处，可以随时在后面的话语中加以修正或补充。除未定的草稿外，正式的文章，不可有文法、语意不妥善或不完足的地方，发表之后再想改正或补充，已于事无补。

D. 说话时，身体各部分能帮助表情达意。文章须专用文字与标点符号等将意思、思想和情感等一起表达。

E. 语言的民族形式或习惯有固定性，不容易改变（自然不是绝对的）。文字是一种工具，尽可"从心所欲"地利用。而"我国现在的语体文，已是融合中外语文底形式和精神而成的一种新产物；与我国日常语言，不尽相同"。

2. 写比说要难得多

张世禄认为，理想的状态是"语"与"文"合一，说得好往往写得好。但是他也承认，"说话容易写作难"，"通常所谓写作的困难，并不在手写的费时吃力，并不在表达中间转接的多少，而在不知道怎样把语言翻作文字，不知道口说当中的语词，应该写成

---

① 朱经农《对于初中课程的讨论（五）》，《教育杂志》，1924年第十六卷第四号第3页。
② 周作人《理想的国语》，《国语周刊》，1925年9月6日第十三期第101页。
③ 胡时先《纠正一般中学生对于学习国文的错误观念》，《国文月刊》，1941年第十一期第31—32页。

那些字体来代表才是惬当的"。①所以,要把说的话写成简洁、准确、有条理的文章,要花费很长时间,要反复训练。

说话教学在20世纪30年代,其实已逐渐和阅读教学融合在了一起。1934年,商务印书馆呈送齐铁恨编著的《复兴高小说话教科书》请国立编译馆审查。编译馆图书审查处的审查结果是准予出版,但认为书名和用途都需要更改:"本书内容大体尚好;惟说话教学一律不用教科书。应将书名改换后,准予发行,作为小学参考用书。"②可见,说话教学已不再被视为一项独立的教学活动了。1935年,教育部召集专家修订课程标准,孙钰在修改意见中指出:"说话与读书合并教学,说话不为特定教学时间。"原因是说话教学困难,"困难并不在标准语的运用,乃在材料的选择。让儿童自找材料,大多流于讲故事,在高级里,半年中一个学生轮流不到讲一两次,这样就能练习说话的能力吗?"③其实阅读教学中的讲述、诵读都是在练习说话,这样练习说话的时间就增加了,不必独设说话教学的时间。不仅一至四年级要混合教学,就是五、六年级也应混合教学。这样就"把说话的练习加到读书里去或整个的国语教学里去",不必再独设说话教学④。此后,说话教学与阅读教学融合,也不再独立设立。1946年,在台湾地区主持国语推行委员会工作的魏建功召集语言学界和文学界28位著名学者讨论"诵读"问题,目的是为在光复后的台湾地区"借重语文诵读以促进国语的推行"⑤。在讨论"诵读"问题时,人们对说话与作文之间的关系作了重新探讨。黎锦熙认为,文言文作不好,白话文也作得一塌糊涂,是因为"作文与说话失去了联系,文字和语言脱了节"⑥,诵读这种"说话式"的读"自然影响到写作,因为从耳到口,从口到心,就是所谓'声入心通';然后文言一致,从心到手,就是所谓'得心应手'了。必须在讲读时训练了'声入心通'的技术,然后到作文时才有'得心应手'的妙处。这就叫做'写作以外的诵读技术训练'"⑦。黎锦熙的真实想法是通过诵读教学以促进"言文一致"与"国语统一"。但是,书面语和口语完全一致几乎是不可能的,它们是两种表达系统,如朱自

---

① 张世禄《国语与国文的离合》,《国文杂志》,1944年第三卷第一期第14页。
② 《国立编译馆审查教科图书一览表》,《图书评论》,1934年第二卷第六期第104页。
③ 孙钰《修改小学课程标准的几点商榷》,《教育杂志》,1936年第二十六卷第一号第56页。
④ 孙钰《修改小学课程标准的几点商榷》,《教育杂志》,1936年第二十六卷第一号第57页。
⑤ 陈士林、周定一《中国语文诵读方法座谈会记录》,《国文月刊》,1947年第五十三期第1—7页。
⑥ 黎泽渝、马啸风、李乐毅编《黎锦熙语文教育论著选》,北京:人民教育出版社,1996年版第202页。
⑦ 黎泽渝、马啸风、李乐毅编《黎锦熙语文教育论著选》,北京:人民教育出版社,1996年版第202页。

清认为,"口语和文字究竟不能一致"①,"说的语言和写的语言多少本有些距离"②,"写的白话不等于说话,写的白话文更不等于说话。写和说到底是两回事"③。说话、写作并不能一致,也应分开教学,尤其是因为当时以为在阅读教学中的问答、讨论就是说话教学,而阅读、说话就是在进行写作教学,所以"一般小学国语教学,往往略去'说话'教学",直到1947年教育部才又通令各省市教育厅局要"切实依照小学国语课程标准之规定,加强'说话'教学"④。

(二) 读、写教学应该分离

1943年,张世禄在《读书和作文》中认为,阅读和写作虽然有一定的关系,可以相辅相成,但它们是"两件事"——"作文是处于发表的方面,读书是处于看受的方面"。其"心理上的程序"不同——写作是"向外发表",阅读是"向内吸收"。其目的也不同——"我们为什么要读书?读书的目的,固然有种种,但是总离不了为读书而读书的意义;因为读书本身的作用,就是在训练我们读解的能力呀!为什么要作文?我们要写作的目的,当然也不只一种,可是总离不了为写作而写作的意义;因为作文的本身,就是在练习我们发表的技能呀!"⑤既然如此,阅读教学就应该培养学生的阅读技能,写作教学就应该培养学生的写作技能,二者不应该混合教学。1946年,陕甘宁边区教育厅厅长晁哲夫发表《国文教学必须改造》一文。他在文中认为,新式学堂建立以来,"教的人选文章叫学的人念,不是学它的内容,而是学它的形式","讲的重要任务也不在文章的精神和内容,而把重点放之于文章作法、结构、技巧……","这是错误的,往往搅乱了对内容的瞭解,因词而害义",如果这样教阅读,那么真正的阅读教学就消亡了,其结果是"讲读是服务于写作","国文课目之目的,就仅只是为了写作",真正的阅

---

① 中央教育科学研究所编《朱自清论语文教育》,郑州:河南教育出版社,1985年版第100页。
② 中央教育科学研究所编《朱自清论语文教育》,郑州:河南教育出版社,1985年版第109页。
③ 中央教育科学研究所编《朱自清论语文教育》,郑州:河南教育出版社,1985年版第114页。
④ 和《推行国语加强"说话"教学》,《教育通讯》,1947年1月1日复刊第三卷第三期第27页。1947年,吴增芥在《关于小学课程问题的讨论:对于小学课程的几点意见》(《教育杂志》,1947年第三十二卷第四号第10页)中提到"语文的学习应'语''文'并重。部颁小学课标准早已规定国语科的作业,分说话、读书、作文、写字四项。但是目前一般学校的情形,还是侧重于文字的学习,忽视口语的训练"。
⑤ 张世禄《读书和作文》,《国文杂志》,1943年第二卷第二期第4、5页。

读教学是教师引导学生围绕文章的内容进行阅读、讨论和研究。实际上,"讲读和写作是国文教学的两个独立任务,应当严格地分别清楚。讲读是为了吸收别人的思想、意见和知识,从而扩大自己的思想领域,培养学生吸收别人的思想与意见的能力,由不正确到正确,由迟钝到迅速,便是讲读的主要任务。这与旧的目的恰恰相反,是要瞭解文章的内容,而不是要瞭解它的形式如何美妙。写作是要表达自己的思想和意见给别人,主要是要求清楚、迅速、有力,开门见山,实事求是,把意见写清,把思路搞通了,思想方法弄清楚正确了,进一步到有力量、动人、迅速,便达到了教学写作的目的"。所以国文改造"最重要的:一是讲读要与写作分开;二是在应用时才研究如何写,在写作时再研究文章的体裁"。① 晁哲夫的观点引发了一场争议:有些人表示赞同,如认为"讲读与写作决不应混为一个东西";有些人心存疑虑,如认为讲读与写作分开很困难","讲读中完全不谈修辞与结构,更打(行——引者)不通,怀疑晁厅长把国语课单纯政治化了"②,这就像今天的阅读教学中如果不讲文章形式方面的知识会被认为没有"语文味"一样;有些人明确表示反对,多年来形成的"读文其体,作文其用也,读文其因,作文其果也"③的思维惯性,使得这些人认为读写结合可以解决"阅读上的粗枝大叶、好高骛远与写作上的生吞活剥、东拉西扯"④的毛病。

五、当代语文课程的第一次分合

1949年之后,凭借一本以文选为主的教材进行听、说、读、写的训练已成常态,也不时出现一些零星、偶发的分合试验。

1949年中华人民共和国成立之后,新政权为了与国民政府划清界限,也为了发展现代先进教育,抛弃了此前的做法,而仿效苏联的教育,如1956—1958年仿效苏联而实行汉语、文学分科。但是,中苏关系破裂后,不便向苏联取经,也不便向美英等资本

---

① 晁哲夫《国文教学必须改造》,《新教育》,1946年第二卷第二期。此处的《新教育》由晋冀鲁豫边区新教育社编辑出版,而非中华教育改进社编辑出版的《新教育》。
② 太行二中《"国文教学必须改造"教学总结》,《新教育》社编辑《新教育》,1946年第二卷第六期第26页。
③ 权骅《教育实验心得》,《教育杂志》,1911年第三卷第二期第20页。
④ 延安中学国文组《国文教学上几个关键问题》,转引自李杏保、顾黄初著《中国现代语文教育史》,成都:四川教育出版社,2000年版第255页。

主义国家学习,于是将眼光投向了本土的传统教育,希望能从中汲取经验。正是在这样的背景下,出现了张志公的传统语文教育研究。张志公在《我和传统语文教育研究》中回忆说:"第二年(1955年)我被调到人民教育出版社担任汉语编辑室主任。……为了摸索出适合我国国情的语文教学的路子,我觉得迫切需要对我们长期的传统语文教育进行认真的研究。就在这种形势之下,从五十年代末到六十年代初,我花费了一些力气比较系统地研究了一下传统语文教育。……成果反映在1962年由上海教育出版社出版的那本小书《传统语文教育初探(附蒙学书目稿)》里。"[1]《传统语文教育初探(附蒙学书目稿)》一书按传统蒙学教育的四个基本程序将其分为"集中识字""进一步的识字教育""读写基础训练"及"进一步的阅读训练和作文训练"四大部分[2]。虽然他并没有明言当时的语文教育改革要借鉴传统蒙学教育,但是在当时以古鉴今的思潮中其用意不言而喻。

与此同时,借鉴传统语文教育分科思想的两项改革实验得以积极推进。一是20世纪五六十年代的黑山县北关实验小学"集中识字,提前读写"的实验。该实验就是将识字与其他几项教学活动分开。其主要做法是先运用"同音归类识字""基本字带字"等方法集中识字,然后进行读、写训练。结果显示,实验班的四年级学生的阅读能力相当于未进行改革实验的小学六年级上等生和初中一年级中等生,作文能写到五百到一千字,而且内容、形式均较好,书写也清楚、工整。[3] 后来,北关实验小学在集中识字实验的基础上,经过二十七年的持续实验,最后在1988年左右将其发展成为"集中识字—大量阅读—分步习作"的语文训练体系。[4] 二是1960年代北京景山学校的语文教育改革实验。我在前言中已稍作介绍。这项改革直接影响了参与者周正逵1980年代在人民教育出版社任职时主持的《高中语文实验课本》的编写。

当然,还有一些学校开设过专门的写作或(和)口语或(和)阅读训练课程,并且人民教育出版社和一些学校还编写有专门的教材。

1963年,江西教育出版社还模仿古代蒙学教材的形式编写了一套"民办小学课

---

[1] 刘国正主编《我和语文教学》,北京:人民教育出版社,1984年版第169—170页。
[2] 张志公著《传统语文教育初探(附蒙学书目稿)》,上海:上海教育出版社,1962年版目录第1—3页。
[3] 崔石挺《访黑山北关实验学校》,《人民教育》,1962年第1期第7—8页。
[4] 孙彦新《辽宁省黑山县北关实验学校以集中识字为基础的教学改革迈出新步子》,《人民教育》,1988年第3期第15页。

本",其第1—8册为《民办小学语文课本(第一册)》《新编四言杂字》《新编增广贤文》《诗文百篇(一)》《诗文百篇(二)》《诗文百篇(三)》《诗文百篇(四)》《应用文》。《民办小学语文课本(第一册)》分为三部分:第一部分看图识字,含210个常用字。第二部分"新三字经",包括学校生活、学习、游戏体操等十一节,有300多字。第三部分"百家姓",编入传统的《百家姓》中"赵钱孙李,周吴郑王"等共568字。三部分生字合计800个左右。《新编四言杂字》包括各种称呼、百货杂货、田地屋宇等二十节,436行,6 900字,其中生字1 000个左右。《新编增广贤文》有生字256个。学完第一至三册,识字2 000个左右,相当于十年制小学语文课本第1—4册的识字量。《诗文百篇(一)》《诗文百篇(二)》《诗文百篇(三)》《诗文百篇(四)》中的生字有600多个。读完1—7册,可识字2 800个左右。[①] 这与古代先让儿童通过学习《三字经》《百家姓》《千字文》和"杂字"来集中识字,再通过读《千家诗》《书言故事》《增广贤文》等分散识字的思路是相同的,所以有人称这是"用传统方法突出识字教学","打破了'洋学堂''洋课本'的洋教条,是一套富有革新精神的课本"。[②] 称其与借鉴西方现代小学课本不同是事实,不过称其"富有革新精神"则言过其实,不如说其继承了我国传统语文教育的精神。

1966年,"文革"爆发之后,这些传统教育又由瑰宝而被视为"毒草"并遭到抛弃!

六、当代语文课程的第二次分合

1976年,"文革"结束。各行各业都在拨乱反正。1978年3月16日,吕叔湘在《人民日报》上发表文章直指语文教育存在少(数量少)、慢(速度慢)、差(效果差)、费(费时多)的现象[③]。提高语文教育效率、语文教育科学化成为当时改革者追求的基本目标,为此在教材编写、教学实施等方面,提出了许多大胆设想,进行了多项教改实验。正是在这样的氛围中,分合问题因围绕语文教材体系的论争而在1970年代末、1980年代初再次引起广泛的关注。

---

① 齐名《一套大胆革新的农村民办小学教材》,《人民教育》,1963年第十一期第17—19页。
② 齐名《一套大胆革新的农村民办小学教材》,《人民教育》,1963年第十一期第18、19页。
③ 吕叔湘著《吕叔湘语文论集》,北京:商务印书馆,1983年版337页。

(一) 重新提出了分科(分编)的主张

主要有四家观点,包括两位参加过汉语文学分科实验的编辑和两位曾经在中学参加过教学实验的语文教师。

1978年10月,张志公先生在《再谈语文课的几个问题》中就读写教材的功能和选择标准等问题提出了自己的困惑,他说①:

> 还有读和写的问题。是要求写什么,教材里就编什么,也就是都(或者主要)编一些"葫芦"文章,以便于学生可以比着"画瓢"呢,还是读的文章可以深,当时只能欣赏欣赏,或只能局部地学一点什么,等着读多了、长大了慢慢去消化?还是有深有浅,既有"葫芦"文章,又有主要是读还不易模仿的好文章?或是读和写各搞各的,不去互相迁就?

接着,他提出了自己的设想:

> 由于教材中存在上述这些以及还没说到的一些问题,我们想到语文教材的分合问题。教材内容十分丰富,几方面的内容有着错综复杂的关系,那么,语文教材究竟是象现在这样把这许多内容都合在一本里好,还是可以适当地分一分?如果分,要研究怎样分法。比如,分为阅读教材和语文训练两个本子,阅读教材选得多些,涉及的面广些,程度深些,并且有必要的阅读指导,教以自学的方法,等等;语文训练教材主要提供经过系统安排的各种练习,从最基本的一直到要求比较高的写作练习,选上点"葫芦"文章,提供点必要的语文知识和写作知识指导,这样行吗?要很好地研究怎么分才能比较科学,不繁琐,不加重教和学的负担,而能收到更好更快的效果。分开后的教材,应该做到既有分工,互不干扰,互不扯腿,而又能互相配合,不是互不相谋。如果不分,那就要研究怎样能把各种内容熔为一炉,把上述的几种关系处理好;还要避免头绪繁多,哪一头也没顾上的毛病。

很显然,他在这里倾向于将教材分为阅读、语文训练(基础知识和写作训练)教材以解决现实困境。他还希望能在言之成理的设想的基础上,认真试验,形成方案。

1985年,张志公先生在课程教材研究所召开的语文教学改革座谈会上发表了题为《关于改革语文课、语文教材、语文教学的一些初步设想》的讲话。他在讲话中根据

---

① 张志公著《语文教学论集》,福州:福建教育出版社,1981年版第83页。

汉语言的特点以及传统语文课程分合的经验提出了"'分进合击'的小学语文教学实验方案",醒人耳目,照录如下①:

> 小学语文课(课仍是一门)分三条线先后开始,分头前进,最后合龙。第一条线:从入学开始就利用汉语拼音提供与上述各项能力、水平、愿望相当的阅读材料。(不再是从三几个字到十几个字、几十个字那种内容十分贫乏,远远落后于儿童实际的课文。)用这样的材料进行有计划的语言训练、阅读训练、写作训练。这条线从一年级上学期开始,直到四年级结束,贯彻始终。第二条线:从第二学期开始,或者再晚一点,进行识字教学,完全按照汉字的识字规律独立进行,不与第一条线结合。过早的结合,结果是互相制约,互相牵制,一起放慢速度,降低质量——为了迁就字不够用,只能提供短、浅、内容贫乏的课文;为了迁就课文内容的需要,学字不能按识字的规律进行。不去勉强"结合",两条线却会自然地逐渐靠近,合拢,终至会合——识了若干字,其中有一些必然会与第一条线的材料中某些词重合,稍加指点就代进去了,识字日渐增多,重合的也愈多,于是自然而然地日渐靠近、合拢、会合,谁也没有牵制谁,两不相伤。稍晚于第二条线开辟第三条线:写字教学。它不去理会第二条线,完全按照写字的规律进行,先练基本笔画点、横、撇、捺等,然后是简单的单体字,较复杂的单体字,简单的合体字,繁杂的合体字。同理,三、二两条线如果过早"结合",也要互相制约,互相牵制,不去勉强"结合",反而会自然地逐渐靠近,合拢,终至会合。谁也不干涉谁,两不相伤。(古人教识"赵、钱、孙、李",教写"上大人,孔乙己"的办法,大体上就是这种道理。)这样到了四年级,三条线总会师。(三条线"分进",实际上是包围"合击"。)那时,阅读水平、写作水平、总的语言水平达到了多么高的高度,是不难想象的。

同时,他又提出,"从初中起,增设'文学课'"。这种文学课就是获得文学知识,培养远大的理想和高尚的情趣,培育各种思维能力,"不要再加给它什么'培养读写能力'之类的任务"②。

还有一位较早提出分科(分编)主张的是刘国正先生(刘征)。1981年,他在《试

---

① 张志公著《传统语文教育教材论——暨蒙学书目和书影》,上海:上海教育出版社,1992年版第170—171页。
② 张志公著《传统语文教育教材论——暨蒙学书目和书影》,上海:上海教育出版社,1992年版第171—173页。

谈中学语文教学改革的几个问题》一文中指出,当时的综合性的教材难以建立严格的体系。他说①:

> 语文教材的内容头绪繁多,是综合性的。分开来看,主要有以下三部分:阅读、写作、语文基础知识。这三样内容,相互联系,又有相对的独立性。教学目的和知识体系都有所区别,教学方法也不尽相同。把这三样内容糅合在一起,尽管编出许多花样,也难以搞出一个既保持各自体系的完整又使它们互相紧密结合的体系来。如果只取其一作为编排的主线,例如以写作训练的要求作为主线,自然可以眉目清楚些,但又有顾此失彼的缺陷。
>
> 50年代文学、汉语分科,虽然有许多不足之处,但它说明:分科有利于建立比较严格的体系。60年代合编一本的"语文"教材,虽然有许多优点,但也说明:把许多有相对独立性的内容糅在一起,是难以建成比较严密的体系的。
>
> 参照当前的和历史的经验,以把三样内容分开,分别建立各自的体系为好。分开之后,又要注意它们之间的互相配合和联系。

他进而提出"读写分编"的设想②:

> 阅读、写作和语文基础知识三部分教学内容分别组成独立的体系,编为两种教材。一种是阅读教材,一种是写作教材(包括语文基础知识的内容)。初中的阅读教材,精选课文两百多篇,古今中外以及各类体裁都要有一定的比例,适当安排。写作教材,分两部分内容,一部分讲语法、修辞、逻辑知识,一部分讲写作知识,并有计划地安排作文指导。作文指导包括指定写作的内容范围或拟出题目,提示写作方法,展示作文范例等。
>
> 高中的阅读教材,精选历代著名的文学作品(应是广义的,包括各种形式的散文在内),文言文应占较大的比重,并编入文学史、文学理论的常识和古汉语知识。写作教材,在初中的基础上继续讲授写作知识,安排作文指导。
>
> …………
>
> 阅读和写作分编两种教材以后,要妥善处理两者之间的配合和联系。

刘国正是1956年出版的《文学》教材的编辑之一,张志公是《汉语》教材的主编,

---

① 刘征著《刘征文集(第一卷)语文教育论著》,北京:人民教育出版社,2000年版第85—86页。
② 刘征著《刘征文集(第一卷)语文教育论著》,北京:人民教育出版社,2000年版第87—88页。

所以在提出分科时,他们都提出阅读、写作分开(张志公还提出识字、写字分开),这可能是因为他们都没有忘记1956—1958年汉语、文学分科的好处(张志公还从传统语文教育中汲取了经验),这从刘国正不忘语文基础知识、张志公主张增设文学课中可以看出。同时,他们还是下文将提到的,人民教育出版社出版的初中分科实验教材《阅读》《作文》(《作文·汉语》)的审阅者。

与以上两位身份不同的另外两位曾是语文教师的学者也提出了语文分科(分编)的主张。章熊先生曾在北京大学附中任教,后来调入中央教育科学研究所从事专门的语文教育研究。1978年,他在《我对于语文教学科学化的几点想法》中提出要分别编写"阅读"和"写作"教材。他说:

> 我感到,指导学生读和指导学生写各有其规律性,因此,我们需要两套教材。指导学生读的教材应该深一些,涉及的范围广一些,学生才有兴趣。指导写的教材应该浅一些、针对性强一些,学生才感到亲切。

具体地说,就是讲读教材是古今中外的文本,取材广泛,各体兼备;写作教材主要选社会常用、学生常写的文章,而且文章应切合学生的实际,即选的文章"取材和写法都要与学生相近",甚至是学生的习作。[①] 这篇文章在当年第4期《中国语文》上发表后引发了极大的关注,产生了广泛的影响。1980年,他在《思索·探索》一文中更是明确地提出"语文教学的'合'与'分'"的主张,认为阅读与写作各有相对的独立性,二者的职能、内容均不同,不仅语文教材要分成"阅读"与"写作"两套,而且语文教学及其研究都要像张志公先生说的那样要将阅读与写作分开来:"语文教学该分则分,该合则合。过去,我们对'合'研究得比较多,现在是认真研究'分'的时候了。"[②]为了探索阅读与写作的"分",他于1970年代末、1980年代初在北京大学附中增设"当代文艺讲座"课,开展小论文写作实验,参加了人民教育出版社《阅读》教材的编写,并在开始主持全国高考语文命题时(1984)首次在试卷中专设了"现代文阅读"栏目。

周正逵先生早年在北京景山学校参与语文教育改革后任人民教育出版社编辑,他结合自己编写分科教材的经验而长期力主分科。他在《高中语文教材改革势在必行——编写六年制重点中学高中语文课本(试教本)的体会》(《运城师专学报》,1986

---

① 章熊著《思索·探索:章熊语文教育论集》,北京:人民教育出版社,2002年版第14、15页。
② 章熊著《思索·探索:章熊语文教育论集》,北京:人民教育出版社,2002年版第34、35页。

年第 7 期)、《高中语文教材改革的总体构想》(《课程·教材·教法》,1988 年第 5 期)、《高中语文教材改革刍议》(《语文学习》,1988 年第 6 期)、《语文教材改革的主攻方向是改革旧的体系》(《语文教学与研究》,1989 年第 9 期)、《语文教材体系陈旧已经延续了上百年》(《太原教育学院学报》,1999 年第 5 期)、《语文教材改革任重道远》(《课程·教材·教法》,2011 年第 1 期)等系列文章,以及《关于人教版高中语文实验课本》(《语文教学与研究》,2000 年第 4 期)、《人教版高中语文实验教材体系的主要特点》(《中学语文》,2000 年第 5 期)、《改革旧的教材体系,全面提高语文素质——人教版高中〈语文实验课本〉简介》(《中学语文教学》,2000 年第 11 期)等有关分科教科书《高中语文实验课本》的系列介绍中,指出过去百年语文教材具有"文选组合(模式)""阅读本位(体制)""文体循环(序列)"和"讲读中心(方法)"等特征,存在"缺少明确的训练目标""缺少周密的训练计划""缺少系统的训练内容"和"缺少科学的训练方法"等弊端。他认为,如果要改革这些弊端就得对症下药:"变'文选组合'为'训练系统'","变'阅读本位'为'分进合击'","变'文体循环'为'能级递进'","变'讲读中心'为'自学指导'"。其中"分进合击",其实就是"知识分类、能力分层、训练分步、教材分编"①。

  章熊与周正逵先生提出应将阅读与写作教材分编,主要是因为他们在具体的教学实践中感到阅读与写作不分会导致教学效率低下,如章熊先生提到:"因为过去目标的不明确,任务的复杂化,一篇教材,又要指导阅读,又要指导写作,既有文学常识,又有语言知识,从时代背景、主题、段意一直讲到写作特点,包罗万象;好作品可以讲得味同嚼蜡,一般作品学生更是感到没有兴趣。目标单纯了,任务减轻了,包袱卸下了,教师就可以轻装上阵,用以前一半的时间讲授比过去教材更深的作品,而且把学生的积极性大大调动起来。"②

(二) 正式颁布了分科教学计划

  1981 年 8 月 4 日,国家教委发出《颁发〈全日制六年制重点中学教学计划(试行草案)〉、〈全日制五年制中学教学计划试行草案的修订意见〉的通知》。五年制中学实行合科教学,六年制重点中学实行分科教学。1981 年 4 月教育部颁布的《全日制六年制

---

① 周正逵《语文教材改革的主攻方向是改革旧的体系》,《语文教学与研究》,1989 年第 9 期。
② 章熊著《思索·探索:章熊语文教育论集》,北京:人民教育出版社,2002 年版第 17—18 页。

重点中学教学计划(试行草案)》在"课程设置说明"中写道:"语文课分阅读课和写作课。初中的阅读课,指导学生阅读各种形式的好文章;写作课讲授语法、修辞、逻辑知识,并有计划地进行写作指导。高中的阅读课,侧重指导学生阅读文学作品,古典文学要占一定的比重,并讲授常见的古汉语知识;写作课在初中的基础上有计划地进行写作指导。使学生能够正确地理解和运用祖国的语言文字,具有现代语文的阅读能力和写作能力,具有初步阅读文言文的能力。侧重文科的,适当提高程度。"①

(三) 陆续出版了多套分科教材

关于语文教材,上述通知指出:"五年制中学各年级教材修订本1982年秋季开始陆续供应。六年制重点中学全国统编教材1983年开始陆续供应。1983年以前已改为六年制的学校,教材可以各地自编,也可以按人民教育出版社提出的过渡办法,使用五年制教材。"②正式出版且使用面积较广的语文分科实验教材,主要有以下三套。

一是人民教育出版社编写、出版的中学语文实验教材。1982—1985年人民教育出版社编写、出版了六年制重点中学语文试教教科书初中《阅读》和《写作》各六册。

初中语文课本《阅读》的"写在前面的话"称:"阅读教学的主要任务是培养学生的阅读能力。在教学中要注意培养学生读书的兴趣和良好的阅读习惯,指点阅读的方法和自学的门径。"③每册课本有八九个单元,每个单元先列出单元要求,再呈现三至五篇课文,课文分为讲读和自读课文。初中语文课本《写作》的"写在前面的话"称:"写的训练,主要是进行以写一篇文章为单位的综合的整体训练;分解的、局部的训练在阅读课的练习中进行。""说的训练,主要是进行有中心、有层次的成篇讲话训练(也称口头作文)。""'现代汉语常识'侧重于应用,主要是帮助学生提高听、说、读、写的能力。"④每册分为"写和说的训练"与"现代汉语常识"两部分。写的训练包括作文知识

---

① 课程教材研究所编《20世纪中国中小学课程标准·教学大纲汇编·课程(教学)计划卷》,北京:人民教育出版社,2001年版第339页。
② 课程教材研究所编《20世纪中国中小学课程标准·教学大纲汇编·课程(教学)计划卷》,北京:人民教育出版社,2001年版第336页。
③ 人民教育出版社中学语文编辑室编六年制重点中学初中语文课本(试教本)《阅读》(第1册),北京:人民教育出版社,1982年版第1页。
④ 人民教育出版社中学语文编辑室编六年制重点中学初中语文课本(试教本)《写作》(第1册),北京:人民教育出版社,1982年版第1—2页。

短文、例文、作文范围、写作指导四部分。说的训练包括要求、命题、提示、例话四部分。现代汉语知识包括知识短文和练习两部分。

1986年12月,在《作文》中加入了汉语知识,并改名为《作文·汉语》出版。1986年12月出版的《三年制初级中学语文〈阅读〉第一册(试用本)教学参考书》在使用说明中再次阐述了阅读和写作的关系:"读和写是语文的两项最基本的能力,是继承文化和创造文化的前提。它们的共同特点都是以语言作为思想感情的运载工具,因此关系当然是十分密切的。但现代科学研究表明,读和写在较低层次上相关系数较高,在较高层次上相关系数比较低。也就是说,在语文学习的初始阶段,读和写能力的发展大体上是一致的,到了较高阶段,读和写能力的发展并不呈现同步状态,而是体现各自的相对独立性。因为这时候学生已经超越了以积累语言材料(词汇、语言的规范模式)为主的时期,在理解和表达上分别遇到了不同的矛盾。"[1]此时,读写差异主要有两点:一是过程和方法不同。阅读主要是对关键信息(字词句)的判断和筛选能力,具有较大跳跃性,而且能根据不同的阅读目的和内容采用浏览、略读、跳读、精读等不同的方式。写作则是逐句进行,需要注意语言表达的准确性和连贯性,且能熟练运用多种表达技巧。二是范围和所需背景知识不同。在这两方面,阅读均大于、广于写作。不过,编者也指出,"读和写毕竟是相互促进的,而且揣摩文字技巧本身也是阅读教学的职能之一。因此,使用分科教材,在注意到读、写的各自相对独立性的同时,还要注意到它们相互联系的一面,注意两种课本之间的配合"[2]。《阅读》与《作文·汉语》之间的联系和配合主要有两点:一是二者中的文体编排顺序尽量保持一致。二是二者在练习设计方面作了适当分工,大型的书面和口头练习编入《作文·汉语》课本,小型的、分解的、片断的练习编入《阅读》课本。如《作文·汉语》第一册的前言称:"两本书既互相配合,又有各自的体系。""作文训练和阅读训练是互相配合的。作文训练主要进行整篇文章的综合写作训练,局部的片段的训练在阅读练习中进行。作文训练的单元安排和阅读训练的单元安排是相呼应的。说话训练,主要进行成篇的讲话练习。"[3]

---

[1] 人民教育出版社语文二室编《三年制初级中学语文〈阅读〉第一册(试用本)教学参考书》,北京:人民教育出版社,1986年版第4—5页。
[2] 人民教育出版社语文二室编《三年制初级中学语文〈阅读〉第一册(试用本)教学参考书》,北京:人民教育出版社,1986年版第5页。
[3] 人民教育出版社语文一室编三年制初级中学语文课本《作文·汉语》(第1册),北京:人民教育出版社,1986年版第1、4页。

1988—1990年,华中师范大学出版社陆续出版的湖北省教学研究室编写的六册《初中〈作文·汉语〉教学参考书》的前言称该书:"内容力求准确,指导力求具体,重点难点突出,读写结合点分明。"①每单元分为教材理解和写作训练。教材理解主要包括教学要点、教学难点和读写结合点,教学要点是教学目标,教学难点就是围绕目标结合已经在前几册《阅读》中学习过的课文进行分析,如第三册第一单元《作文训练(一)记叙的详略》的教学难点就是结合在第一、二册《阅读》中所学的《小桔灯》和《社戏》,分析如果中心不同、写作目的不同、读者对象不同那么详略也不同的知识。读写结合点则是提示教师注意写作训练与同步使用的《阅读》教材可供结合之处。如第一单元的读写结合点就提示"本单元的作文训练与《阅读》第三册第一单元结合较紧。教师可在教学中有意识地进行结合"②,并列举、分析其中的《潘虎》《卓越的科学家竺可桢》《大铁椎传》中的详略处理。写作训练也有读写,其读主要指读知识短文和《阅读》之外的例文,如上述第一单元的例文是《王冕》和《小传》。

这套课本1985年曾在一些中学进行第一轮试教。1987年秋季在全国范围内供初中选用,进行第二轮试教。其使用的范围很广,效果较好,上述《作文·汉语》第一册的前言又称:"这套课本的试教本已在全国范围内几百所学校试教两轮,效果较好。根据广大教师的建议,这次对试教本进行了修订。修订后的课本,在全国更大范围内试用。"③上述《初中〈作文·汉语〉教学参考书》第四册的前言称:"《阅读》《作文·汉语》这套分编型语文教材,1985年前曾在我省几所中学(重点中学、一般中学兼而有之)试教一轮,效果颇好,受到师生们的喜爱。目前,正有更多的学校使用这套教材。"④因此,湖北省教研室才组织参与试教的老师编写了这套教学参考书。第四册在1989年1月第1次印刷时就达29 000册。如果按当时语文教师与所教学生(一般两个班,每个班至少45人)的比例来换算,仅湖北一省使用《阅读》《作文·汉语》教科书

---

① 湖北省教研室编《初中〈作文·汉语〉教学参考书第三册(修订本)》,武汉:华中师范大学出版社,1990年版第1页。
② 湖北省教研室编《初中〈作文·汉语〉教学参考书第三册(修订本)》,武汉:华中师范大学出版社,1990年版第4页。
③ 人民教育出版社语文一室编三年制初级中学语文课本《作文·汉语》(第1册),北京:人民教育出版社,1986年版第1页。
④ 湖北省教研室编《初中〈作文·汉语〉教学参考书第四册(修订本)》,武汉:华中师范大学出版社,1989年版第1页。

的学生数就相当可观。

1985—1988年,周正逵等又编写了高一至高三的阅读教科书《文言读本》《文学读本》和《文化读本》(各二册)。《文言读本》供高一使用,主要是培养学生的文言阅读能力。每册各五个单元,每单元由诵读课文、复背课文、文言常识、点读练习、翻译练习和浏览课文六部分构成,每单元前列表呈现单元训练重点和六部分的训练要求等,课文均是历代有代表性的名文,如上册第一单元的诵读课文是《〈论语〉十则》《寡人之于国也》《劝学》,复背课文是《〈论语〉六则》《〈孟子〉二则》《古诗五首》,每册大致按文学史的顺序编排。《文学读本》供高二使用,用来培养学生的文学鉴赏能力。上、下册分为古代诗歌鉴赏、现代诗歌鉴赏、古代散文鉴赏、现代散文鉴赏、古代小说鉴赏、现代小说鉴赏、古代戏剧鉴赏和现代戏剧鉴赏八个单元。每个单元包括鉴赏常识、鉴赏课文和单元练习三部分。重点提及训练比较、研讨和练笔三种培养与提高学生的文学鉴赏能力的练习方法。如上册第一单元古代诗歌鉴赏中的课文是《国风二首》(《伐檀》《关雎》)、《国殇》《东门行》《梦游天姥吟留别》《律诗二首》(《春望》《登高》)、《琵琶行》《念奴娇·赤壁怀古》《菩萨蛮·书江西造口壁》。《文化读本》供高三使用,为了在已有的"积累性阅读""理解性阅读"和"鉴赏性阅读"的基础上培养学生的"研究性阅读"能力。上、下册按研读过程的五个主要环节——通读与查考(初步理解)、析义与批注(整体把握)、质疑与参读(发现问题)、比照与思辨(深入思考)、逻辑与辩证(推理评断)——设计成十四个单元,训练的内容包括文化论著研读、语言文字论著研读、文章论著研读、文艺论著研读、历史论著研读、哲学论著研读、政治论著研读、教育论著研读、科学论著研读。每个单元包括研读常识、研读课文和参读课文三部分,如上册第一单元研读的要领下是文化论著研读常识,研读课文是《青年团的任务》,参读课文是《列宁在共青团第三次代表大会上》《鲁迅谈读书》《理工科学生要有文史知识》《民族的科学的大众的文化》)。还配备了高一至高三的课外读本《现代文选读》《文学作品选读》和《文化著作选读》(各二册)。

1985年开始由王连云等编写了高一至高三的《写作》三册,每册使用一学年。1994年改为《写作与说话》六册,每学期使用一册。《写作》包括作文训练和说话训练。该书的前言指出,"说话训练是高中写作教学的一个重要组成部分"[①]。高中作文主要训练学生进行复杂的记叙、说明、议论的能力,尤其是议论能力以及综合运用多种表达

[①] 人民教育出版社中学语文室编六年制重点中学高中语文(试教本)《写作》(第1册),北京:人民教育出版社,1985年版第2页。

方式的能力。作文训练的内容包括作文指导、例文、写作范围、修改四部分。说话训练主要是在初中说话训练的基础上,通过演讲、辩论、专题发言,使学生能够根据说话的目的、对象、场合,表达比较复杂的内容。说话训练的内容包括知识、例话、说话训练题、做法和要求。高一上的作文训练是书信、课外练笔,说话训练是演讲。高一下的作文训练是思想评论、课外练笔,说话训练是模拟法庭辩论。高二上的作文训练是通讯、课外练笔,说话训练是演讲。高二下的作文训练是文艺评论、课外练笔,说话训练是文艺辩论。高三的作文训练是科学小论文写作、综合训练的写作和练笔,说话训练是科学小论文答辩和专题辩论。其中高一、高二各十三个单元,高三四个单元。如第一册高一上学期八个单元,一至六单元是作文训练(一)至(六),分别为以记叙为主的书信、以抒情为主的书信、以议论为主的书信(一)(二)、以说明为主的书信(一)(二)。第七单元是说话训练一:演讲。第八单元是练笔。同时,注意适当地读写结合,除了在每单元的知识导引中呈现阅读过的课文的片段并进行分析,在整体布局上也有所考量,如1994年2月第1版《写作与说话》的前言称:"'思考与表达''思路与章法''思辨与立意'这三项训练是高中'写作与说话'训练的主线,它与阅读训练的主线——'文言文阅读''文学作品鉴赏''文化著作研读'相配合,构成了一个双线分流而又完整统一的语文训练体系。"①

  这套高中语文实验教材从1985年至1997年,先后在全国22个省、自治区、直辖市,200多所学校,4万多名学生中,进行了两轮试教,取得了良好的效果。此后,还在湖北、四川、河南、江苏、安徽等省份不少学校正式使用。尤其是2000年后湖北省宜昌市仍在大面积使用。非正式使用这套教材的学生数累计已超过20万。② 这套教材被认为是"为我国高中语文教材建设开辟了一条新路"③。

  二是中央教育科学研究所教改实验小组编、教育科学出版社于1981年5月开始出版的六册初中实验课本《语文》(由韩雪屏等编写)和8月开始出版的初中实验课本《作文》(由陶伯英等编写)。其中《语文》第一册的说明称:"中学语文教学,应该全面

---

① 人民教育出版社中学语文室编著高中实验课本《写作与说话》(第1册),北京:人民教育出版社,1994年版第2页。
② 周正逵《关于人教版高中语文实验课本》,《语文教学与研究》,2000年第4期。
③ 张文海、李少毅《潜心务本 开拓进取——试教〈高中语文实验课本〉(人教版)的综述》,《中学语文》,2000年第9期第30页。

培养和发展学生读、写、听、说的能力,悉心培养和发展学生的思维能力。过去,在语文教学中多强调以培养读、写能力为主,实际上忽视了听、说能力的培养。就读和写两个方面来说,本来二者既是密切相关,又各有其独立性的。但是,过去多强调读写结合甚至读为写服务,并且上课多以教师讲学生听为主要的教学方式,实际上忽视了阅读能力的培养。同时,作文又没有一套系统的教材,一般说,不容易做到有计划、有步骤地培养学生的写作能力。为了改变这种状况,我们将阅读和作文分开,分别编写教材,供进行中学语文教学改革实验的班级使用。"①这套《语文》,应该就是完全供阅读教学使用的,如其第一册的说明称:"试编这套初中阅读实验课本有两个目的:一是试图改革中学语文课的阅读教学,使教师培养学生的阅读能力有序可循;一是通过实验,探索阅读课的教学规律。"②每册有10个单元45篇左右各种文体的课文,全书分步骤指导阅读,安排阅读技能训练。设计时"以阅读为中心,带动听、说、写",采用两种组织单元的方式:一是按语文能力训练(以阅读能力训练为主)的方式编排。包括"阅读指导""朗读训练"和"听说训练"等不同单元,每个单元先呈现介绍基础知识和基本技能的知识短文,然后附上3—5篇课文。二是按文体类别编排。每个单元选择文体相同的3—5篇课文,目的是将在语文能力训练中学到的知识、技能运用到各种体裁的文章的学习中。如第一册13个单元分别是"阅读指导(一)""课堂笔记训练·记叙文""朗读训练(一)""听说训练(一)""记叙文""听说训练(二)""寓言和童话""散文""说明文""说明文和记叙文的比较""诗歌""文言文""小说"。之所以这样安排,是因为编者认为"四种能力中,'读'既是基础又是统帅。在阅读教学活动中,不光是培养阅读能力,还应同时培养听、说、写的能力,举一带三,使听、说、读、写互相促进,共同提高。所以要围绕各学年阅读训练的重点,在课本里编排相应的听、说、写的训练内容"③。《作文》第一册的说明也指出了分编的原因:"作文过去一直没有教材,上课无本可依,也无序可循。……语文教学要全面地培养学生听、说、读、写的能力。阅读教学和作文教学有密切联系,但又有各自不同的任务。我们试编的这两套教材尽可能地互相配

---

① 中央教育科学研究所教改实验小组编初中实验课本《语文(试用本)》(第1册),北京:教育科学出版社,1981年版第1页。

② 中央教育科学研究所教改实验小组编初中实验课本《语文(试用本)》(第1册),北京:教育科学出版社,1981年版第1页。

③ 中央教育科学研究所教改实验小组编初中实验课本《语文(试用本)》(第1册),北京:教育科学出版社,1981年版第2页。

合、互相补充。作文教材以写的训练为主,同时也注意培养说的能力。"①每册有4—9个单元,每个单元分为作文指导(提纲挈领的短文)、示例和练习三部分。每个单元突出一两个训练重点,"把作文知识、方法和对学生的实际要求结合起来。目的在于指导实践,用以对学生进行实际训练。因此,使用时一定要突出重点,落实到训练上,而不是把作文课变成作文知识的讲授课"。② 其第一册的9个单元分别是"作文的重要性和基本要求""日记""作文的一般过程(一)列提纲""作文的一般过程(二)写初稿修改""'静物写生'""叙事训练(一)怎样写清楚一件事""叙事训练(二)两种叙述方法""说明训练(一)实物说明文""书信"。关于其整体思路,编者在《语文》第二册的说明中再次作了说明:"实践证明听说读写中的各项练习应在全面训练的基础上,分阶段有所侧重,侧重点要具有单一性。""实验的总的设想是阅读、作文、语文基础知识分三条线进行教学。'语文基础知识'这个部分,因人力不足,不拟编写实验课本。实验班教师可自行选择已出版的书本使用。"③在实施的过程中,同样注意《语文》和《作文》的配合。如《写作》中不出现段落的写作训练,因为这在《语文》(阅读)中会经常分析。同时,写作练习也会利用已有的阅读材料,如《作文》第二册第一单元"打开思路"的练习一是"在你读过的诗文中,找出下列三方面的范例,各三至五则:1. 细微的观察。2. 有意思的联想。3. 动人的想象"。第二单元"叙事训练(三)材料的取舍和详写、略写"的练习一是"结合阅读教学,由老师挑选两篇课文,让同学自行分析课文中哪些内容是详写,哪些内容是略写,为什么要这样写,这样写有什么好处"。第三单元"叙事训练(四)叙述的顺序"的练习一是"结合阅读教学,分析《小桔灯》《一件珍贵的衬衫》和《最后一课》的叙述顺序。(课文见我所教改实验小组编的《语文》第一册)"。这套教材被广泛使用,如《语文》第一册于1981年5月第1版、1984年5月第4次印刷时印数达234 000册;《作文》第一册于1981年8月第1版、1984年6月第4次印刷时印数达370 000册。

---

① 中央教育科学研究所教改实验小组编初中实验课本《作文(试用本)》(第1册),北京:教育科学出版社,1981年版第1页。
② 中央教育科学研究所教改实验小组编初中实验课本《作文(试用本)》(第1册),北京:教育科学出版社,1981年版第1—2页。
③ 中央教育科学研究所教改实验小组编初中实验课本《语文(试用本)》(第2册),北京:教育科学出版社,1981年版第1—2页。

三是辽宁教育出版社出版的初中语文实验教材。辽宁教育出版社于1988年出版了欧阳代娜主编的《阅读》和《写作》等。教材的编者先归纳出98个语文训练点和40个语文知识点,然后"按照以能力训练点为经线,以知识传授点为纬线的原则,二者有机地结合起来,有计划地把初中阶段的听、说、读、写训练任务,科学地、有计划地安排在三个学年的教学之中,形成一个由浅入深、由低向高的循序渐进、螺旋上升的训练序列,并按照人们运用语言文字的规律,把理解系统的训练过程(听、读能力)编为《阅读》课本,把表达系统的训练过程编为《写作》课本。初步形成语文教学的一个新体系"。①《阅读》和《写作》各6册。《阅读》的编辑说明称:"《阅读》分听的能力训练与读的能力训练两部分。计划在初中三年内,培养学生具有听与读的基本能力。能在听中作记忆、分析、归纳、判断、联想和作笔记;能阅读各种文体的当代语体文,以及浅近的文言文,并具有一定的阅读速度与方法。""以培养学生的理解能力为序",即以学会运用工具书、阅读文章、评点作品、速度等基本阅读能力为经线,以语文知识(包括各种文体的阅读知识)为纬线相互交织。② 如第一册第一单元"查阅字(词)典",课文是《荔枝蜜》《驿路梨花》《清贫》《风筝的妙用》《明日歌》,语文知识是"汉字知识"。第三单元"抓住文章脉络 归纳中心思想",课文是《皇帝的新装》《一件珍贵的衬衫》《继续保持艰苦奋斗的作风》《我们宣誓》《缝纫鸟》,语文知识是"词的构成与词义"。每个单元有单元提示,每篇课文前有目的要求,后有自学参考、思考与练习。其编辑说明称:"在编写时,我们注意到《阅读》和《写作》两册课本的联系(直接的与间接的),以便在教学中把听、说、读、写紧密结合起来。"③《写作》的编辑说明称:"《写作》分口头表达与书面表达两部分。计划在初中阶段培养学生具有口头表达与书面表达的基本能力,能掌握记叙、议论、应用、说明等各种常用文体的口头表达与书面表达的基本方法,能够正确使用祖国的语言文字。""以培养学生的表达能力为序编排。"④每册七八个单元,如第一册的7个单元为"作文的基本要求""写记叙文怎样审题和拟题""怎样

---

① 欧阳代娜《探索具有中国特色的中学语文教材》,《语文学习》,1990年第10期。
② 欧阳代娜主编九年义务教育三年制初级中学试用课本《阅读》(第1册),沈阳:辽宁教育出版社,1995年版第1页。
③ 欧阳代娜主编九年义务教育三年制初级中学试用课本《阅读》(第1册),沈阳:辽宁教育出版社,1995年版第1页。
④ 欧阳代娜主编九年义务教育三年制初级中学试用课本《写作》(第3册),沈阳:辽宁教育出版社,1996年版第1页。

在口头表达中叙述与描写事物""写记叙文怎样立意""写记叙文怎样进行观察""写记叙文怎样选择材料""怎样在口头表达中进行抒情与议论"。每个单元由单元提示和两次作文训练构成。单元提示主要是介绍训练目标和要求,以及相关的写作知识。作文训练包括作前准备与指导、作文参考、写作与修改、讲评与总结。如第一单元第一次作文《多么美好的一天》的作前指导包括立意、选材、组材、语言、提纲。例文参考提供了《矿井一日行》《八老的心事》《熟悉和创新》三篇学生的习作,并概述如何选择和描写自己熟悉的事物。为了体现读写结合,还提示学生结合同一册《阅读》中的课文去学习写法,如:"结合《阅读》中的《从百草园到三味书屋》《老山界》两课,学习作者叙述与描写自己熟悉的生活的方法。"①这套教材从最初编写到出版后使用(1979—1990年),先后在14个省、自治区、直辖市,150所学校,200多个教学班,1 600名学生中举办过六期实验班,受到了师生的普遍欢迎,其中《阅读》第一册1995年6月第2版的印数是51 000册,《写作》第一册1995年5月第2版的印数是71 000册。这套教材一直使用到2000年。主编指出,该书"尤其受到农村中学或在城镇中学里原来基础较差的学生的欢迎"。其编写的目的是"探索具有中国特色的中学语文教材"②。

除此之外,还有些教师自编的分科教材出版,如北京师范学院出版社于1985、1992年分别出版的由高原、刘朏朏主编的《"观察——分析——表达"三级训练体系作文课本》和《朗读——研读——速读:阅读三级训练课本》(各六册)。写作是"观察——分析——表达"三级训练。教材"以学生作文心理发展规律为序、以培养学生作文基本能力为目标"。第一、二册着重培养观察能力,用写日记与观察笔记的方式,练习记叙、描写;第三、四册着重培养分析能力,用写分析笔记的方式,练习议论、说明;第五、六册着重培养表达能力,用写语感随笔与章法随笔的方式,训练语言运用和章法。③ 如《"观察——分析——表达"三级训练体系作文课本》(北京师范学院出版社,1987年版)第一册9课的训练目标是"激发学生观察与记观察日记的兴趣;掌握观察与记观察日记的要领"(第1—2课)、"培养学生热爱大自然的感情与精细研究大自然的习

---

① 欧阳代娜主编九年义务教育三年制初级中学试用课本《写作》(第1册),沈阳:辽宁教育出版社,1995年版第4—5页。
② 欧阳代娜《探索具有中国特色的中学语文教材》,《语文学习》,1990年第10期。
③ 高原、刘朏朏主编《"观察——分析——表达"三级训练体系作文课本》(第5册),北京:北京师范学院出版社,1987年版"说明"(无页码)。

惯;掌握观察大自然的要领;学习写景物观察日记"(第3课)、"培养学生探索科学奥秘的兴趣;掌握观察科学现象的要领;学习写科学观察日记"(第4课)、"培养学生注意发现美好事物的习惯;掌握观察日常生活的基本要领;学习写事件观察日记"(第5课)、"培养学生关心他人,乐于助人,自觉学习他人优点的良好品质;掌握观察人的要领,学习写人物观察日记"(第6—7课)、"培养学生研究表达技巧的兴趣,进一步提高观察日记的写作水平"(第8课)、"总结收获,提高观察与记观察日记的自觉性,为下阶段训练打好基础"(第9课)。① 每课先介绍写作知识,然后从不同的层面或角度分析写法,在分析写法时会连续呈现多篇范文并评点每篇范文,最后布置两道有具体任务情境的作业题。阅读是"朗读——研读——速读"三级训练。训练目的是"提高初中学生的阅读能力(即认读能力、理解能力、吸收能力)"。② 教材按阅读方式与方法组合、排列成单元,如《朗读——研读——速读:阅读三级训练课本》(北京师范大学出版社,1992年版)的第一册分为朗读的认识、朗读的形象感受、朗读的逻辑感受、朗读的态度、朗读的感情、朗读的基调、朗读的目的、朗读的对象八个单元。每个单元由提示、目标、教材、作业四部分组成。每个单元还附有语文基础知识。如第一册第1单元"朗读的认识"在提示中介绍朗读的再造性、音声性、规范性的特点,确立了"激发学习朗读的兴趣"和"在朗读实践中认识朗读的特点"的目标,③然后以《天上的街市》作为教学材料,并设置了六道练习题。这两套实验教材发行量较大,影响也较大,如《朗读——研读——速读:阅读三级训练课本》第1册1992年5月第1版印刷的数量是23 000册。《"观察——分析——表达"三级训练体系作文课本》第五册1987年4月第1版第1次印刷的数量是80 000册。④

还有些学校虽然没有将自编教材正式出版,但是用其进行了分科实验。据介绍,1980年湖南师范大学附中"将语文分成阅读课和作文课两种"集中教学,教材分别按

---

① 高原、刘朏朏主编《作文三级训练体系概论》,北京:光明日报出版社,1989年版第528—530页。
② 高原、刘朏朏主编《朗读——研读——速读:阅读三级训练课本》(第1册),北京:北京师范大学出版社,1992年版第1页。
③ 高原、刘朏朏主编《朗读——研读——速读:阅读三级训练课本》(第1册),北京:北京师范大学出版社,1992年版第2页。
④ 高原、刘朏朏主编的《"观察——分析——表达"三级训练体系作文课本》(北京师范学院出版社,1987年版)第五册的"说明"称:"这套作文课本1978年曾以讲义的形式在北京月坛中学进行过教学实验,自1979年开始作为写作教程陆续在《北京师范大学学报》刊载,接着汇集成书又以《作文入门》为名由新蕾出版社出版,发行一百多万册,被许多学校选作初中作文教材使用。"

阅读、写作能力体系来编写。北京师范大学附中从1980年开始"编写高中实验教材,分阅读和写作两大类"。阅读教材分为五种:《中国古代名著选读》(每学期一册,共六册)、《中国当代作品选读》(高一每学期一册,共两册)、《中国现代名著选读》(高二每学期一册,共两册)、《外国名著选读》(高三用,共一册),还有"主要作写作教学范文之用"的《经典性论文和科普文章选读》。①

这些分编教材的实验是部分区域学校的自发行为,除了人民教育出版社编印的高中语文实验教材在部分重点学校、辽宁教育出版社出版的初中语文实验教材在辽宁等省推行,其他的分科教材并没有大面积地推广,更没有在国家课程文件中得到体现,全国绝大多数学校使用的还是人民教育出版社编印的通用教材,所以分科教材并没有产生过特别大的影响。

从以上的历史梳理中可以看出,如果说识字、写字、阅读、写作和口语合科教育是近代学制创立以来借鉴西方现代教育的做法的结果,而形成的语文教育发展史是一条连续不断的实线的话,那么和它平行的识字、写字、阅读、写作和口语分科教育的思想与实践则是接续本土传统语文教育的血脉,是在实线之旁形成的一条断断续续的虚线。本章梳理、辨析这段历史的目的是"照着讲",下一章试从理论阐释的角度"接着讲"。

---

① 武玉鹏、韩雪屏等著《语文课程教学问题史论》,北京:中国社会科学出版社,2013年版第179页。

第二章

合：
现实的困境

— 问:"自后学言之,便道已知此事一理。今曾子用许多积累工夫,方始见得是一贯,后学如何便晓得一贯?"曰:"后人只是想像说,正如矮人看戏一般,见前面人笑,他也笑。他虽眼不曾见,想必是好笑,便随他笑。"

——朱熹《朱子语类》

— 过多地吸取别人的独创思想,就限制了自己本来拥有的那一份思辨能力的发展。陷入到别人的思路之中,就同在别的庭园里迷路一样。这又像一个身材高大的仆人搀着你走路,他步子大,你步子小,非常吃力。

——查尔斯·兰姆
《伊利亚随笔选》(刘炳善 译)

从前言及第一章的分析中我们发现了一个有趣的现象,就是提出分科主张的人要么是从事语文教育历史研究和教材编写者(如张志公、顾黄初),要么是从事教学改革实验和教材编写者(如刘国正、周正逵)。这说明分科的想法不是空穴来风,而是学者们从历史研究和实践经验中总结出来的。当然,这种结论也因此而缺乏学理论证,所以下面我们将从现实困境入手,从学理上对分科问题进行分析论证。

课程分合不只是简单的形式上的分合问题,还涉及对各项教学(课业)活动的内涵的不同认识,进而会影响教学内容的选择、教学过程的安排和教学方法的运用,并最终影响到教学效果的获得。也正是这些在教学中遇到的许多难题,促使我们思考其源头。也就是说,教什么和怎么教等难题及其引发的论争,可以追溯到课程,具体地说就是课程设置和教材编写。所以,本章将从这些教学难题的论争入手,来讨论课程分合的问题。

一、识字"四会":齐头并进,还是分进合击

张志公先生在反思古代识字教学时提到,字的认(念)、讲、写、用当分则分,"既要快一点,及时认识足够数量的字,能够初步有点阅读能力,就得以认为主,在讲、用、写方面的要求就得放慢一点,不能齐头并进。齐头并进的结果必然是互相掣肘,互扯后腿,大家一起放慢速度,降低质量。齐头并进,一上来好像是快,用不了多久,形似字(已、己)、同音字(洪、红、克、刻)、同义或近义字(擦、拭)一多就要乱套,就得费时费力去辨别,纠正,反而大大慢下来了;相反,各走各的路,互不相扰,一旦会合,却大大快起来。为什么有那么一段时间,要各走各的路呢? 因为各有各的特点,各有各的规律,步调。一切从客观事物的实际出发,当分则分,当合则合,别看都是'字',认、讲、用、写可并不是一回事"。① 其中提到的认、讲、写、用即现在常说的"四会","有那么一段时

---

① 张志公著《传统语文教育教材论——暨蒙学书目和书影》,上海:上海教育出版社,1992年版第41页。

间"是指清末以前。可见,张志公先生对从清末流行至今的"四会"持否定的态度,而对古代的"四分"表示赞赏。

上述"四会"中的"认"就是见到字形就能念出字音,有时要求领会字义。"讲"即能对字形、字音、字义作出口头解释,其中字形涉及结构、部首等,字音涉及声韵、音调等,字义涉及基本义、引申义等(还有一种说法是"认"指辨识字形、"讲"指能解字义)。"写"即写字。"用"即运用文字进行组词、造句、作文等。文字的"认"属于识字,"讲"涉及阅读,"写"指"写字","用"属于写作。所以,文字的"认""讲""写""用"之间的关系在某种程度上又是识字、阅读、写字、写作(教学)之间的关系。现代语文教育高耗低效的原因有很多,除了汉字本身难学,与受西方文字教育的影响而要求"四会"也有一定的关系。那么,古代的"分进"是怎样演变成现代的"并进"的呢?"分进"与"并进"各自的利弊又在哪里呢?下文先梳理其演变历史,再辨析其利弊得失。

(一) 从"分进"至"并进"的历程

传统蒙学教育基本上是集中识字,并采用认、讲、写、用分进合击的策略,如王筠在《教童子法》中主张,"蒙养之时,识字为先,不必遽读书","识千余字后乃为之讲,能识二千字乃可读书"[1],"学字亦不可早,小儿手小骨弱,难教以拨镫法"[2]。唐彪在《家塾教学法》中称:"初入学半年不令读书,专令识字,尤为妙法。"[3]一般会在集中识字的同时,进行写字练习,但所认的字并不是所写的字,如识字教材是"三、百、千",写字教材是"上大人,丘乙己。化三千,七十士。尔小生,八九子。佳作仁,可知礼"。这样一来,开始认的字是"人之初,性本善",开始写的字就是"上大人,丘乙己"。同时,认字只要求对照字形、诵读字音,往往并不详细讲明字义,更不要求立即会使用,而是在儿童会认大量的字、会写部分字之后,再进行初步的阅读和写作(属对)练习,然后在初步读、写的基础上进一步研习古文、经书,深究文字(读《尔雅》,点《说文》),写作成文(诗赋、策论、八股等)。这种分进合击的方式在明清趋于成熟,甚至一直沿用到现代学制确立之前,出现在1896年建立的带有现代学校色彩的上海三等学堂的课程设置之中,如虽然该校自编的教材已不是传统的"三、百、千"和"四书""五经",但是其识

---

[1] 王筠著《教童子法》,北京:中华书局,1985年版第1页。
[2] 王筠著《教童子法》,北京:中华书局,1985年版第6页。
[3] 唐彪著《读书作文谱·父师善诱法》,台北:伟文图书出版社有限公司,1977年版第206页。

字、阅读、写字和写作是分设的。其《小学堂总章程》规定："必先通字义而后读书。"[①]其《小学堂功课章程》规定："蒙馆学生已识一千余字，即可讲解文义浅近之书。已识二千余字，即可学做句子。"[②]即要求先识字，后读书，再写作。

  1902—1904 年，随着《钦定学堂章程》和《奏定学堂章程》的颁布，现代学制正式确立。在课程标准中，识字、写字、阅读和写作教育开始采用齐头并进的方式。如 1902 年制定的《钦定蒙学堂章程》中第一年"学科阶段"规定："字课（实字，凡天地人物诸类实字皆绘图加注指示之）；习字（即用所授字课教以写法）。"其他年级"字课"的内容和教法不尽相同，但"习字"都是"同上教法"。"凡考验童蒙之法，皆取平日曾经讲授之字课等项，随举问之，使之口答或笔答"。[③] 1904 年颁行的《奏定初等小学堂章程》中的"中国文字"课程所规定的各学年的内容及要求分别为：第一年"讲动字 静字 虚字 实字之区别 兼授以虚字与实字联缀之法 习字即以所授之字告以写法"，第二年"讲积字成句之法 并随举寻常实事一件 令以俗话二三句联贯一气 写于纸上 习字同前"，第三年"讲积句成章之法或随指日用一事 或假设一事 令以俗话七八句联成一气 写于纸上 习字同前"，第四年"同前学年"，第五年"教以俗话作日用书信 习字同前"。[④] 又如 1912 年颁行的《小学校教则及课程表》规定："初等小学校首宜正其发音，使知简单文字之读法、书法、作法，渐授以日用文章，并使练习语言。"[⑤]1916 年颁行的《国民学校令施行细则》作出了相同的规定。可见，都要求会写、会用所认的字，而专门的"写字"课的内容已逐渐从课程标准中消失。

  教材也是如此，1904 年底出版的商务印书馆编写的《最新初等小学国文教科书》不再是像传统"三、百、千"那样将单字集中编排，三字或四字一句，句末押韵且隔句换韵，而是采用先单字再联字再短句后短文的形式编排，这样就把识字与阅读结合（文字

---

① 上海三等学堂《小学堂总章程》，陈学恂主编《中国近代教育史教学参考资料（上册）》，北京：人民教育出版社，1986 年版第 298 页。
② 上海三等学堂《小学堂功课章程》，陈学恂主编《中国近代教育史教学参考资料（上册）》，北京：人民教育出版社，1986 年版第 299 页。
③ 课程教材研究所编《20 世纪中国中小学课程标准·教学大纲汇编（语文卷）》，北京：人民教育出版社，2001 年版第 1 页。
④ 课程教材研究所编《20 世纪中国中小学课程标准·教学大纲汇编（语文卷）》，北京：人民教育出版社，2001 年版第 6 页。
⑤ 课程教材研究所编《20 世纪中国中小学课程标准·教学大纲汇编（语文卷）》，北京：人民教育出版社，2001 年版第 11 页。

反复出现在其他语言材料中,在不同的语境中呈现其不同的读音、意义和用法),也与写作结合起来(练习联字、填字、造句等联缀之法)。从与教科书同时出版的《小学校习字帖》来看,要求所学之字既会认又会写。教科书的编者之一蒋维乔在回忆中记叙了《小学校习字帖》(10册)的内容:"兹举习字帖第一册之内容如下:第一册供一学期之用,一学期分二十星期……第二十星期内,须将读本中第一册选用之字,悉数写过。第二册以下,与读本联络方法略同。"①该书的编辑思想在其广告语中揭示得更加明确:"此帖与最新国文教科书相辅而行,所有生字,无一不备,按课排列,随读随写,既资练习,又助记忆。"②

这种会认即要会写、会用的教学思想在民国初年更为盛行。有人称:"习字教授,虽非以学习句语文章为目的,然其所选材料,宜与读本相联络,以练习其既知文字之书法。否则所书之字,与读本绝无关系,既鲜兴趣,又乏意义,儿童必不易进步。是以习字帖所选之字,宜取读本中所已见者。"虽然"间有前后错杂,要不出乎本学期课本范围以外"。③ 1912年,商务印书馆出版的初等小学《共和国教科书新国文》第二册第1课的课文就是:"新书一册。先生讲,学生听。先读字音,后解字义。"1916年,北京师范附属高小国民学校的教案就将教授段分成提示生字、练习写法、指读字音、指讲字义四步,其中提示生字的内容为:"1 音。教师先范读数次,俾儿童听真确后,再令齐读、轮读或指名读,总以归正确为是。2 义。有实物者,借实物讲解,无实物者,以明白语讲解之,务使一字使儿童全数明瞭方为了结。3 笔顺。用书空法口唱笔画之名称,如撇、捺等是也,或口唱一、二等亦可。"应用段包括默写或听写、轮背、填字、板书等。④

1920年,"国文"改为"国语"。因为"口语的单位是完全的句子,所以入手就应该教句子,不可以先教零星的单字。……单字的意义和用处,必得要在全句里头去看,才可以看得确切"⑤。1922年,实行新学制。受杜威的教育思想影响,当时普遍强调教材要符合儿童的经验,教学要在具体的活动中完成。就识字教学来说,人们认为文字必须在特定的语境(上下文)中才能识得,所以完全实行随文分散识字的方式,就是将识

---

① 蒋维乔《编辑小学教科书之回忆》,商务印书馆《出版周刊》,1935年新一百五十六号第11页。
② 《教育杂志》,1909年第一年第四期广告。
③ 屠元礼编辑、顾树森校阅《习字教授法》,上海:商务印书馆,1917年版第1—2页。
④ 北京师范附属高小国民学校《国文科读法教授之概要》,《中华教育界》,1916年第五卷第三期第1页。
⑤ 张士一著《小学国语话教学法》,上海:中华书局,1922年版第34页。

字归入阅读教学中。1923年颁行的《新学制课程标准纲要小学国语课程纲要》将国语课程分为"语言"和"文字"两目,其中的"文字"包括"读文""作文"和"写字"。识字被包含在"读文"(阅读)之中,要求注意"重要文字的认识"①。此后颁布的几份国语课程标准都将识字纳入了"读文"(阅读)之中。可见,随文分散识字的旨意十分明显。课程标准的制定者吴研因1922年在《新学制建设中小学儿童用书的编辑问题》中指出:"假使我们就把社会极需要的文字,一个个或者一章章把和千字文、日用杂字书一般的东西教儿童,虽说不见得毫无用处,然而儿童所受的影响是很薄弱的。"②又如1924年他在《小学国语教学法概要》中指出:"初入学的儿童,不当从单字入手,要从有意义的语句入手;语句熟习了,方可分析字义。"而过去教材都是将一些单字排列,教学也是围绕这几个单字大讲特讲,这和儿童已有的言语经验很不相称。儿童能初步阅读之后,"在概览全课的中间,不当多费工夫,斤斤于生字新词的教学,遇有生字新词,只须轻轻指点说明就是了;等到全文意义既了解后,方可提出生字新词,分析练习"。况且就儿童阅读实际来说,"看第一遍时,有些生字新词,虽不了解,因为切求内容之故,也往往推想他的意义而通过去了"③。

正因为把识字归入阅读教学,一年级第一册教科书也不再是以前那样的单字、联词,如果不用图画而用文字呈现那就直接是短句,并继之以成篇的白话儿童文学作品。如1925年世界书局出版的《新学制小学教科书初级国语读本》(魏冰心编辑)第一册第1课为"来唱,来唱,来唱歌",第10课为"鸟儿飞,高又低,飞到东,飞到西"。认、写也不分。如有人称:写字练习"所取的材料,低年级要取日常所应用,并且在读文中所读过的。……高年级,小字可抄写各种日用文;大字可临碑帖。碑帖宜不拘一格,酌量儿童的笔路,选择和他相近的练习"。④ 同时,还要求用文字进行初步的写作。这种"四会并进"的要求一直延续到30年代,甚至河北省党务整理委员会编的用来激励成人识字的《识字运动三字经》一开始就写道:"劝同胞,要识字,不识字,难做事,单认

---

① 课程教材研究所编《20世纪中国中小学课程标准·教学大纲汇编(语文卷)》,北京:人民教育出版社,2001年版第13页。
② 吴研因《新学制建设中小学儿童用书的编辑问题》,《新教育》,1922年第五卷第一、二期合刊第9页。
③ 吴研因《小学国语教学法概要》,《教育杂志》,1924年第十六卷第一号第13页。
④ 吴研因《小学国语教学法概要》,《教育杂志》,1924年第十六卷第一号第26页。

的,不算识,普通的,书报纸,须看明,何意思,会写了,还会用,那才算,识了字。"①

  1937年,全面抗战爆发。1946年,国共内战又起。战争的需要强化了教育的实用性。课程标准的规定和教科书的编排仍然体现的是文字"四会并进"的精神,文字"四会并进"甚至被明确写进国共两党的教科书或教师用书。如1945年出版、国民政府教育部编写的与教科书《初级小学国语常识》相配套的《初级小学国语常识教学指引》的第三册要求,"阅览课文,使儿童默读课文,将不懂的句子、生字和新词,做出记号","生字新词指导,将儿童提出之生字新词,逐一写在黑板上,未提出者亦一一写出,说明写法,解释意义,使儿童彻底明白为度"。② 又如,德俯等编辑、华北人民政府教育部审定、1948年新华书店发行的初级小学适用《国语课本》第二册的第3课《学国语》:"大家到课堂,上课学国语,学了就要用。认一字,写一字。念一句,记一句。看谁学得好,大家比一比。"该课课后的练习"读"中还有几句旨意相同的话:"上课 下课 写字 写账 当长工 当学生 学垫圈 学翻土 个儿大 个儿小 一同在课堂上写字 先生说 学生记 爹说:'学的字,都要会念、会讲、会写、会用,才算学会。'"③

  1949—2000年,除1950年代辽宁黑山的集中识字实验、1960年代北京景山学校的语文教育改革以及其他少数学校进行的一些零星的实验,借鉴传统蒙学教育的经验实行过先识后写、多识少写、先识字再阅读、先写字再写作的分进合击方式外④,教学大纲、通行教材和常规教学普遍要求"四会",采用齐头并进的文字教学方式,如教科书课后常见的练习有"读一读,写一写""认一认,比一比,写一写""用下面的字词各写一句话",等等。2001年之后,郑国民先生主编、北京师范大学出版社出版的小学《语文》在第一册中重新尝试了有限分进合击的文字教育方式。

(二)"并进"与"分进"的利弊

  郑国民先生认为,"从清末开始,识字教学的理念发生了明显的变化,原本带有汉语言文字特色的识字教学思路被当时认为具有普适性的理念所代替,所谓普适性理念

---

① 河北省党务整理委员会《识字运动三字经》,《学院期刊》,具体出版年份不详第1期第6页。
② 教育部教科书用书编辑委员会编《初级小学国语常识教学指引》(第3册),浙江省浙东印刷厂印行,1945年7月第1版第8页。
③ 德俯等编辑初级小学适用《国语课本》(第2册),北平:北平新华书店,1948年版第3、6页。
④ 刘曼华、马淑珍、童正玉《集中识字试验二十年》,《人民教育》,1979年第11期第26—27页。

是指当时很多人借鉴外国的经验,识字要做到认、讲、写、用。促使发生变化的主要根源是西方教育理论开始渗透、落实于微观的教学实际中。注重学习兴趣,注重理解与运用,强调所学的即是所用的。遵循这样的理论,识字教学必然走认、讲、写、用齐头并进的道路,即后来人们所熟知的识字'四会'"。① 现在有必要将盛行几百年甚至上千年的基于主形汉字特点的"四分"和一百年来仿照西方拼音文字教育的经验的"四会"的利弊进行比较,对其得失进行总结。

传统的汉字教学的认(念)、讲、写、用分进合击,有不少弊端,如先集中识字后初步阅读,往往因为字不重复、缺少语境而造成只识得其单个的意义、读音和用法。因为识字与写字分开,先识字后写作,"用"字的时候要等到读完"三、百、千"之后,就造成所识的字缺少"用"的机会而不利巩固认的效果,同时也限制了阅读、写作能力的发展。

不过,认(念)、讲、写、用分进合击显然有极其科学合理的地方。首先,识字与写字分开。如"人之初,性本善"中的每个字认起来并不困难,写起来却不如"上大人,丘乙己"容易,因为认着眼于字形的全体感知,而写则涉及笔顺、笔画、结构等局部的、过程的了解。所以,有些字笔画多反而易记(字形辨识的难易不仅与笔画的多少相关,还与字体是否对称等相关),不过很难写。如果强调既能认(念)又能写,那么写字必然会拖识字的后腿。1923年李步青就指出:"初年级中认字的时候,不要强勉他们能写。照这样教法,儿童认字一定必多。"②又如,1924年俞子夷认为,教学生识字并不是叫学生练习的,而是于不知不识间,给学生看的,"我们识的字数和写的字数是不同的;识的字多,写的字少"③,即多认少写,识写分开。况且,有些字只要求见到字形明白字义(认形讲义)即可,不必要求会写(甚至不要求读出字音),因为有些字儿童一辈子也不会有写、用的机会,如常见的"镕"和不常见的"爨"等字,所以会写、会用的要求不必过高。有些字要会认、会写、会用并不要求会讲,如"一""手"这样的字,要求"讲"清楚它的意义很难,其实也没有必要讲清楚。

其次,识字与阅读、写作分开。汉字不是拼音文字,不像后者那样仅凭借几十个字母就能认读和拼写,汉字必须是在认识一定量的字之后才能比较顺利地阅读,在会写

---

① 郑国民《小学识字与写字教学改革的基本理念》,《学科教育》,2002年第11期第6页。
② 李步青《小学教材之商榷》,《新教育》,1923年第六卷第三号第336页。
③ 俞子夷《教学法的科学观和艺术观》,《教育杂志》,1924年十六卷第一号第3页。

一定量的字之后才能比较顺利地写作。从"会用"的角度来看,同一个字出现在不同的语境中,它的音、义、用法往往也不同,但如果在一个具体的语境中,例如在"人之初,性本善"中,则每个字的音、义、用法就相对比较单一、固定,理解起来也较易,如果一开始就要求儿童脱离语境讲出单字的所有音、义及其用法的变化,则较难。如学堂成立初期,仍有人在教学生识课文中的"易"字时,先告诉学生发什么音,然后告诉学生"易"是人名,如"贾易",再在右上角加圈,即是"容易不容易"的"易",而"交易、贸易及五经中易经之易,均不要加圈","学生至是,神色茫然,几并前此人名之义而忘之矣。是即求益反害之实证也"①。如果同时让儿童用所会认的具有单一意义和用法的字及所会写的数量有限的字去写作成篇含有多种意义和用法而且数量众多的字的文章,就更难。让儿童在认识一定量的字之后才让其阅读,那么这之后的大量阅读反而有利于识字,因为这不仅增加了儿童的识字数量,也因儿童在不同的语境中掌握了一个字不同的音、义、用法而提高其识字兴趣,增强了识字效果。在会认、会写一定量的字之后才让其写作,加上阅读量加大后儿童的知识累积、情意积淀,自然就能很好地运用文字来表达。

  到底要怎样分进合击?现在有不同的主张,多数人认为要借鉴古代的认、讲、写、用分进合击的策略。我认为不能完全照搬传统的识字教学中认、讲、写、用完全的分进合击,因为传统的"认"先只是死记字形和字音,不讲字义,往往儿童会认许多字形,会读许多字音,却根本不知道字义。又因为先只认不用,而降低了儿童的识字效果,挫伤了儿童的识字兴趣。这样看来,1949 年之后至今所借鉴的 20 世纪初至 20 年代完全齐头并进的做法,即识一个字要完全做到会认、会讲、会写、会用,是不合理的。我认为首先应该采取一种新的分进合击教学策略以规避传统分进合击教学造成的弊端:低年级儿童多要求其用口头语言表达,少用文字表达,随着年级渐高,逐步要求其用文字来表达。另外,要多认少写、识、写分开。当然,如果完全只认不用或只认不写,又会出现传统识字教学分进合击时所产生的种种弊端。所以,我们又应该进一步借鉴并改造 19 世纪末、20 世纪初澄衷学堂那样的识字教学策略:"认""讲"并进,但不要求将一个字的音全部读出,也不要求将其意义和用法全部讲出。"认""写"整体齐头并进、局部分进,也就是说,在某一阶段学习完成后,所认的字绝大多数要会写,但在过程中认和

---

① 庄俞《教育琐谈》,《教育杂志》,第一年(1909)第四期第 23 页。

写并不要求同步。"认"和"用"开始可以分进,但不能像澄衷学堂那样要求认了三千个单字才用,也不能像现在有人所提倡的读完传统的韵语识字教材"三、百、千"才用。如果能编一些新"三、百、千"之类的教科书作儿童集中识字之用也未尝不可。所以,能否根据《儿童常用字表》来编写新"三、百、千"之类的教科书作儿童集中识字之用,让儿童先习得一个字的某一种读音、义项和用法,然后再拿现在以成篇儿童文学作品作为课文的教科书作儿童分散识字之用,让儿童进一步习得这个字的另外的读音、义项和用法,并在儿童认识一定量汉字以后,再将其所识的字按读音、形体、意义、用法等归类使其辨识呢?这样就将"认"和"用"并进的时间提前了,即"认"了一定量的字之后,就要进行阅读,也可在阅读中习得这个字的其他读音、义项和用法,而不必等所有的字都认识之后才阅读。"认"了一定量的字之后,也要进行初步的写作训练。只不过开始对于"用"于读写的要求不能过高。

总之,要求"四会"弊多利少,而做到"四分"则利多弊少。如果要做到取利去弊,那么在整体上就应做到分进合击,局部中有时应齐头并进,即以前者为主,以后者为辅,这样就将齐头并进与分进合击结合起来了。

二、教材"范文":阅读之范,还是写作之范

语文教材研究者一般将语文教科书按要素分为范文系统、助读系统、作业系统和知识系统(还有人在此基础上提出插图系统)。有人认为,"范文即课文,包括教读课文、课内自读课文、课外自读课文",范文的选择标准是"文质兼美",范文的教学内容是文本形式与内容并重。我们对这种范文的定义的认识、选择标准的确定和教学内容的选择似乎习以为常。不过,如果对此加以审视就会发现,"范文"的定义需要重新界定、教材需要重新编写、教学内容需要重新选择。下面,对此逐一分析。

(一)"范文"定义的辨析

《现代汉语词典》将"范文"定义为"语文教学中作为学习榜样的文章"。[①] 那么作

---

① 中国社会科学院语言研究所词典编辑室编《现代汉语词典》,北京:商务印书馆,2012年版第364页。

为学习什么的榜样呢？是学习阅读,还是学习写作,还是学习其他的呢？沈仲九曾说:"教科书中的范文是人人必须学习的文;是'看'的模范,又是'做'的模范的文。"①"看"的模范文指适合做欣赏材料的经典作品,"做"的模范文指适合作为写作范例的文本。如果从教学目的和文本功能来看,教科书中的文章确实既可以作为阅读的材料也可以作为写作的材料来使用。

先从阅读的角度看"范文"。前文提及的"范文"定义就是将教科书中的课文当成阅读课的材料,也就是沈仲九所说的"'看'的模范文"。从阅读的角度来说,称教科书里的成篇文本为"范文"并不恰当,因为作为训练阅读能力的材料无所谓"榜样"或"模范",只要其内容不影响学生的思想培育即可选作阅读材料,其形式好坏也并不重要。换句话说,其内容的好坏与思想教育有关,其形式的好坏与写作教育有关,二者均与阅读能力的培养无关,即内容与形式兼美恰恰是写作教育的标准。所以,从阅读行为来说,不存在模范不模范。不过,从阅读的对象(文章)来说,确实既有文质兼美("质"指思想内容等"实质"好,"文"多指语言文字等"形式"美)的"模范"文,也有非模范文(文质不兼美),然而"文质兼美"是从文学写作的角度来确定的文章的最高标准。沈仲九正是从阅读的对象是文质兼美的"模范"文的角度才说"范文……是'看'的模范",而这类文章恰恰是文艺作品。他接着说:"文艺,虽是人人须学习,但是要学习的,只限于看;做是不能希望诸人人的。而且学文艺的创作,应先学习纪叙文、论说文。因为他们一则是文艺的基础;二则虽然学习文艺,但不能离开日常生活,而日常生活上是需要纪叙论说这一类文章的。"②所以,文艺这类文章与其说可做"模范"地看的文章,不如说看的对象是已经写成的"模范"的文。更严格地说,在他看来还不是可作日常(初级)写作的模范,而是作为特殊(高级)写作的模范。所以,从阅读对象(含文艺作品和其他作品)来看,统一称教科书里的文本为"范文"是不恰当的。

再从写作的角度来看"范文"。多数论者是从这个角度来界定"范文"的,他们将教科书中的课文当成写作材料,认为"范文"的功能就是用来充当写作的"例子",如称:"'范文',是指学生能够模仿的文章。"③当然,其中有从其作为立意、选材、组织、表

---

① 沈仲九《初中国文教科书问题》,《教育杂志》,1925年第十七卷第十号第7页。
② 沈仲九《初中国文教科书问题》,《教育杂志》,1925年第十七卷第十号第7页。
③ 张志公著《语文教学论集》,福州:福建教育出版社,1985年版第30页。

达等大的方面的例子的角度来界定的,如称:"范文目的,是示学者以作文之道。"①也有单从其作为学习语言的例子等角度来界定的,如称:"课文主要是为系统的语言教学提供范例。"②当教科书里的文本作为写作的例子时,无疑称其为"范文"是最为恰当的。

由此看来,既然教科书里的成篇文本只有作为写作教材时才能称为"范文",而当其作为阅读等其他教材时则不宜称为"范文",那么对于既有(或既做)阅读材料也有(也做)写作材料的教科书里的成篇文本只能统称之为"课文"或"选文"。或者说,只有写作教材中的成篇文本才能是"范文",而阅读等教材中的成篇文本只能是"课文"或"选文"(如果在专门的阅读教材中则应称"读文",即所读之文);或者一篇文本只有它在作写作教材之用时才能被称为"范文",作为阅读等教材之用时只能被称为"课文"或"选文"。总之,"范文"是指教科书中可作写作例子以供写作模仿的文章。

(二)"范文"重订的意义

如果统一把教科书中的文本称为"范文"而不是"课文"的话,那么就会由此引发以下系列弊端。

首先,教学目标狭隘。如曹刍称:"往者指所读之文为范文,研习诵读,期学者进益其作文之技术,有如范文。则教学之目的至狭。"③也就是说,如果将教科书中的选文都称作"范文",那么"语文"就等同于"写作"了。显然,语文除了教学写作,还要教学识字、写字、阅读、口语以及各种知识、思想、情感、审美、文化,等等。

其次,教材功能混乱,选文标准不当。教科书中的选文,可以作为识字,或写字,或阅读,或写作,或口语教学的材料,因为要完成专门的教学任务,就应该赋予其特定的教学功能,相应地,其本身特征要有助于这些功能的发挥和任务的完成。例如,如果课文是阅读教材,那么就不应该用来进行识字、写字、口语教学,更不能作写作的"例子"

---

① 施畸《国文教授之方法(四续)》,《广东省教育会杂志》,第二卷第二号第209页。
② 张传宗《从历次改革探索求语文务实的语文教材》,《课程·教材·教法》,2006年第1期第42页。1938年,卢冀野在《关于高中国文教材问题——形式应重于内容》(《教育通讯》,1938年5月28日第十期第9页)中称:"所谓'范文'者,'范'字的意义,原重在形式。如重在思想,不如径设哲学、社会科学等课,何必设'国文'呢?"
③ 曹刍《中学国文教学之商榷》,《江苏教育》,1934年第三卷第五、六期第2页。

来使用,而是要作为训练某种读法的凭借或者说是借此传授阅读的知识。如果选文作为训练某种读法的凭借,那么"文质兼美"的选文标准就应该重订:选文除了考虑其思想内容不能悖离而应符合"教育性"的原则,其语言文字等"形式"方面则不必考虑过多,因为这是写作教学主要关注的内容。所以,选文标准必须是其是否适合作为训练某种读法的凭借。如果作为写作材料,即"范文",那么"文质兼美"的选文标准也要重订:如果按这个标准来选择课文,那么最适合选作课文的就是文学作品,尤其是一流的文学作品。但是文学作品作为写作的范文未必就是恰当的。如果只从"语言"之范的角度(或者说只是作为学习语言的范例)来选文学作品作为课文是合适的,因为绝大部分文学作品是注重语言文字的锤炼的;如果从立意、选材、组织、表达等角度来看,选择文学作品作为课文又可能是不当的,因为文学作品尤其是一流的文学作品的这些方面是难以作为写作的例子被模仿的,而"文质不怎么美"的实用文章或者"文质局部美"的文学作品反而适合作为写作的例子被模仿。①

  如果课文是作为写作模仿的材料,那么从目的上看,"阅读"这些范例不是为了提高阅读技能,而是为了提高其写作技能,这和一般意义上的"读"(语文教科书)、"写"(作文)结合并不相同。从范例的特点来看,就不应是所谓的"经典",而应是真正写作意义上的"范文"。换句话说,写作教材中用作模仿的样板的例文,不必过于追求文质兼美,而应以易于模仿为标准,应是教师、学生自己写作的或者是从报章上选来的可模仿的文章。像《古文辞类纂》这样的古文汇编,是"文章家用以学文专精之本,非所以语于中学生也"②。叶圣陶曾不止一次地对章熊说:"不要以为好的文字才能当教材,不那么好的也能当教材,甚至写得不好的也能当教材。"章熊对此进行了分析,他说:"这个看法与当时的观念大相径庭,然而我觉得很重要,我认为这是突破藩篱的一个重要启示。""长期以来我们都把一篇篇'好文章'作为教学的依据,叶老把它打破了!"

---

① 例如,1948年龚启昌在《中学国文教学问题之检讨》(《教育杂志》,1948年第三十三卷第九号第37、38页)中称:"很难选得到适合于给学生做写作范本的好文章。"从内容和形式两方面来看,"鲁迅的文章,无论内容与形式,显然是不合于作中学生的范本用的",周作人的散文,形式上可作范本,但《喝茶》等篇内容与青年学生隔膜。也就是说,他认为真正一流作家的一流作品可以让学生阅读,但是未必适合作为学生写作模仿的范文。最后,他说:"新文学作家中,叶绍钧、朱自清、朱光潜等人的作品,差堪于作为中学生诵习范本之用,数量实在是有限够很。"也就是说,能作为教科书中的范文的作品,应该是一种"教科书体"的作品。
② 曹刍《中学国文教学之商榷》,《江苏教育》,1934年第三卷第五、六期第4页。

"长期以来我们都把'文质兼美'作为选材的唯一标准"可能存在着很大的问题,"特别是在教材选编方面,我们可以明显地感觉到学生'例文'的作用。……不仅优秀作文如此,即或是有缺点的习作也与同龄人水平相近、经验相连,有普遍性,所以容易产生感应。我们不妨把它们和阅读课本里的'范文'比一下,'范文'是非常重要的,但它们只能起到'积淀'作用,这种作用要在一定时间以后才能显现;作为教材,学生的'例文',只要选得合适,却能够'立竿见影'"。[①] 可见,如果是学习文学创作,则要追求"文质兼美",如果只是写作一般的文章,则不必做到"文质兼美"。相应地,"文质兼美"是文学创作教材的选文标准,而不是中学写作教材的选文标准。

最后,教学内容不清,教学方法不当。教材的功能混乱、选文的标准不当(教科书中多数是文学作品)导致教学内容不清、教学方法不当,面对一篇文本不知道到底该教什么和怎么教,所以干脆什么都教,方法也胡乱地使用。其实如果一篇文本是作为写作的例子,那么就不必让学生去反复诵读体会其内在的情感等,而是要结合文本分析其写作方法,并进行写作训练。如果是作为训练阅读技能的材料,那么就不应让学生一味地揣摩文本形式,而是要学会提取文本信息的方法。

(三)"范文"重订与教材编写

将"范文"的定义、功能、选择标准、教学内容及方法初步厘定后,就可尝试对现行的语文教科书进行改造,甚至是重新编写。重新编写后的教科书的基本形态有两种:一种是合编本(将"课文"分类),一种是分编本。

1. "课文"分类

"课文"分类,就是在同一本教科书中将选文分成范文、读文等不同种类,明确标示其类别。不同种类的课文的教学目的、功能、文体、语体以及选择的标准均不相同。如早在1934年曹刍就认为一本语文教科书中的选文应该分成三类:一是"范文"。目的和功能为"完全供写作技术训练者"。文体为"记叙、说明、抒情、论辩及各项应用文体"。选文标准是"文白俱可,只择其明白浅显,文法正确,易为学者所模仿者,不拘拘于时代,其内容只须无消极影响,而能适合各年级写作程度者"。二是"文献之文"("代表文化之文献材料")。"此项专供阅读,正目的在学者了解本国固有文化,副目

[①] 章熊《我的语文教学思想历程》,《课程·教材·教法》,2011年第10期第10、11页。

的在能激起对民族之爱护,与读书习惯之养成"。选文标准为各朝历代的经典。三是"文学之文"。学习这类文本的目的主要是欣赏,以获得审美愉悦,涵养品性,即"使学者经验美的经验,淳厚高尚其情感"。选文标准是"文质兼美":"所选之文,其写作技术能表现其所表现者,只使其表现者为学者心领神会,不必斤斤以技术扰学者也。"①如果在他的设想的基础上来重编,那么至少可以将一本教科书分成写作和阅读两个大的板块,阅读板块又可以再分成文化熏陶、文学鉴赏、阅读技能训练三个甚至更多的小板块。这些板块中的课文的教学目的、功能、文体、语体以及选择的标准有较大的差异。

2. 课本分编

课本分编就是将不同类别的选文分别编成不同的教科书。如早在1925年沈仲九就认为语文教科书应该分成三种:一是以"范文"为主的教科书(又称"偏重形式的教科书",或称"混合教科书",即采用"法则+范文"的混编方式)。其中的选文作为写作之用的例子。所以,严格地说,这种教科书是一种写作教科书。教科书中的"范文,必须选择形式很完善,确是可以当做作文的模范,耐人常常阅读的"。具体来说,又包括四大方面:"一、各种文体都有;二、最著名的作家的作品都有;三、关于可以当做文章材料的各种事物的文章大致都有;四、各种法则都有。就是文体、作家、内容、法则都不偏废,那末,学习者可以依据、可以应用的范围较广,得益就较多了。"二是文艺读本。上文提到,他认为虽然每个人都应学习文学作品,但只限于阅读,不需要人人会写;而且生活中常写的是记叙文、论说文,文学作品写作的基础是记叙文、论说文的练习,所以"在初中,文艺可以当做随意泛览的文,不必加以精细地研究",既然只作为随意泛览之用,则可另编一本文艺读本。三是常识读本。范文教科书侧重于形式的训练,常识读本是"为启发学生的思想,充实学生学国文的内容",这种读本"是预备学生去选阅,并不要专精;材料愈多愈好",包括自然界、人群界和文艺的三类常识。这种常识教科书与理科、历史等教科书的不同之处在于,"前者是零碎的叙述,后者是系统的叙述;前者在文字上可以有多种样式,如有的是滑稽的,有的是讽刺的,有的是小说体,有的是游记体,后者在文字一方面须质朴而严正;前者不仅使人'知',而且要使人'有趣',后者只要使人'知';前者在于灌输知识之中,学习国文,后者只是灌输知识"。对于第一、三类教科书中的课文,有些内容如果没有合适的文本可选入,编者可就该有的内容

---

① 曹刍《中学国文教学之商榷》,《江苏教育》,1934年第三卷第五、六期第4,5页。

"请长于国语文的人去做",甚至干脆"自己著作"①。

因为20世纪有很长一段时间我国的语文考试是以考查写作为主的,所以还有人专门从提高学生写作水平的角度主张分编语文教科书。如1922年施畸就从这个角度根据文章写作包括形式训练与内容积累两方面而提出要分编四种教科书——《中学文范》《中学学术文》《文学通论》和《文学史略》。文章写作涉及文字(语言)的运用、文法的掌握和文章的示范。其中文字的运用可以在阅读教学和写作教学的文本阅读中完成。文法的掌握最好和具体的文章结合起来落实,所以可以归并到写作教学的范文讲解之中。"范文固示作文之道,然文章内质之如何才能丰富,则非范文所能了。故于范文外,不能不别列读本,以提高学者之思想",所以要分别编写四种教科书,其目的分别是"以示作文之道""以提高学者思想""示学者以国文的系统知识""示学者以国文的历史观念"②。

(四)"范文"重订与教学实施

对课文进行重新分类,重新赋予其不同的教学功能后,其教学内容也需重新确定。相应地,教学步骤的安排和教学方法的运用也应随之革新。如曹刍认为前述各种文类的教学目的不同,其教学内容、方法和步骤也不同:首先是"范文"。"范文"的教学目的"在资学者作文时有所仿效,重在习知写作技术,教时须以获得写作技术为主。范文所代表之内容思想,不过用以助长趣味,大体了解,不必希望获得过大"。这里的"写作技术"主要是指静态的文本形式。教学过程与方法有四:一是了解大意。"由教师解释,或由学者自习",以后者为主。二是讲解诵读。由学生轮流稍事讲解,对于音节和谐者可诵读之。三是文法分析。分析应从字句始至篇章终。"写作技术之训练,往者以熟读成诵自能模仿,今者在用文法控制使手口与笔成为习惯",初中的文法教学依次分析"字句章篇"之法,高中的文法教学"稍及修词"。四是应用练习。即仿作。由单个句子到整篇文章,均应一一模仿。当然,写作教学要获得良好的效果,除了每星期要求学生模仿范文("此犹之作算术习题,范文犹例题也")使写作成为习惯,还要求学生平时常自由作文("教师重在作前之指导,不重作后之批改",包括确定题目、拟定

---

① 沈仲九《初中国文教科书问题》,《教育杂志》,1925年第十七卷第十号第5、6、7、11页。
② 施畸《国文教授之方法(四续)》,《广东省教育会杂志》,1922年第二卷第二号第209页。

大纲、搜集材料、选择材料、写作成文、润饰修改)。其次是"文献之文"。"文献之文"的教学目的"重在学者了解本国固有文化,了解与欣赏,为学习主要效果,读书习惯与兴起民族兴趣,养成自尊心、自信力,为次要效果。寻章摘句,不必重视"。"但了解义理不必寻章摘句",也就是不注重文本形式的深究,只注重文本内容的了解。"教学方法有所改变,注重阅读指导,不重依文解意,同时鼓励课余阅读,假期自修"。与这种特殊的教学目的、教学内容相应的课堂教学过程与方法有三:一是教师课前布置学习任务,学生课外预习。二是教师不逐句讲解,学生质疑问难,共同讨论。三是教师回答学生的疑难问题,适时补充参考材料。在这个过程中,一要指导学生学会使用字典词典等工具书,二要指导学生学会记札记。最后是"文学之文"。其教学目的"在激发学生情感,使其情感一如表现于文中之人物之情感,蕲其获得一种愉快、忧思、奋扬、慷慨、悲伤等情感之经验",学习文学作品"重在经验文中之经验,章句文字最好不必多扰学者心思,教时教者遇必要时,须将文中背境(景)、当时思想,略与提示,使学者以同与文中时代之眼光读之,此犹玩赏古玩,不必求其有用,用即存于玩赏,教师能选择极适宜之材料,提供学者,是为最大责任。课堂不必多费讲解"。但要注意考查与应用,方法有四:一是朗诵。让学生做到声音随情感的变化而变化。能从声音和姿态中考查学生能否欣赏此文,是否做到了心领神会。二是表演。如果课文不是剧本就改成剧本,使文字所写在学生的表演中表现出来。三是测验。让学生评价作品中的人物。四是观察。观察学生的行为,看其是否受作品中的人物影响。①

沈仲九认为,范文的教学内容就是结合范文讲解写作知识(文法、作文法、修辞法),要求学生默写、笔记(概括段意)和约述(缩写)并进行写作练习(改错、作文)。这种教科书"在于熟练法则以表示形式,贵乎专精"。文艺读本和常识读本"在乎培养情感,启发思想,以充实内容,不妨博览"②。

施畸也认为不同教学目的与功能的课文的教学内容和方法不相同。其中范文的教学内容是教学生如何运用写作规则:"文范中所载的是文章上各定律,所教的就是各定律的实习。"其教学过程与方法有四:一是规则问答。如教记事文的篇章构造之法,可以提问学生如何把一件事完整地记叙下来。如教心理描写的方法,可让学生思考如

---

① 曹刍《中学国文教学之商榷》,《江苏教育》,1934年第三卷第五、六期第6、7、4、8页。
② 沈仲九《初中国文教科书问题》,《教育杂志》,1925年第十七卷第十号第11页。

何根据表情、动作等来逆推出来。二是揭示规则。如果学生说不出,或者说得不全面,则适时揭示规则。如提示学生事情的发展有起因、经过和结果,那么记事文也分成这三大部分。三是呈现范文。用范文证明规则。"范文各为未读过之作,教者当详细为之解释,不必令其自习,以耗费时间"。四是写作练习。根据规则、对照范文对写作进行评价。学术文与范文不同,其"既以提高学者思想为目的,教授法当然注重思考的练习,及其质量的增加",其教学过程与方法有三:一是提示要点。在读文之前提示作家、作品的"思想"要点。二是研读讨论。学生研读作品,教师提供与之相关的参考资料,学生分组讨论作者得失并联系自己的未来,也应另择专门的时间进行辩论、演说。三是写作札记。教师批阅。关于文学通论和文学史略等的教学又与范文、学术文不同,"除去讲述外,只有指定参考书使之攻习了"[1]。

虽然上述三人在具体的教学设计上的主张各不相同,但是其宗旨是一致的,即都认为如果教材"分"了,无论是采取课文分类还是课本分编的形式,都应根据不同教学目的、功能的选文选择不同的教学内容;既然不同选文的教学内容不同,那么就应该采用与内容相匹配的不同的教学形式,即安排不同的教学过程,选用不同的教学方法。

上文就"范文"概念的辨析讨论了语文教材编写和教学实施的一种新的思路。语文学科建设如果不重新设置课程、重新思考教材的分合问题,进而重构教学的内容与形式,而只是简单地更换教科书的选文篇目,估计将是无济于事的。我们的基本思路是,在识字、写字、阅读、写作和口语课程分设的基础上,再进一步分清不同课程中的选文功能,建构明确的各种课程知识,然后重编语文教材,重新确定语文教学内容、过程和方法。下文,还将进一步申说。

三、言语形式:阅读教学内容,还是写作教学内容

我们常在一些学者的论著中见到诸如"言语形式是语文学科的基本教学内容""以形式为主,是语文学科区别于其他学科的重要标志""言语形式是语文立科之本"之类的论断。那么,言语形式到底是阅读教学的内容还是写作教学的内容?这是一个很少有人去追问的问题,也是一个研究者难以解说得清楚、实践者普遍感到茫然的

---

[1] 施畸《国文教授之方法(四续)》,《广东省教育会杂志》,1922年第二卷第二号第210—213页。

问题。

学者们认为分析文本形式(言语形式)有助于写作能力的提高,所以写作教学要教。然而,又有不少人根据朱自清、叶圣陶、朱光潜、汪曾祺等人的论述而将言语形式的学习归入阅读教学的内容,甚至有人认定其是阅读教学内容的全部,如称:"如今,中学语文教学界开始形成一个基本共识,阅读教学应该关注文本的言语形式。屈指一算,这一共识的形成,几乎长达一个世纪。当我们终于认同'合宜的语文教学内容就是言语形式'之后,随之而来的问题是:如何才能真正把握文本的言语形式呢?如何让阅读教学更加具有实效性与针对性呢?"①不过,共识有可能是对经过学理探讨、科研验证而获得的正确结果的一致认识,也有可能是面对某种错误认知所表现出来的集体无意识。有时在常人看来是异端的思想却恰恰最终被证明是真理,所以是否达成共识并非判断某个观点是否正确的唯一依据。言语形式只是阅读教学内容吗?写作教学中是不是也要教言语形式?或者说,当我们在教一篇课文的言语形式时,到底是在进行阅读教学还是写作教学呢?如果说阅读教学也应该教学言语形式,那么是否像上述论者所断言的那样,真正的阅读教学只需要关注言语形式?真正的阅读教学内容是其所强调的静态的言语形式,还是言语内容以及动态的阅读技能呢?

同时,这也是教师们在设计、实施教学时常感到困惑的问题。我们会发现,平时教师在围绕课文进行教学时多会有意识地去教静态的言语形式(修辞、语法、体裁之类),否则其教学内容就会被视为"非语文",课会被认为上得没有"语文味"。一般教师能意识到阅读技能的重要,但在教学设计时却很少将其列入教学目标,在教学实施时也不明确地向学生提示,而令人奇怪的是听课者、评课者又并不认为这么做有什么明显的不妥。

我们可以继续追问:"那么用一篇课文所进行的语文教学,是阅读教学,还是写作教学呢?"很多人的第一反应是,既然是用一篇篇课文来教学,那应该是阅读教学吧?可是又不确定,因为我们平时的阅读就是获取文本信息(或)进而与文本交流、对话,然而在日常阅读中熟悉言语形式似乎对获取文本信息和与文本进行交流、对话所起的作用又不大。那么,熟悉言语形式对什么所起的作用大呢?似乎是写作。也就是说,它是写作教学的内容。可似乎又不是写作教学的全部内容,因为在写作教学中获取这

---

① 邓彤《标点与虚词:"虚境"中的奇景》,《中学语文教学》,2015年第2期第20页。

种静态的言语形式方面的知识对写作能力的提高能起到一定的作用,但是作用有限,而动态的言语技能对写作能力提高的作用会更大些。下面,将分析"言语形式是阅读教学还是写作教学的内容"这种归属难题所产生的原因,确定其在读、写教学中的合理位置,并进一步设想解决这个难题的办法。

(一) 言语形式在读、写教学中归属不明的主要原因

1. 以写作为考查中心的传统导致教学以言语形式分析为中心

1991年,章熊先生在为曾祥芹主编的《阅读技法系统》作序时指出,言语形式的教学是"我国在阅读方面的传统经验"之一,其弊端"一方面是有时陷于寻章摘句,过于追究微言大义;另一方面,则是把大部分注意力集中在篇章方面而使阅读成了写作的附庸"。[①] 很显然,章熊先生认为言语形式更应该是写作教学的内容。那么阅读教学应该教什么呢?他在指出我国阅读教学内容选择不当时以西方为参照,"在西方,阅读就是阅读,它只是一种获取信息的手段,而且更着重于阅读所诱发的连锁性的发散思考"[②]。可见,他认为阅读教学就教学生如何掌握"获取信息的手段",即曾祥芹在书名中所示的"技法"。他说,我国阅读教学中形成以言语形式作为教学内容的怪异局面是受"长期科举取士的影响"[③]。言下之意,就是语文教学长期以写作为中心的取向导致的。这确实是一个重要的原因,明清两代八股取士,清末废八股后改试策论,民国期间考一篇作文(有时增加一段文言翻译或白话标点),1949年以后的很长一段时间仍以写作为主要的考试形式。明清两代作为考试文体的八股文有着特定的文本形式(文本结构和表达方式),与"四书""五经"中的诗文形式不同。八股文的题目主要出自"四书",材料主要来自"五经"及其历代注疏。那么学习"四书""五经"时就是通过诵读、涵泳获取其内容信息而无需掌握其文本形式。现代学制确立,八股废弃之后,改考策论。策论写作没有固定的程式,就需要从传统的文章中借鉴。因此,从1908年林纾编纂的《中学国文读本》到1913年许国英编写的《共和国教科书国文读本评注》等清末民初的中学国文教科书,都是选择古文作为写作的范例,所以会通过在选文旁评注批点来揭示其文本形式。在这些编者看来,这些文本形式是写作的"门径",学习内容

[①] 章熊《我的语文教学思想历程》,《课程·教材·教法》,2011年第10期第9页。
[②] 章熊《我的语文教学思想历程》,《课程·教材·教法》,2011年第10期第9页。
[③] 章熊《我的语文教学思想历程》,《课程·教材·教法》,2011年第10期第9页。

也自然为此。小学国文教授书等一般从内容与形式两方面设计教学内容,其中高年级的以形式学习为主,包括字法、句法、段法和篇法。1920年"国文"改为"国语",小学教科书的语体由文言改为白话。白话文的写作提上了议事日程。虽然1922年实行新学制后,中小学的国语(国文)课程标准的制定者、教科书的编写者均试图做到读写分开,而将大量的文学作品选作教材,以激发学生的阅读兴趣、培养其阅读能力,但是仍有不少学者认为文法(后来分化为语法、修辞、作法)知识的学习直接有利于写作能力的提高。孙俍工还提出了一种"以作法为中心的单元教学法",即教科书要以"篇章节句语法修辞以及各体材料底区别,材料底来源,取材的方法,结构的方法,描述的方法"等"作法"知识作为中心来进行国文教材的编写和教学①。于是1929—1936年各书局出版了大量的"知识+选文"型的中学国文教科书。从赵景深编的《初级中学混合国语教科书》(1930—1931)到夏丏尊与叶绍钧合编的《国文百八课》(1935—1936),学习这些教科书的主要目的都是掌握其文本形式。虽然1936年之后,没有新编的同类教科书出版,国编教科书又恢复为以单一选文为主体的格局,但无论是中学还是小学的教学,仍以文本形式为主要教学内容。这种教学内容的设定几乎演变成一种"集体无意识"!1949年之后,教科书的编法至今没有大的改变。不过围绕教学内容而在20世纪50年代提出的"文道之争",到60年代提出的"反对把语文教成政治课"和"不要把语文课教成文学课",以及"字词句篇语修逻文"八字宪法,再到21世纪初乃至如今的将不分析文本形式的教学斥为没有"语文味",都是一种心理惯性在起作用。

　　总而言之,因为许多人误认为通过对文本进行静态的形式分析就可以使文本形式知识转化成动态的写作技能,所以教写作主要就是教文本形式。既然平时教学主要是为选拔性考试服务的,既然考试以考查作文水平为主,既然作文水平的提高可以通过静态的文本形式分析获得,那么平时教学分析文本形式就是天经地义的事了,所以虽然现在的考试并不像以前那样以写作为考查中心,但是日常教学因受传统的影响而渐渐变成习惯了。

　　2. 阅读程序性知识长期贫乏迫使教学以言语形式分析为抓手

　　现代语文独立设科一百多年来,所建构的绝大部分是静态的语文规则知识(陈述

---

① 孙俍工《中学国文教学概要(下篇)》,《图书评论》,1932年第一卷第二期第77、79页。

性知识),而不是动态的技能知识(程序性知识)①。清末民初(1902—1919),在《中学国文读本》等国文教科书中,以在古文旁加评注的形式呈现的多是古文形式方面的知识。《马氏文通》等课外参考书介绍的是新引进的静态的语法知识。"国文"改为"国语"后(1920—1949),自行建构的语法、修辞和作法知识仍是静态的形式知识,其中的"作法"知识,因为多是分析静态的文章后所归纳的形式知识而非写作技能知识,所以有些学者将其归入"文章学"而非"写作学"的知识范畴。1950—2000年,经受汉语、文学分科等改革以及多个教学大纲的研制需要知识支撑的推动,逐步建立了一套较为完整的字词句篇语修逻文等静态的语言学、文艺学、文章学知识与听说读写等动态的技能性知识("双基")。但是,这套知识体系在经历了1997年语文教育大批判被视为无用之后就被抛弃了。2001年至今,新一轮的课程知识重构运动乘着课程改革之势大规模、持续性地开展,取得了一些成果,但是因为其建构的重心是"文章体式"方面的知识,仍然属于静态的言语形式知识,所以并未从根本上改变韩雪屏先生所指出的,语文课程的陈述性知识比较陈旧、程序性知识比较贫乏、策略性知识存在空缺的窘境②。就阅读教学来说,既然阅读程序性知识比较贫乏,那只好以已有的文本形式方面的知识为抓手对文本进行形式分析了。

3. 语文课程合设、教材合编、教学集成造成阅读教学消亡与异化

现代语文独立设科的标志是《钦定学堂章程》(1902)和《奏定学堂章程》(1904)的颁布。这两个章程试图从总体上承继古代识字、写字、阅读、写作分进合击的课程设置方式,这从两个章程中出现不同的"功课"名称和内容就可以看出,如在前者中分设的课程及名称有识字("字课")、写字("习字")、阅读("读经""读古文词")、写作("作文"),在后者中除此之外还出现了口语("官话")。在学科初创期,教科书对课程的定型往往起着至关重要的作用。或者说,课程标准只是纸上的课程,教科书才是实体的课程,它制定具体的课程目标,呈现基本的课程内容,规划不同的实施阶段,规定主要的教学手段(方法),等等。不过,清学部并没有能力及时编写出相应的各种功课的教科书。1904年,商务印书馆乘《奏定学堂章程》颁布之势,将蒋维乔等人从1902年开始编写的《蒙学课本》改名为《最新国文教科书》并出版,而且按章程规定的修业

---

① 张心科《现代语文课程知识的重构历程》,《语文建设》,2013年第2期第53—58页。
② 韩雪屏《审视语文课程的知识基础》,《语文建设》,2002年第5期第13、18页。

年限(初等小学堂5年、高等小学堂4年)每学期出版1册(初等小学堂10册、高等小学堂8册)。在商务印书馆看来,这只是权宜之举(救急之用),实际上《最新国文教科书》最初只是作为阅读课程教科书出版的,所以至1911年商务印书馆又陆续出版其他课程的教科书:写字(《小学校习字帖》,1904)、识字(《五彩精图方字》,1906;《五彩绘画看图识字》,1909)、写作(《最新作文教科书》,1909)、口语(《最新国语教科书》,1911)等。可能是因为这一学科教科书种类过多,不仅增加了学生的经济负担,还增加了其学业负担;更有可能的是因为人们对识字、写字、阅读、写作、口语课程之间的关系的认识和古代相比发生了很大的变化,即不再像古代那样认为应该分进合击,而是应该也可以齐头并进,并可使用一本教科书进行"集成教学",也就是用某一教科书作为不同课程的共用教材,在教学这一教科书中的每一篇课文的同时落实不同课程的内容。于是,本来只作为阅读课程的教科书《最新国文教科书》,又成为识字、写字、写作、口语等课程的教科书,相应地,这一学科的名称也由"群名"归并为"国文"。虽然从20世纪20年代至今,仍不时有人提出识字、写字、阅读、写作、口语课程分设,尝试编写过分科教材,进行过分科实验,但是语文课程合设、教材合编、教学集成已经成为"特色"了。正因为如此,才造成了今天各种教学内容混沌不清的尴尬局面。

如果说阅读是从文本中获取信息,进而与文本交流、对话的过程,那么阅读教学就应该是教师带领学生从文本中获取信息,进而与文本交流、对话的过程,相应地,阅读教学应该教的就是从文本中获取信息,进而与文本交流、对话的技能、策略。但是,现实中的阅读教学并非如此,阅读的技能、策略的传授被忽略,反而是在借助文本进行识字、写字、听说、写作教学,也就是说阅读教学名存实亡。其最终结果是没有识字、写字、说话教学,只有异化的阅读教学,严格地说,叫异化的写作教学——静态的言语形式分析教学。[1]

也正因为语文课程合设、教材合编、教学集成的历史积弊,最终导致人们对语文教育的许多重大问题的认识产生巨大的分歧进而出现不休的论争,如语文课程目标是重"文"还是重"道",语文课程性质是"工具性"还是"人文性"等论争,甚至出现了"要把

---

[1] 张心科、郑国民《语文课程分合论——兼说"阅读教学"的含义》,《教育学报》,2009年第6期第45—54页。

语文课上成语文课"及"不要把语文课教成文学课"等让人摸不着头脑的主张。这些其实都是因为历史积弊使得人们只是在围绕由一篇篇选文构成的教科书来思考这些问题而最终导致的。也正因为这个历史积弊,导致至今仍没有建构出识字、写字、阅读、写作、口语等独立、系统、有效的技能、策略。然而,语文教科书中的选文的内容又与日常生活和其他学科知识密切相关,使语文学科成为一个容易受政治形势、社会思潮等影响较大的学科,一个和中小学其他学科难以彻底划界的学科,所以每当教育中审美、情感等人文思潮高涨或政治、思想等意识形态被突出时,每当学科专家试图追求语文学科的独立性时,几乎毫无例外地主张教学选文的言语形式,因为教学选文的言语形式既可以摒弃人文思潮、意识形态等内容,又可以与中小学其他学科进行区隔。

在本轮课程改革中,一些学者提出的"语文教学要以文本细读为核心""语文教学内容的主体是文章体式""语文课要上得有语文味"等影响较大的观点,都是在强调文本的言语形式教学,但可能都没有弄清楚言语形式到底应该是阅读教学还是写作教学的内容。换句话说,我们至今仍没有走出这个历史怪圈,还在里面打转。或者说,一直在迷宫里乱摸,一次次地以为言语形式是迷宫的出口,最终又发现此路不通。

(二) 言语形式在读、写教学归属中的合理位置

那么,言语形式教学到底应该归属到阅读教学中,还是写作教学中呢?如果两者都可归属,那么是否有所侧重呢?

1. 言语形式在阅读教学中

有人说,写作是一种文体思维,阅读也是一种文体思维。确实如此。不同文体的文本的题材选择、结构方式、表述方式、语言风格也不同。在写作时,文体的选择一方面与表达目的、接受对象有关。如恩格斯写的悼词《在马克思墓前的讲话》,主要是为了通过揭示马克思一生的功绩来强调他的逝世是无产阶级革命的巨大损失,是面对来到墓地的李卜克内西等无产阶级革命理论家宣读的,所以这篇悼词不是习见的叙事抒情体,而是议论说理体。另一方面更与写作者自己所要表达的内容有关。一旦写作者选定了某一个或一类题材,他便吁求一种与题材相适应的理想的表现形式。如鲁迅在《自选集·自序》中说的,"有了小感触,就写些短文,夸大点说,就是散文诗,以后印成

一本,谓之《野草》。得到较整齐的材料,则还是做短篇小说。……于是集印了这时期的十一篇作品,谓之《彷徨》","只在大楼上写了几则《故事新编》和十篇《朝花夕拾》。前者是神话、传说及史实的演义,后者则只是回忆的记事罢了"①。心中有了哲理沉思就采用散文诗的形式,有"整齐的材料"就采用短篇小说的形式,是"神话、传说及史实的演义"便用"故事新编"的形式,是回忆往事便用记事散文的形式②。反之,在阅读教学中如果我们知道某篇课文的文体,那么就能对文本内容进行针对性的解读,迅速、正确地获取文本的内容信息,进而有效地与文本展开交流、对话。如读鲁迅的《秋夜》,如果我们知道散文诗采用的是抒情、说理交融的表达方式,那么在解读这篇选自散文诗集《野草》中的文本时,就会去探求其中的情感和哲理,而不会去揣摩其中描写了什么景,探寻其中叙述了什么事。又如读王安石的《游褒禅山记》,如果我们知道古代的游记这种文体往往是借写景叙事来抒情说理的话,那么在解读这篇作品时就会意识到其中写景叙事和现代游记散文中写景叙事的不同:在古代游记中,常见文末有直接的抒情说理,而且主体部分的景、事的选择和表达往往与文末的抒情说理紧密结合。

由此可见,掌握文体这种静态的言语形式确实有助于把握文本的内容。但是,我们必须清楚地认识到两点:一是阅读教学主要是教学生学会运用技能、策略获取文本信息并与文本进行交流、对话,而从静态的言语形式分析入手只是众多阅读技能、策略中的一种。换句话说,阅读教学主要是教这之外的更多的技能、策略。二是言语形式的掌握是阅读教学的手段而不是目的。阅读教学不是用一篇篇的课文去印证、归纳某种文体的形式特征,而是通过某一两篇课文的学习掌握某种文体的形式特征,然后用这种文体的形式特征去解读其他同类文体的课文的内容。换句话说,阅读教学的根本目的是教学生获取文本的内容信息,而不是文本的形式知识,文本形式知识的掌握只是阅读教学的手段。

如果我们参照西方阅读教学所确定的内容,就会对上述两点认识得更加清楚。先看阅读教材,见表2-1。

---

① 鲁迅著《鲁迅自选集》,北京:文化艺术出版社,2004年版第2页。
② 张心科《中学写作文体意识》,《语文学习》,2005第9期第46页。

表 2-1　德国语文教材课文《小丑的喊叫》的前 4 节及其导读练习①

课　　文	导读和练习
1. 汤姆·考尔特拥有世界上最大的马戏团。他演出的足迹遍及大西洋两岸。著名杂技演员们纷纷加盟登场。汤姆本人无疑是他们中的佼佼者。	1. 故事开头就是一个名字汤姆·考尔特。你会正确读出来吗？看到这个名字能联想到什么？请给这个人画一幅肖像或勾勒一幅侧面像。画好后就对他进行人物描写（注意不要让别人听见）。然后相互介绍练习结果，并讨论一下，什么样的人物形象（包括语言）更符合原著精神。
2. 每天都有不少演员向汤姆提问求教，诸如：空中斤斗如何做得更精彩，是伸腿还是曲腿？高空钢丝倒立怎样做得既惊险又潇洒？怎样才能让飞刀在空中划弧但又能命中目标？	2. 也许汤姆是个很风趣的人，爱卖关子，比如他会请前来求教的人首先描述一下自己的设想，他可能说："好啊，亲爱的倒立先生，您能不能先讲一讲，正常情况下高空钢丝倒立是怎么做的，然后我才能助您一臂之力，当然，我是说提供咨询……"请你与团长考尔特先生直接对话，和他讨论空中斤斗、高空钢丝倒立和飞刀等表演项目。
3. 汤姆给他们一一示范，他们向他模仿。有时候他觉得，他们在利用他，以便学到他的演技。但有时候他又觉得，他们可能以为团长在利用他们扩大自己的名声，因为不管怎么说，公众的认可毕竟是属于他一人的。确实，北到欧洲北部，南达非洲南部，他的英名谁人不知，谁人不晓。国王们纷纷请他演出，女人们纷纷贴到他身边。那时的汤姆正是春风得意，心想事成。 可是，一天早晨，他在布罗，发现自己额头上有一块黑斑，差不多有一分钱硬币那么大。当时没有介意，决定晚上演出前用化妆粉涂抹一下。他的演出是整个演出的高潮，远近许多观众慕名而来，不顾票价高低。在隔栏外面前拥后挤，几乎要破栏而入。	3. 请你们设想各种简单的杂技动作，组合成一台杂技表演节目，取名为：杂技学徒拜师汤姆·考尔特。 为此，首先准备好一部"剧本"，就好像是拍电影或演话剧，有出场人物、对话、导演说明词等。
4. 演出的那天晚上，汤姆正在作准备，饲养员忽然跑过来，说马群出现异常不安现象，请他速去查看。 来到马厩，他发现一条大黑狗在马群中奔跳，于是投掷石块，把狗赶跑，还将饲养员狠狠批了一顿，怪他没有照看好马厩，让野狗钻了进来。饲养员承认不是，但又辩解说，他从未见过这条狗，马厩门关得好好的，不知道狗是怎么闯进来的。可是汤姆认为这是借口。由于心中不愉，所以把额头上黑斑的事压根儿给忘了。这一去一回花了一些时间，现在已经轮到他上场了。	4. 发挥你的想象力，把这段故事继续讲下去。请把间接引语、人物感情和思想活动用直接引语表达出来，可以采用对话、独白、批评和反驳等语言。 然后朗读个人的想象叙述结果，谈论是否符合原文意思。 与你的同桌设计人物对话，并把对话情景表演出来。

---

① 中外母语教材比较研究课题组编《中外母语教材选粹》，南京：江苏教育出版社，2000 年版第 342—344 页。

从右栏所列的导读和练习中可以看出,其教学内容的重点并不在引导学生学习文本的言语形式("怎么写的"),而在通过图画、比较、对话、推想、编剧、想象、表演等一系列的阅读技能、策略获取文本的内容("写了什么")。

再看阅读试题。下面是 2009 年 PISA 阅读样题①:

刷　牙

是不是我们刷牙时间越长、力气越大,我们的牙齿就会越干净呢?

英国的研究人员说并非如此。他们实际尝试了多种不同方法,最终提出了最佳的刷牙方法。刷两分钟,不要太用力,这样效果最好。如果刷得太用力,就会损伤你的牙釉质和牙龈,还没法清除食物残留和牙菌斑。

本特·汉森是一位研究刷牙的专家,她说用握笔的姿势握住牙刷是个好主意。"从一角开始,沿整排牙齿刷,"她说,"也别忘了舌头!实际上,它上面会有大量导致口臭的细菌。"

《刷牙》是一本挪威杂志上的文章。运用上面的文章《刷牙》回答下列问题:

问题 1. 这篇文章是关于什么的?

A. 最佳的刷牙方法。B. 最好的牙刷。C. 牙齿健康的重要性。D. 不同人刷牙的方法。

(答案:A)

问题 2. 英国研究者有什么建议?

A. 要尽可能经常刷牙。B. 不要设法刷舌头。C. 不要太用力地刷牙。D. 刷舌头要比刷牙更频繁。

(答案:C)

问题 3. 简答题:根据本特·汉森的观点,为什么要刷舌头?

(评分标准:指出细菌或消除口臭,或同时包括两方面。)

问题 4. 为什么文中提到笔?

A. 帮助你理解怎样握牙刷。B. 因为用笔和用牙刷都是从一角开始。C. 表明你可以用许多不同的方法刷牙。D. 因为刷牙要像写字那么认真。

(答案:A)

---

① 陆璟著《PISA 测评的理论和实践》,上海:华东师范大学出版社,2013 年版第 169—172 页。

可见,PISA测试的是儿童的理解、判断、推测、评价文本信息的能力,而不是文本形式的分析能力。

2. 言语形式在写作教学中

写作教学中要不要分析文本形式?这句话的前提是:写作教学中要不要阅读范文?同样是阅读文本,在阅读教学中虽然熟悉文本的形式有利于把握内容,但是其重点或目标是把握内容,而熟悉形式是次要的,只是手段。1948年,有人指出,"我国旧时的读书,不在探知事实,却认做作文的预备……读的精神,全放在字句章节的结构组织上。结果,书里面的内容,竟可一无所得"[①]。这段话用在批评阅读教学中注重言语形式的分析上是恰当的,就像论者所说的,"我们教学读书的目的,既在探知事实;那末,往昔教学过程中的深究形式,欣赏形式之美等工作,要一律排除无余,才可实现我们的豫(预——引者)期呢"[②];如果是对写作教学进行的批评则有点不当,因为在写作教学中阅读范文的重点和目标是把握形式(从文本看怎么写),而熟悉内容是次要的,是手段(看内容是如何被表达出来的),如人物描写的对象包括肖像、心理、动作、语言,那么就可以用含有这几种描写方式的文本来印证,或者用文本来归纳出这几种描写方式。

在写作教学中,除了进行写作练习实践,还要掌握写作知识,这些知识分为陈述性知识(包括写作内容知识和静态的文本形式知识)和程序性知识(包括动态的写作技能、策略)。写作内容知识指人、事、物、景(自然、人文)等方面的知识。静态的文本形式知识包括"词性、句法、篇法、文体、修辞"等方面的知识。写作技能知识从过程角度可分为题意审定、题目拟制、观点提炼(主题确定)、素材取舍、构思多向、线索铺设、照应过渡、开头结尾、语言表达等方面的技能。从文体角度可分为描写、叙事、说明、议论等实用文体的写作技能和诗歌、散文、小说、戏剧等文学作品的写作技能。从与范文之间的关系上,可以分为仿写、改写、续写、扩写、缩写,等等。写作策略知识指怎样写得更好的知识,如写作时监控自己的思维、紧扣题目和中心而做到不跑题,心中要有读者意识,写作前拟提纲(或提示性的词句)、写作后修改等。虽然这种静态的文本形式知识对写作能力的逐步提高和单次写作活动的完成所发挥的作用远不如动态的写作技能、策略那样重要,但是也不可或缺。

---

① 赵欲仁编著《小学校国语科教学法》,上海:商务印书馆,1927年版第84—85页。
② 赵欲仁编著《小学校国语科教学法》,上海:商务印书馆,1927年版第85页。

1914年,钱基博在《国文教授私议》中介绍了自己探索的国文(实际是作文)"教授程序"。该"程序"分为"作文""讲文"和"读文"三大步骤,其中的"讲文"就是写作教学中的范文分析,主要教学内容就是分析文本的言语形式:第一步,作文。命题作文。分成命题、写作、批改、示范(学生的佳作、古人的名文、教师的创作)四个环节。第二步,讲文。分析范作。分成五个环节:(1)推究题目。提问学生:已作过的题目的意思,各自的作法,已揭示于庑壁的同学佳作的作法,比较自己的作文与之同异之处。提问后,指名一生起立发言,全班其他同学评价其发言。(2)句读识字。出示古人名作或教师范作,不加句读,让学生推敲点逗。让学生提出生字,教师板书,共同讨论其音、义。(3)划分段落。分段的主要目的在于让学生明确文章的结构,从而掌握为文时的起承转合之法。分段时,逐层划分,"询以全篇总分几大段,再逐次询以某大段又可分几小段"。(4)逐段推究。逐段而下,从形式和内容两方面询问学生是否有"不明之句法及不可晓之故事",有则讨论。(5)总讲全文。教师对范文中的"字法句法章法篇法及作意"等"综合为有统系之语言,复讲一过"。第三步,读文。诵读范作。分成教师范读和学生自读两个环节。①

又如20世纪20年代初,语文教育家吴研因在江苏一师附小实验白话文教学时就试图对阅读与写作教学的内容重新进行设计。他主张阅读教学的"真正目的"是训练学生获取文本的内容的技能,涵养学生的性情,而过去阅读教学中常见的言语形式推究的任务,即"文字研究作业",则是写作教学的重点内容。他在《国语课程的建设》中分析道②:

> 文字研究,某字和某字性质如何不同,功用如何各异;某文和某文结构如何相差,修辞如何不一:这种比较应用,照习惯本在读法中教学的。读法中固然要教学,但究非读法底真正目的,或者还反要消杀读法底生气。所以读法中文字研究只该少不该多;把大部分底文字研究作业,也归到缀法里去。缀法中尽有文字研究底机会:例如教儿童把文字发表某种思想,如何用字,如何行文,如何衬托喻引,儿童必有困难和误用底感触,此时和他研究文字,比读法中机械式底研究,岂不要适应许多吗?

---

① 钱基博《国文教授私议》,《教育杂志》,1914年第六卷第四号第68—73页。
② 《江苏师范附属小学联合会第七次会议报告(续)》,《新教育》,1921年第三卷第五期第671页。

1924年,他又在《小学国语教学法概要》中指出,写作教学除了"练习制作",还要进行"文章研究"。他说,以前的写作教学强调多读多写,以为读得多、写得多,自然就能写好作文,对于"研究实在很少"。这种期望神而明之的做法显然是低效的,然而"要能做文章,不能不充分地了解文章,要了解文章,不能不从事研究"。要提高写作教学的效果,就应将"文章的研究"与"文章的练习制作"紧密结合起来。"文章研究"的第一步是"把读文等中所读过的材料做基础;再收集许多读文中所缺少的材料,例如说明文、书信文、议论文等;拿类似或相反相成的,比较研究",比较研究的对象是材料所涉及的"词性、句法、篇法、文体、修辞",等等。如研究某一篇文章,可组织学生讨论如下内容:

(1) 作者的目的何在?

(2) 文中的思想有没有不合之处,有没有不周到之处?

(3) 可分几层?意思贯串否?

(4) 何处的用意谴词最有精神?

(5) 文中有没有可删节处?

(6) 这文同某文比有什么相同之点?有什么不同之点?那(哪)一篇文章较好?

这样通过对成篇文章的研究、比较就获得了包括"文体"和"文法"两项形式方面的知识(文体分为记叙、说明、表抒、议论等一般文体以及便条、书信、广告、传单、契据等应用文体。文法包括字法、句法、篇法及修辞等知识)。"文章研究"的第二步是利用文章传授听写、仿写、续写、扩写、缩写等技能性知识。当然,获得了写作知识并不就能写出好的文章,所以要进一步进行"练习制作"。所谓"练习"就是片段写作,所谓"制作"就是成篇文章的写作。这样就最终将理论与实践结合起来,二者相辅相成,相得益彰。[1]

然而,我国学者目前多将形式方面的知识的传授归入阅读教学中,使得阅读教学不传授更有用的阅读技能与策略,而是大讲特讲文本的言语形式这种对阅读能力提高作用不大、也不应该由阅读教学主要承担的内容;在写作教学中又多抛开对写作能力提高有一定作用的形式方面的知识,很少结合范文进行形式分析,而是多空讲写作的

---

[1] 吴研因《小学国语教学法概要》,《教育杂志》,1924年第十六卷第一号第20—23页。

技法。言语形式的教学，相比较在阅读教学中的地位，其在写作教学中显得更为重要。所以，应该在写作教学中结合范文传授言语形式知识。

总之，要注意两点：一、阅读和写作教学中都出现了文章，都有"阅读"行为的发生，但是这两种"阅读"教学的内容因教学目的不同而有不同的侧重。在阅读教学中的"阅读"主要是运用各种阅读技能、策略获取文本信息和与文本进行交流、对话，而不是获取文本的言语形式知识；在写作教学中的"阅读"主要是结合文本归纳或印证言语形式知识，而不是获取文本信息及与文本进行交流、对话。二、在阅读和写作教学中都会出现言语形式的教学，但是言语形式知识在阅读和写作教学中所属的知识的性质及教学时机、教学方法也不同。在阅读教学中，**言语形式知识属于程序性知识，即言语形式知识的掌握是阅读技能与策略中的一种**，只需要在初次阅读某类文体时通过对一两篇文本的言语形式的学习进行总结归纳，在学生掌握之后，面对其他同类文本时不需要再教这类知识，更不能以教这类知识为目的，而是要提示学生用这类知识作为一种获取文本内容的手段去解读文本。**在写作教学中，言语形式知识则属于陈述性知识**，对这类知识不能停留在"知道"的层面，而是要能"运用"，要用不同于范文的文本将其具体再现，所以并不是经过一两次结合范文的分析就能运用的，而是要多次结合文本分析并进行相应的写作训练才能掌握，故尔在写作教学中"阅读"环节的教学目标就是掌握言语形式知识。

（三）言语形式在读、写教学中归属问题的解决途径

目前语文教学低效的一个重要原因是教学内容归属不明，言语形式是归入阅读还是写作教学的混沌不清是典型表征之一。这种不利的形势呼唤着教学改革。针对教学内容归属不明的改革和其他教学方法改革不同的是，前者无法像后者那样更多地可从教学实践中去探索，前者要先从学理上进行探讨，自上（宏观）而下（微观）地逐步研究。根据造成这个问题的上述三个主要原因可以从以下三大方面采取相应的措施。

1. 重设语文课程，重编语文教材

要确立"课程重设、教材重编"的全面的改革理念，并进行顶层设计，然后倒逼着学科专家和教材编者去探索。先要确立分进合击的课程设置思路，探索识字、写字、阅读、写作、口语课程分合的方式，尤其要探索阅读与写作的分合问题，要有独立的阅读课程和写作课程。然后重编语文教材，要分别编写出识字、写字、阅读、写作、口语教

材。尤其是阅读和写作教材要分开编写,虽然在这两种教科书中都会出现文章,但是文章在这两种教科书中的作用不同,其编排呈现方式也应该有很大的差异。如果不重新设置语文课程,不重新编写语文教材,也就不会催逼学科专家和教材编者去探讨阅读教学和写作教学到底要教什么,进而导致普通教师无所适从。上述异化的阅读教学(主要教了写作教学中应该教的言语形式而没有教阅读教学中应该教的阅读技能、策略)和消亡的写作教学(有人称"我国中小学有写作而没有写作教学",主要是因为教师不知道写作教什么,于是只要求学生去写作,然后针对作文进行讲评)的现状仍不可能得到根本的改变。要探讨阅读教学和写作教学到底要教什么,首先需要重新厘定阅读教学和写作教学的内容。

2. 重定阅读、写作教学的内涵

厘定阅读教学与写作教学的教学内容,就要确定阅读与写作的内容,进而确定阅读教学与写作教学的内涵。既然阅读是从文本中获取信息,进而与文本交流、对话的过程,那么阅读教学就应该是教师带领学生从文本中获取信息,进而与文本交流、对话的过程。相应地,在教学过程中就应该教学生一些从文本中获取信息,进而与文本交流、对话的技能和策略。或者说用文本来训练学生的阅读技能和策略。也只有这样的阅读教学,才是真正的、常态的阅读教学。真正的、常态的阅读课就是要把"语文课"上成其他人所反对的"政治课""历史课"。从表面上看,语文课中的阅读课与政治课、历史课的相同之处在于都获取了文本信息,但是实际上二者有着根本的不同:阅读课还要提示学生掌握阅读技能与策略,或者说是在文本信息的获取中掌握新的阅读技能与策略,或将已经掌握的阅读技能与策略运用到信息获取中以提高这些阅读技能与策略的熟练程度(不像过去那样,认为语文课与政治课、历史课的区分在于是否教言语形式)。真正的、常态的阅读课就是要把"语文课"上成没有现在所谓的"语文味"的语文课。前文说过,现在语文界所流行的"语文味"的概念,其实就是"语文形式味"的简称。所以,可以换一种说法,真正有"语文味"的阅读课应该是以训练阅读技能与策略为主的阅读课,一味地追求"语文形式味"的阅读课恰恰是变态的阅读课。

如果说"写作是运用文字进行书面表达的重要方式,是认识世界、认识自我,进行创造性表述的过程",那么写作教学就是教师教学生如何运用书面表达和交流的技能、策略来表述自己对世界和自我的认识。通过对文本进行静态的分析获取其形式方面的知识,有助于表达和交流的技能、策略的形成。鲁迅在谈到学习创作技法时就主张多读大作家的作品,他说:"凡是已有定评的大作家,他的作品,全部就说明着'应该怎样写'。只是读者很不容易看出,也就不能领悟。"①而在写作教学中进行文本形式分析的目的就是教师指出那些学生"很不容易看出,也就不能领悟"的特色。当然,写作教学更多的是要教写作程序性知识。

3. 重构阅读和写作知识

把阅读教学和写作教学的内涵厘定清楚之后,就会发现阅读教学和写作教学的核心内容是阅读和写作知识。就阅读教学来说,阅读技能、策略性知识目前严重匮缺。可归入阅读技能的言语形式知识只需要除旧纳新,因为这类知识在语言学、文学等学科中已有很新的且较为成熟的成果,可以将其选择、转化为语文学科内的言语形式知识,而且选择、转化的难度不是太大。因为多年来阅读教学的内容主要是分析言语形式(目前语文课程知识建构侧重文章体式的研究,和过去侧重言语形式知识教学本质相同,只是在知识新旧上存在差异,所以在批评语文课程知识陈旧时只不过是五十步笑百步而已),所以其他阅读技能与策略没有受到足够重视,只有少数学者进行过系统的探索,如曾祥芹主编的《阅读技法系统》、程汉杰编著的《实用快速阅读法》等,但多属个人著述或局部实验,并没有进行大面积的实验总结,也没有得到广泛的认可和推广运用。在语言学、文学界中并没有成体系的阅读技能与策略成果可供语文教育界直接拿来使用(其实,这也不是这两大学科的研究重点),所以语文教育界要自己动手去进行艰难的建构。建构时要古今结合(古代的如知人论世与以意逆志、诗无达诂与见仁见智等阅读观念以及涵泳、诵读等阅读技法,现代的如 20 世纪前期常运用的讲解背诵、讨论札记、补充想象、表情吟诵、随机表演等技能,20 世纪后期常运用的诵读、品味、想象、联想、积累、感悟、比较、探究等)、东西参照(注意西方母语课程标准中所呈现的读写知识及相关的专著)、理论与实践融合(根据心理学尤其是阅读心理学等学科理论设计出来的和从阅读教学实践中总结出来的技能与策略),形成一个"精要""好懂"和"有用"的阅读技能与策略体系。

就写作教学来说,写作技能、策略性知识建构得较为成体系。但是,此前在阅读教学中建构的文本形式知识又基本无用,因为教科书中的范文以文学作品为主,而学生

---

① 鲁迅著《鲁迅全集(第六卷)》,北京:人民文学出版社,2005 年版第 321 页。

的写作以实用文章为主,从文学作品中总结出来的言语形式知识,更多的是个性化的、创造性的而难以模仿的表述方式,难以迁移运用到实用文章的写作中。所以,目前写作教学中的言语形式知识的建构,应该从日常生活中常见的文本去归纳,而写作教学中供阅读的文本最好也应该是教师的范文或学生的习作。

四、敲打词句:有语文味,还是无语文味

近年来,无论是在语文教学大纲中,还是在语文课程标准中,义务教育阶段都有"指导学生正确地理解和运用祖国的语言文字"之类的表述,普通高中阶段都有"进一步提高学生正确地理解和运用祖国语言文字的水平"之类的表述。于是,有人认为语文学科的根本任务和最终目的就是学习语言文字的理解和运用。这种说法初看是有些道理,如难道阅读不是理解由语言文字组成的文本吗?难道写作和说话不是用语言文字来表达的吗?不过,如果仔细推敲,会发现这种认识又似乎是偏狭的。语言文字只是一个工具,对于初学者来说,当然要掌握其基本用法,如要会识字、写字,要知道一些词语的意思和用法之类,因为只有这样才能正常地读、写(说)。若掌握语言文字精深的涵义、精妙的用法,熟悉句段的延展尤其是篇章布局的不同方式,则更能提高其读、写(说)能力。不过,如果要使语文教学深入下去,那么我们要问:提高读、写(说)能力的手段仅仅是语言文字的理解与运用吗?显然不是。换句话说,语言文字的理解和运用能力的提高仅仅靠掌握语言文字这个符号本身吗?不是。它还要靠语言文字所代表的及相关的东西的支撑。当我们积累了一定的词汇、掌握了很多的语言现象之后,有三个语言文字所代表的及相关的东西对提高学生的读、写(说)能力更为重要:一是内容性知识。你知道得越多(知识面越广),对所读、写(说)的文本内容的熟悉程度越高,你的读、写(说)能力就越强。二是读、写(说)的方法与策略。你对阅读与写作的方法和策略知道得越多,使用得越熟练,你的读、写(说)能力就越高。三是思考问题的角度(或者叫思维方式)。你的思维方式越独特,你在阅读时就会理解得越深入,甚至会得出一些创造性的阅读成果;你的思维方式越独特,你写作的文本质量会越高,你说的话会越有效。这三点与对"语言文字"的理解和运用相关,但是关系不大。语言文字仅仅是读、写(说)的工具,是用以表达上述三点的媒介,没有以上三点,仅仅有这个媒介,我们仍然读不懂、写不出、说不好。更不要说一些非智力(能力)因素对

读、写(说)能力的提高也很重要,如动机、兴趣、习惯、情感、意志,等等。

在语文学科的根本任务和最终目的就是学习语言文字的理解与运用的观念的影响下,在21世纪初语文课程改革因"淡化"语文知识而导致语文课堂无"知识"可教的窘境催逼下,语文教学目标和教学内容逐渐窄化,教学方法也变得单一。于是,"旗帜鲜明地敲打词语"之类的口号一度出现,"文本细读"的教法广泛流行。二者似乎成了解决语文教学"教什么"与"怎么教"的制胜法宝。

在古代,确实因为创作诗文时注重炼字炼句而有"下马推敲"的典故和无数"一字之师"的佳话流传。古人阅读诗文,多动嘴诵读、动心涵泳、动手评点,更提倡含英咀华、咬文嚼字。这种注重文字推敲的教学沿用至今,"文本细读""敲打词语"都以此为主!现在的语文课堂教学如果不涉及语言而只讲内容,则被认为是历史课、政治课等,被认为语文课上得没有"语文味"。2005年3月31日—4月2日,我曾参加了在西子湖畔举行的一场以"演绎激情,本色语文"为主题的全国语文课堂教学观摩研讨会。当时的语文课因为只突出学生的主体性、关注课文题材的人文性,所以出现了许多类似于生物课、历史课、哲学课之类的现象,这被批评为"非语文""泛语文"。会上不止一个专家提出要"理直气壮地敲打词句"。于是,在这次会议期间开展的观摩课上一位非常年轻的教师在执教一篇散文时,从头到尾不停地在问:这个词是什么意思?为什么好?这句话是什么意思?为什么这样写?从前文能找到依据吗?是的,这篇散文很美,值得咀嚼的地方很多。但如果没有从总体上把握,只重单个字词的咀嚼,就如"七宝楼台,眩人眼目。碎拆下来,不成片段"。学生收获的是片金碎银,脑袋里留下的是一个个的认知碎片。况且词句只是构成文章的一个较小单位,还有段落、篇章等,它们是怎样写的,为什么这样写?这些也属于言语形式,也是我们语文教学要关注的。这一点,我们在上一节已经分析过了。

如果我们把上述专家们所说的"敲打词句"界定为鉴赏字、词及短语、句子,而不涉及上一节在讨论"言语形式"时提到的段落、篇章等较大语言单位的形式(下文不再以引号的形式标注"词句"以示它有特殊的含义),那么,还需要继续追问:是不是任何文本类型都应该"敲打词句"?一个文本是不是在任何情况下都应该"敲打词句"?(也就是说,不管它的功能如何,也不管它分属阅读教学还是写作教学。)面对词句之类,是不是都要采用鉴赏式的"敲打"?

（一）区分文本类型

朱自清在《〈文心〉序》中说："只注重思想而忽略训练，所获得的思想必是浮光掠影。因为思想也就存在语汇、字句、篇章、声调里；中学生读书而只取其思想，那便是将书里的话用他们自己原有的语汇等等重记下来，一定是相去很远的变形。这种变形必失去原来思想的精彩而只存其轮廓，没有什么用处。"[①]此处"训练"指对语言文字的鉴赏。其作用有两种：一是对于阅读来说，如果只重信息的获取而漠视语言文字在表达信息方面所起的作用，那么可能只获得浅层的信息；二是对于写作来说，学习成篇文本的语言文字，可以改变自己的心理结构，提高写作能力，包括扩大词汇数量，提高基本技法的熟悉程度；等等。那么，这种词句鉴赏在阅读与写作教学中在要求及方式方面上是否因对象文体的区分而不同呢？

1. 阅读教学

前文提及，如果说阅读是从文本中获取信息，进而与文本交流、对话的过程，那么阅读教学就应该是教师带领学生从文本中获取信息，进而与文本交流、对话的过程，相应地，阅读教学要教的就应该是从文本中获取信息进而与文本交流、对话的技能或策略。那么，怎么获取信息呢？语言是表达信息的媒介，或者说信息隐藏在语言之中。有人说："只有关注'怎么说'，才能准确把握'说什么'。"如果把"说什么"当成词句内容，把"怎么说"当成词句形式，那么在他看来，只有从词句形式入手才能获取词句内容。这并非高论，因为古人就说过因言及义，今人朱光潜也说过语言是渡河的桥。就一般的阅读行为及过程来看，这话也不错。就像有人说的，其实"信息"不仅包含在词句内容中，还包含在词句形式中，"语言本身就是思想"。

首先，词句形式不同，则其表达的信息也不同。不同的词句形式对信息的表达效果，或者说所表达的信息是不同的，同一题材的不同体裁的文本，所表达的信息是有差异的。所以，在阅读教学中要关注词句形式，只不过是要关注词句的形式是如何表达信息的，而不是关注词句形式本身，关注词句形式本身是写作教学的部分内容。

其次，词句形式中的"信息"多少，与文体的不同也存在着极大的关系。如果我们把文本分为文学作品与实用文章两大类，那么词句就因为文体不同而分为文学语言和"科学语言"。表达信息的方式或特点在文学作品的词句中又分为两种：如果用玻璃

---

① 夏丏尊、叶圣陶著《文心》，北京：生活·读书·新知三联书店，2005年版第5页。

来比喻词句,那么一种是雕花毛玻璃,玻璃及花纹本身就包含了信息(字面意思),透过它还能看到背后的信息(潜藏意义);一种是普通毛玻璃,本身不包含什么信息,必须透过它才能得到其背后的信息。然而,实用文章的词句就是普通的透明玻璃,一望而知。

"雕花毛玻璃"指文学精品的词句①,"普通毛玻璃"指普通文学作品的词句(本身并不精美)。例如文章大家归有光的代表作品《项脊轩志》,就是几块用精美的雕花玻璃镶嵌的折叠屏风。其中有"然余居于此,多可喜,亦多可悲"一句,由前文述项脊轩外面景色和室内读书的情景之乐转入下文写人事之悲。悲在家破人亡!"家破"体现在哪里?为什么可悲呢?"先是,庭中通南北为一。迨诸父异爨,内外多置小门,墙往往而是。东犬西吠,客逾庖而宴,鸡栖于厅。庭中始为篱,已为墙,凡再变矣。"这段话中每个词的意思都不难理解,单个的句子如果对照着注释翻译起来也并不困难。但是,理解其含义并不容易,因为其含义"存在词汇、字句、篇章、声调里"。其实这几句话分三个层面写了家破的三个方面:一是空间由原来的完整变得支离破碎(原来几代同堂,有序居住,然而现在四处开门,随意设墙,没有人统一安排,各行其是)。二是人际由原来的亲近变得疏离陌生("东犬西吠"说明连看家的狗都把原来的家人当成现在的客人了)。三是由空间阻隔、人际疏离而使原来和谐的氛围变得混乱、紧张乃至使人窒息(厨房在古代是要被掩饰的、鸡原来都是关起来的,而现在客人经过厨房而宴,鸡栖于厅,以邻为壑,墙也越筑越高)。人亡,指写了大母、母亲和妻子这三位至娴至亲至爱之人的先后故去。全文几乎每一处叙述、描写的词句都值得揣摩。如"娘以指扣门扉"一句中的"扣"字,如果从字面意思去理解那就是"敲"。为什么要用"扣"呢?一是古人用以表达动作施行的对象为"扉"时多用"扣",如"小扣柴扉久不开",如果是木门则多用"敲",如"僧敲月下门"。二是用"扣"而不用"拍"表示用力小、声音轻,一般人只有发怒时才有用力拍桌之类的举动,而这里用"扣"字就表明母亲怕把襁褓中的姐姐惊吓到了,表达了母亲对幼姊的怜爱。三是"扣"可以用手背,也可以用手指,

---

① 叶圣陶在《文艺作品的鉴赏》中说:"如果拘于有迹象的文字,而抛荒了言外之意、弦外之音,至多只能够鉴赏一半;有时连一半也鉴赏不到,因为那没有说出来的一部分反是极关重要的一部分。这一回不说'言外'而说'言内'。这就是语言文字本身所有的意义和情味。鉴赏文艺的人如果对于语言文字的意义和情味不很了了,那就如入宝山空手回,结果将一无所得。"(龙协涛编《鉴赏文存》,北京:人民文学出版社,1984年版第3—4页)可见,就语言文字本身的鉴赏来说,也不能仅了解其词典意义,还要理解其内在的情味。

文中"以指扣"表明母亲为人娴淑、修养极高,不会像村妇那样做出抚掌槌门的举动。在阅读教学中让学生揣摩这些词句并不是要他会用这些词句去写作,而是要学会运用挖掘词句的深层含义的策略。

如果是实用文章,如药品说明书、借条、合同等,那么其语言本身就是清晰、准确、简洁、平实的,在阅读教学中就没有必要将重点放在词句形式的鉴赏上,只要提示实用文章词句的基本特点,让学生对此特点有大致的印象即可。

2. 写作教学

首先,从写作的角度来说,鉴赏语言主要是积累词句、学会运用,词句积累的量的多少与运用的熟练程度的高低,决定着一个人思想的复杂精深与否。关于语言平庸化的问题近几年引起了广泛的关注。语言与思维是相关的。思维运用语言作为媒介,语言用来表达思维的结果,而思维的对象又多来自生活。但是,现在中小学生在写作时常出现词不达意、理屈辞穷的现象,于是就用陈话、套话来敷衍。有人指出,"汉语丰富的词汇,现在都不知所终",例如西汉时期的《广雅》中表示"大"的意思的词有38个,三国时期的《广雅》中表示"取"的意思的词有20多个,表示"击"的意思的词有近60个,而吃饭的工具也有几十种叫法①。然而现在,都被"大""取""击"及"碗""筷""叉"等词给简易化了。

这从表面上看是词语简易化了,实际上是我们的思维贫瘠化了,或者可以进一步说是生活简陋化了。语言学家萨丕尔说:"如果有一本特定部落的语言辞典可供随意使用,我们可以在很大程度上推测出该辞典使用群体的自然环境特点和文化特征。"②自然环境不必说,例如在美国沿海部落努特卡印第安人所使用的词汇中有很多精确指称海洋中脊椎动物和无脊椎动物的词语。荒原部落南派尤特人用来指称地形的词汇则十分详尽,包括分水岭、岩架、沙平地、半圆山谷、圆形山谷、山脊环绕的山中小块平地、群山环抱的平原山谷、平原、沙漠、小山、高地、无水峡谷、溪谷、洼地或水沟、沟壑、向阳的山坡或峡谷壁、背阳的山坡或峡谷壁、与若干小山脊相交的起伏的乡村。之所以用词如此复杂,是因为只有这样才能在生活中表意更加精确。在文化环境中也是如此。萨丕尔认为,"如果说语言的复杂程度意味着词汇中暗含的兴趣范围,那么语言的

---

① 熊建《警惕汉语滑向贫瘠》,《人民日报》,2013年05月17日第5版。
② 萨丕尔著,高一虹等译《萨丕尔论语言、文化与人格》,北京:商务印书馆,2011年版第49页。

复杂程度和文化的复杂程度之间肯定具有恒定的相关性"①,"一种特定的文化越是觉得有必要区分一定范围内的现象,就越不可能产生涵盖这一范围的泛称。相反,对某些元素的文化态度越是冷漠,这些元素就越可能被一个通用名称所囊括"②。现在的中小学生写作往往用词单一少变化、笼统欠具体、肤浅无蕴藉、粗糙不精致、含混不准确,首先是由其所处的自然环境和文化环境导致的。他们远离现实生活,在他们眼里,小麦、韭菜、狗尾草都是"杂草",杨树叶、柳树叶、榆树叶都是"树叶"。或者说,社会发展(工业化、信息化、商业化)、阶层变化(有闲、有钱、消费)导致他们的生活方式产生了根本的变化,他们远离某种生活,不需要也不能在参与中而体验某种情境、掌握某种知识、习得与某种情境及知识相关的语词。就像中国台湾作家黄春明说的,"我们小时候要去放风筝,得学很多动词的,得把一个树或竹子砍了,然后刨干净了,然后切,然后再剪,然后再粘……大概十几个动词构成了一个风筝,然后才可以放","现在小孩子就一个词,买!整个复杂过程全都消失了,接受方式变成了一个词汇"。③

当然,还有一个主观原因是学生缺乏积累经验和体验的意识。即使因客观条件导致现在的中小学生不能像过去的中小学生,也不能像其他群体那样广泛、深入地接触社会生活,但是他们仍然处于现实之中,仍然能有限地接触到现实生活。即使不是亲手做风筝而是买风筝,如果能有意识地记录买风筝的经过,观察周围的环境以及其中的人的细微的动作、表情,想象人物的心理,将人物进行比较,推想买之前与之后的情节,等等,那么仍有可能写出情节曲折、描写细腻、语言丰富的好作品。

另外,是因为他们的阅读趋向快餐化。其阅读的对象多是报纸或网络中的新闻,

---

① 萨丕尔著,高一虹等译《萨丕尔论语言、文化与人格》,北京:商务印书馆,2011年版第53页。
② 萨丕尔著,高一虹等译《萨丕尔论语言、文化与人格》,北京:商务印书馆,2011年版第51页。
③ 这次访谈的主题为"外卖时代的爱情"。也就是说,个人不仅不会参与所需要的生活用品的生产,甚至连消费都不需要去固定的场所,如商场、食店,这如同点外卖,别人把加工好了的食物直接送到你工作或居住的地方。你也接触不到生产、加工它的人,接触到的只是快递员,穿着公司制服,除了接收这个动作和简单的确认的话语、日常的礼貌话语,几乎没有其他更多的信息交流,似乎只要点一下手机的屏幕上的功能键即可解决一切。或者说生活因为太容易被满足(手机似乎可以解决一切),反而使生活变得简单化。许知远在访谈的开始说:"外卖时代"就"是个跳跃过程的过程,直接抵达一个终点"。在这篇访谈中他转述了当年黄春明对他说的这个看法之后称:社会似乎进入了一个所谓"single word"的时代,这个时代给人一种"直截了当带来的明快,信息沛充带来的筛选,然后某种意义上的放弃"的印象,即"实用主义"。见许知远、叶三《爱情就是永恒革命啊》,http://www.sohu.com/a/222682999_563941,搜狐文化,2018年2月14日。

以获取主要信息为主,以便考试时作为写作素材使用,如记叙文中涉及的事件基本过程、议论文中的论点和论据等;即使是阅读一些文学作品,所读也绝大多数是用语浅显的通俗文学,或者是内容励志、篇幅简短并充斥着"好词好句"的小品文字(或可因"心灵鸡汤"系列丛书为代表而谓之"鸡汤文学"),所以都无法、无须去品味经典作品中精妙的词语。

当生活和阅读这两种"心理辞典"的源头都荒漠化了,最终成了无源之水,心理辞典自然也就几近干涸。

当然,造成这种现实困境还有其历史的原因,那就是近代以来改革者往往把语言文字的学习与运用的难易同语言文字本身的复杂与简单、典雅与通俗、精致与自然、蕴藉与浅白等简单地一一对应,进而又简单地将语言文字同其使用者的阶级身份相对应,认为复杂、典雅、精致、蕴藉的语言文字是有闲阶级使用的,而简单、通俗、自然、浅白的语言文字是劳苦大众使用的。随着教育大众化的推进,语言文字也日趋"贫瘠化"了。

其实语言只是一种符号和工具,与意识形态并没有什么关系。人是一种符号的动物,或者说语言是人用以确认外界与自身进而得以与其他动物区分的一种方式。语言复杂程度与人的认知的广博及深入、情感的敏锐及细腻程度之间存在着对应关系。照此说来,心理辞典不丰富的人,也往往是远离生活或生活单一、阅读面窄或不精,对外不敏感、情感很粗疏的人。符号是人的确证方式,符号也是一种工具,是认识世界、社会、自我和表达这种认识的工具。所以,从写作的角度来说,只有深入生活(非仅是学习生活)、广泛阅读(尤其是名著)以丰富心理辞典,才能在写作时顺利地表达。

其次,对于写作来说,就像前述朱自清所说的,如果不揣摩原文语言、不用原文语言表达自己所获得的原文信息,而只用自己原有的"平庸"的语言去翻译、记录原文的信息,那么就无法改变自己的"心理辞典",就无法像原文那样用"精彩"的语言去表达,这对于写作能力的提高是"没有什么用处的"。不顾及语言文字的读,只得到词句的字面意思;揣摩词句的读,才可得蕴含其中的意味。

所以,从写作的角度来说,词句掌握得越丰富则写作能力往往越强。那么,就文体来说,这种丰富程度是否也有文学作品与实用文章写作的区别呢?应该是有的,如果是专门写实用文章,自然不追求文采,只要语言平实准确即可,如果是进行文学创作,那么就需要使用复杂、典雅、精致、蕴藉的语言。换句话说,写作教学需要鉴赏词句,尤其是训练学生从事文学创作时更需要提醒学生阅读一流的文学作品,并在阅读时鉴赏其词句。

(二) 区分语体类型

首先是阅读教学中不同语体的词句如何学习。就了解语句的基本信息来说,相对于白话文,文言文的词句是一大障碍,所以教学文言文时指导学生敲打词句是有必要的。就理解词句的深层意蕴来说,古人在著文时强调内蕴、气韵,所以阅读文言文如果仅仅是翻译只能得词句的意思,只有敲打词句才能得词句的意味(王国维所说的"秘妙"、朱光潜所说的"佳妙")。其次是写作教学中不同语体的词句如何学习。随着时代的发展,现在不再要求用文言写作,文言文的功能已经发生了很大的变化,文言文一般主要不再作为写作的示范要求学习文章形式知识(去"文"),而是作为掌握文言词句的知识的凭借而要求掌握文言词汇的意思、用法和基本句式等(重"言")。不过,写作白话文时也会从文言文中吸取一些词汇和句式,所以,从写作的角度来说,文言文学习也应该敲打词句。总之,文言文的读写要真正做到上课时咬文嚼字,结束后能熟读成诵。

(三) 确定选文功能

我曾把语文选文的功能分为全息、例子、凭借和引子四重[①]:全息功能是指把选文当成一个全息体,学生可以全方位、多层面地学习,而全面透彻地把握选文所包含的各种信息。如《背影》就可以从词语结构的划分、词义的辨析、词语的运用、材料的选择、线索的铺设、结构的安排、抒情方式、描写手法、全文主旨等各方面去学习。例子功能是让选文只充当某一具体写作目标的例子,只要求从某一个视角来看就可以了,不必像全息文那样要求"从种种视角来看"。如将《背影》当成印证间接抒情方式或者当成人物描写知识的一个典型的例子来学习。凭借功能就是把选文当成读写技能的训练、能力的培植和习惯的养成的一个媒介。如通过让学生变换《背影》中某些句子的不同

[①] 张心科《夏丏尊、叶圣陶的语文教科书选文教学功能观评析——兼说"教教材"与"用教材教"》,《中学语文教学》,2008年第5期第13—17页。

句式,借此训练学生的精读技能,或者可以通过对《背影》的仿作来让学生获得散文的立意、选材、组材及表达等某一方面的写作技能。引子功能是指选文只被当成课堂上讨论的话题或给材料作文的材料,被用来触发学生进行与之有关联又有区别的阅读和写作。如将《背影》仅仅作为课堂讨论父子之爱的阅读材料或仅仅作为课外写作以父母师长为题材的作文的话题。我还认为任何一篇选文都具有多重功能[①]。不过,某篇选文可能更适合发挥某种功能,这与其自身的特色是相关的,或者说其特点决定其更适合充当某种角色。就像任何人就其公民身份来说都可以当主席,只要我们赋予他权力即可,但是他的能力可能并不适合当主席,或者他的志趣不在当主席,而在当部长、省长、村长或者普通的工人、农民。也就是说,功能主要是人为附着的,但是其最适合发挥的功能可能与其客观条件(特征)直接相关。发挥全息功能的作品应该是经典,发挥凭借功能的应该是有许多语言标志(如总起句、过渡句、综合性的话语、阐发观点或抒发感情的句子,等等)的作品(甚至是匠气很重的二三流作品),充当例子的作品应该是师生的习作,作为引子的就是知识文、思想文。如果能做到课程分设、教材分编,那么识字、写字、阅读、写作、口语交际等不同教科书中的选文的特征可能就不同。其中具有全息功能的经典作品主要是用来习得语言,目的是防止学生写作时语言的平庸化、单一化,所以教学内容和相关的方法就是鉴赏语言;阅读发挥凭借功能的选文,就是借助文本语言的编制方式来获取文本的信息,在获取信息的过程中掌握获取信息的技能(阅读方法);学习作为写作例子的选文就是要从例文里总结出写作规则,然后据此练习;学习作为引子的选文就是为了准确地获取文本中的知识、辩证地看待文本中的观点。总之,除了全息文应该引导学生鉴赏语言,凭借文、例子文、引子文均不必要求鉴赏语言。

(四) 认清教学类型

阅读教学和写作教学中要不要鉴赏语言?选文是属于阅读教学,还是属于写作教学中使用的材料?在阅读教学中是用文学作品(文学文本),还是实用文章(阐述性文本)?这些不同,反映在对语言的关注程度上就应该有所区别:如果属于阅读教学中所读的文学作品,尤其是全息文,因为它的词句具有模糊性、私人性、多义性等特征,那

[①] 张心科著《语文课程论》,福州:福建教育出版社,2014年版第158—167页。

么在阅读文学作品获取文字背后的信息时就要首先关注文字本身,前文说过文学语言有时就像一块毛玻璃,毛玻璃背后的景象是难以看清、存在多种可能的,所以对玻璃本身要引起关注;但是并不是关注这个词句有多好,而是要揣摩词句所表达的信息是什么,就像面对毛玻璃并不是要你去夸这个毛玻璃如何美丽,而是要你探讨毛玻璃背后的景象如何一样。关于词句如何好,这是写作教学的内容之一,是将选文作为积累词句,或者作为训练推敲词句的例子来使用的,或者打个比方说,是揣摩毛玻璃如何把其背后的景象传递给我们的。如果属于阅读教学中所读的实用文章,那么因为其语言力求准确、明晰,所以语言本身对获取信息就不会产生什么障碍,语言就像是一块接近透明的普通玻璃,所以不必要求鉴赏实用文章的词句。如果是写作教学中的选文,那么除了为达成注意遣词造句这个目标而要对上述全息文之类的经典作品的语言进行品味鉴赏,其他如果是将选文作为介绍静态的文本形式方面的知识,或者是训练一般的写作技能和特殊策略,或者是作为引发话题的材料来使用,即如果把选文当成凭借、例子、引子来使用,就不必鉴赏选文的词句。

(五) 区分教学方法

语言学已由描写语言学、规范语言学转向认知语言学、功能语言学。前者侧重描述语言现象,即呈现"是什么",如过去研究语言运用规则的语法、修辞、逻辑知识;后者侧重解释语言现象,即分析"为什么",如现在研究语言表达的环境、意图、行为、效果等。或者说,前者重视对语言的静态的构成要素的归纳,后者重视对动态行为过程的分析。就教学来说,传统语言学理念关照下的语言教学是通过教师介绍语言知识并以语料印证以让学生掌握这些语言知识(学得),而现代语言学理念关照下的语言教学是通过各种教学活动让学生在语言实践中体会语言运用的规律等从而获得这些语言运用的规律等(习得)。两种教学方式都需要,不过就对学生听说读写能力的提高来说,后者的作用比前者要大,所以教学时应以后者为主而以前者为辅。

相对于段落和篇章来说,单词和句子这种较小的语言单位在阅读教学和写作教学中的教学方法也应有所区别:首先是全息文的教学。在全息文的阅读教学中,先应引导学生涵泳(想象、品味)、诵读以让其入乎其内,然后指导学生替换、比较关键词句以使其出乎其外,有时可以在鉴赏完之后介绍(讲解)相应的语言知识,为学生的理解提供支架(抓手)。入乎其内自然是感受、体会词句所表达的信息,而出乎其外同样是获取词句所表达的信息,只不过用了理性分析的方法。在全息文的写作教学中,词句教学的内容与方法除了和阅读教学相似,还应有词句仿写。其次是凭借文的教学。主要是结合课文指点阅读和写作的方法(显性的和隐性的),如阅读教学中通过课文让学生掌握某种用替换词语的方式揣摩词义的方法,写作教学中通过这种方式让学生明白遣词造句的重要性等。再次是例子文的教学。把课文当成写作的例子时,只需要结合例子总结写作知识或者是用例子来印证写作知识,主要的教学方法是讲解。最后是引子文的教学。主要是就其中的观点、思想、人物、事件组织学生讨论,然后进行写作活动。

(六)"敲打词句":"语文味"的有无

谈"语文味"的人一味地强调言语形式的教学,尤其是强调对词句的推敲,在言说时动辄引用朱光潜曾在《文学与语文(上)——内容、形式与表现》中的一段话[①]:

> 从前我看文学作品,摄引注意力的是一般人所说的内容。如果它所写的思想或情境本身引人入胜,我便觉得它好,根本不很注意到它的语言文字如何。反正语文是过河的桥,过了河,桥的好坏就不用管了。近年来我的习惯几已完全改过。一篇文学作品到了手,我第一步就留心它的语文。如果它在这方面有毛病,我对它的情感就冷淡了好些。我并非要求美丽的词藻,存心装饰的文章甚至使我嫌恶;我所要求的是语文的精确妥帖,心里所要说的与手里所写出来的完全一致,不含糊,也不夸张,最适当的字句安排在最适当的位置。那一句话只有那一个说法,稍加增减更动,便不是那么一回事。语文做到这个地步,我对作者便有绝对的信心。从我自己的经验和对于文学作品的观察看来,这种精确妥帖的语文颇不是易事,它需要尖锐的敏感,极端的谨严,和极艰苦的挣扎。

很显然,朱光潜在这里是强调作者在写作时要注意词句运用的精确妥帖,而主要不是要求阅读时要言意兼顾。其实通过以上分析可以发现,只有在阅读经典的文学作品或者写作教学中把选文当学习文本形式的例子或积累词语的材料时才有必要言意兼顾,阅读一般的文学作品、实用文章,以及写作教学中把选文当成训练写作技能的凭借和引子时,则恰恰应该得意而忘言。

可见,不能以是不是有"敲打词句"这种教学方法和内容来作为一堂课是否有"语

[①] 朱光潜著《谈文学》,合肥:安徽教育出版社,1996年版第70页。

文味"的标志,而是要看课程类别、文本类型、选文功能、教学种类与教学方法。例如阅读课程中的实用文章阅读教学,敲打词语恰恰不是有"语文味"的表现,而训练阅读技能才是教学真正有"语文味"的表现。相应地,如果要避免有关"语文味""真语文"等似是而非问题的论争,就又应该回到前面反复提到的,要分设语文课程、分编语文教材(重定选文标准、类型和功能)分别进行教学(选择教学内容、确定教学方法)。

另外,如果再从历史的角度来看"语文味",更无某种确定不移的标准。所谓"语文味"涉及的是语文课应该"教什么"(教学内容)和"怎么教"(教学形式,包括教学过程、方法、手段)。然而,语文课"教什么"与"怎么教"又与语文课程目标相关,语文课程目标又与每个时代的教育宗旨、儿童(学生)观、选文功能观相关,每个时代的教育宗旨、儿童(学生)观、选文功能又是不同的。例如,在明清教育目的主要是培养臣民(官吏),官吏治民主要是靠其自身能起到一种表率作用,成为文化、道德的象征,所以会吟诗作文是其必备的技能,熟悉"四书五经"等儒家经典的内容是首要的任务,而掌握生活中需要的各种实用知识、技能并非核心。近代以来,随着我国被西方列强侵略、瓜分,有识之士认识到教育必须以实用代替虚文来增强国力,教育目的由此转变为培养公民,而满足公民生活需要就要教会他们掌握各种日用知识和技能。如1904年颁布的《奏定初等小学堂章程》中"中国文字"科的"要义"、1912年颁布的《小学校教则及课程表》中"国文"的"要旨",除了要求培养学生的基本的读写能力,更重要的是让其掌握生活中所需要的各种实用知识、伦理道德,所以1904—1920年出版的国文教科书类似于现在的常识教科书。相应地,教学方法主要是讲授、实验。1920年之后,随着五四运动的爆发、文学革命和国语运动的推进、新教育的发起,"人"的意识开始觉醒,"儿童"被逐渐发现(儿童是在生理、心理上与成人不同的个体),于是教育目的又由培养公民转变为培养"人"(顺应"人"的发展)。这样一来,个性就比"智德"更为重要,所以1923年颁布的《新学制课程标准纲要小学国语课程纲要》的课程目的为"练习运用通常的语言文字,引起读书趣味,养成发表能力,并涵养性情,启发想像力及思想力"[1]。国语教科书也一变为"猫狗教科书"(课文是接近于纯美的儿童文学作品)。教学方法主要是想象、表演、诵读。1937年抗战全面爆发,中华民族处在亡国灭种的

---

[1] 课程教材研究所编《20世纪中国中小学课程标准·教学大纲汇编(语文卷)》,北京:人民教育出版社2001年版第13页。

边缘,为了抗日救国,教育目的立即转变为培养"国民"(集体中的一个成员),所以儿童自然成了"小国民"。在1941年颁布的《小学国语科课程标准》的目标中,除了规定基本的语文能力培养,没有见到"涵养性情,启发想像力及思想力"之类的表述,而是换成了"培养儿童修己善群爱护国家民族的意识和情绪"①。国语教科书中的课文多数是用来灌输思想、传授知识的时文(相当于政治与自然教科书)。教学方法主要是教师的讲解和被规定了结论的学生的"讨论"。1949年至今,关于语文课"教什么"与"怎么教"一直处在变动不居之中。由此可见,每个时代的语文课"教什么"与"怎么教"是不同的。②③

总之,"语文味"不等于教"言语形式",更不等于用"敲打词语"的方法。没有应然的、亘古不变的"语文"④,只有实然的、与时俱进的"语文"。所以,不仅不能以有无"敲打词语"作为某堂课有无"语文味"的标志,而且不能以某一时代的语文教学内容与形式作为某堂课有无"语文味"的判断标准,而是要全面、发展地看待"语文味"的问题。总之,没有确定不移的所谓"语文味"。

五、读写结合:阅读教学之读写,还是写作教学之读写

"读写结合"一直被语文教育界推崇,自然有其一定的合理性,但是正因为"读写不分",又导致现在的语文课程知识建构、语文教材编写、语文教学内容确定、语文教学方法选用方面的问题丛生。所以,有必要重新审视阅读与写作的关系、二者分合的利弊,辨析阅读与写作行为在阅读教学与写作教学中的不同,重新思考阅读与写作如何做到分合互动。

(一)阅读与写作的关系及"读写结合"的利弊

读与写,孰轻孰重?从满足人的需要来看,有两种观点:有人从应付生活的角度

---

① 课程教材研究所编《20世纪中国中小学课程标准·教学大纲汇编(语文卷)》,北京:人民教育出版社2001年版第40页。
② 张心科《与时俱进,全面系统地看待语文教育改革》,《小学教学(语文版)》,2020年第7—8期第11—13页。张心科《论语文核心素养及语文教育改革》,《河北师范大学学报(教育科学版)》,2017年第5期第100—104页。
③ 张心科《论语文核心素养及语文教育改革》,《河北师范大学学报(教育科学版)》,2017年第5期第100—104页。
④ 如有些人主张,"语文课上教语文""用语文的方式教语文"。

认为,读更重要,因为生活中需要读的机会很多,每个人几乎天天要碰到;需要写的机会却很少,往往数天甚至数月都不用写。有人从人的存在角度认为,写更重要,我写故我在,写的时候能使人意识到自己的存在,立言也可以使人在去世后不朽。从活动过程来看,有人认为读更重要,因为读是写的基础,读可为写提供动机的触发、材料的积累、写法的模仿;而有人认为,写更重要,因为阅读是吸收,写作是表达,吸收的目的是为了表达,所以阅读是写的过程中的一环,是提高写作水平的一种手段,写才是终极目的,写可以明确读的目的,深化读的理解程度。从行为完成的难易来看,有人认为写更重要,写的难度比读的难度更大,写需要综合运用各种能力,读得多、读得深的人不见得能写得好,而能写的人一般会读,因为写是为了表达信息,所以选择哪些材料、如何组织(主次、起承、转合、线索、过渡、衬托、抑扬、比较、分总)、如何表达(词语的选择、表达方式的选用)都关系着信息的表达,如果我们知道作者如何表达信息,那么在读的时候对文本信息的获取自然要准确、深入、快速得多。然而,有人认为不能绝对地这样断定,因为二者根本没有可比性,如有难写的文与易读的文,也有难读的文与易写的文。

当然,更多的人认为阅读与写作无所谓孰轻孰重,两者相互为用,相辅相成,所以要读写结合。多年来,围绕读写关系的认识,在孰轻孰重方面一直存在着争议,但是绝大多数人主张在实施教学时要读写结合。读写结合是传统教育的一项宝贵经验,在现当代语文教育中也被视为"铁律"。20世纪80年代至今的一些语文教学论教材,在论述语文教学原则时常见如"讲读教学与作文教学相结合""听、说、读、写教学相互配合、互相促进""要注意读写结合,汲取课文的写作精华,把阅读和写作'揉'为一体""在听读训练过程中要有意识地为说写训练提供营养,在说写训练过程中要尽量利用、借鉴、模仿听读训练所提供的范例"之类的文字。确实,如前所述,读写结合有一定的合理性,因为阅读是吸收,写作是表达,吸收往往是为了表达,表达反作用于吸收,如阅读教学中课文的学习可以为写作提供素材、文本样式和写作技能,在阅读之后进行仿写之类有利于促进学生对文本的理解(为什么要这样写),等等。

在我看来,一味地强调读写结合至少有三个弊端:一是导致教学内容混沌不分。教师用一篇篇选文进行读写教学,使其搞不清教的是阅读还是写作,也就难以采用专门针对阅读和写作的教学方法并开展分别适合于阅读与写作的教学活动。也就是说,他们因为长期实行读写结合教学而弄不清阅读与写作到底应该分别怎么教,往往会用教写作的方法去教阅读,或用教阅读的方法去教写作;因为受读写结合的理念影响,以为在阅读教学中分析了言语形式就是在进行写作教学,而不去设置情境进行相应的写作活动而导致写作教学高耗低效。二是使阅读教学成为写作教学的附庸。一味地强调读写结合会使师生仅将阅读当成写作的手段、将写作当成阅读的最终目的,从而会在教学阅读时处处与写作相联系,反而使阅读教学缺失了应该教授的阅读技能、策略,而最终导致独立的阅读教学消失或者沦为写作教学的附庸。三是不利于独立的读写知识、技能体系的建构。因为长期实行读写结合,导致至今未建构起相互独立且自成体系的阅读和写作知识、技能。

如我们平时的说明文教学,都在教学生归纳说明对象的特征、辨别说明顺序(结构)、总结说明方法、揣摩说明语言的特点。其实教的既不是说明文阅读教学的知识与技能,也不是说明文写作教学的知识与技能。说明文最大的特点是将事物、原理(功能)、程序等"说明白"。阅读是获取文本信息进而与作者、文本交流与对话。写作是通过语言表达信息进而与读者交流与对话。那么阅读教学就是要教学生获取信息进而与作者、文本交流与对话的知识和技能。说明文阅读教学就是要教学生用这些知识和技能去弄明白作者没有说明白的地方,或者作者在文本里已经说明白了,你还想以文本所写去弄明白与之相关的东西。显然,获取说明对象的特征、说明顺序(结构)、说明方法、说明语言的特点,对于我们获取文本信息之类几乎没有用处,我们读一个药品说明书,不会因为知道什么是列数据、什么是画图表就明白每次要服用多少药、多长时间服用一次、需要注意的禁忌之类,而要明白这些,需要的是分析数据、筛选信息等。也就是说,说明文教学应该教筛选、分类、比较、归纳、推理甚至实验等获取信息的知识与技能。说明文写作教学,除了要让学生研究文本所呈现的说明对象的特征、说明顺序(结构)、说明方法、说明语言的特点这些静态的知识,还要教学生如何去写的动态的技能,并进行相应的写作训练。多年来,为了避免别人诟病把语文课上成了生物课、物理课之类,教师以为讲解上述静态的写作知识就是在教语文,殊不知这教的既不是说明文阅读,也不是说明文写作,顶多只能说教了半截的说明文写作。其他如诗歌、小说、散文、戏剧以及议论文、应用文等也是如此。正因为如此,我们长期以来根本不去研究说明文阅读与写作(尤其是阅读)的知识、技能,也几乎没有建构起独立的阅读知识、技能体系,进而导致我国语文教育所使用的阅读知识与技能至今仍处于零散、粗疏、无用的状态之中。

阅读与写作的目的(功能)、能力要求不同(例如,有些阅读就只是为了获取某种知识,或消磨时间,或获得审美愉悦,根本就不是为了写作),教材、教学内容与方法也应不同。所以,不应过分强调读写结合,而应该适当地将其分离,尤其是要研究阅读教学中和写作教学中的读与写之间的关系,并探讨读写如何分合互动。

(二) 阅读教学之读与写作教学之读

阅读教学之读与写作教学之读,单从行为上看都是阅读,不过二者有着根本的差异,主要表现在以下三方面。

1. 阅读与写作教材的选文不同

如果单从用来传授一般的读写知识、训练一般的读写技能来看,无论是阅读教材还是写作教材中的选文,都不必关注其文体是文学作品还是实用文章,也不必考虑其是否符合文质兼美等标准,而是要关注这篇文本自身是否含有某种阅读、写作知识,是否可以借此训练学生的某种阅读、写作技能。如果是用来传授特殊文体的读写知识、训练特殊文体的读写技能,那么阅读教材与写作教材中的选文的体式和标准就有很大的不同。

首先看选文体式。从文体上看,阅读教材中的选文要做到文学作品和实用文章兼顾,因为阅读文学作品和实用文章等特殊文体的能力只有在相应的特定的文体阅读训练中才得以形成。如当 20 世纪二三十年代儿童文学成为小学语文教科书主体时,朱聂旸、俞子夷就指出这样做不利于全面培养儿童的阅读能力[①]:

> 近年来国语读本中材料,大多数是儿童文学。目标里并举阅读能力与阅读兴趣[②]。文字(文学——引者)教材,很适于增进兴味,但是不能包括阅读能力的全部。我们阅读的东西,文学以外,还有关于科学的、数量的、统计的、计划的、工作过程的,如要各种都能阅读,须各用相当材料练习。只会读文学材料的,决没有读科学书的能力。若把目标中儿童文学一语,误解作为读书教材的全部,那末别方面的读物,将不会阅读。能力与兴趣有密切关系。有兴趣的读物,可以增进阅读能力。有相当阅读能力后,读起来容易感到兴趣,两者相互助成。在初学,当然只

[①] 朱聂旸、俞子夷编《新小学教材研究》,上海:儿童书局,1935 年版第 136—137 页。
[②] 1932 年颁布的《小学国语课程标准》课程目标第二条为"指导儿童学习平易的语体文,并欣赏儿童文学,以培养其阅读的能力和兴趣"。课程教材研究所编《20 世纪中国中小学课程标准·教学大纲汇编(语文卷)》,北京:人民教育出版社,2001 年版第 22 页。

能偏重些表面的兴趣,用平易的儿童文学。但程度渐高,不妨引导儿童读各方面的材料,不但是实用文,就是关于科学、数量、计划、工作过程等等方面的说明文也宜采用。

然而,写作教材中的选文可能要以实用文章为主,以文学作品为辅,因为现实生活中的写作对象绝大多数是实用文章,极少数才是文学作品。首先,因为优秀的文学创作手法难以模仿,一般的写作方法才可模仿。一些文学作品之所以优秀就是因为其独特,独特恰恰表明其不具备普遍性,如果没有独创的成分,那它只能是平庸之作。其次,文学作品的写作能力难以转化、运用到实用文章的写作上。有人曾认为以文学作品为范例获得的写作能力可以迁移转化到实用文章的写作中去,如沈百英就曾说:"现在坊间所出的教科书,都采取儿童文学材料……因为他是故事,儿童喜欢发表;因为他喜欢发表,创造能力越加丰厚。但是常做故事,应用文不要不会做了吗?这也未必。儿童能够运用文字来发表他的故事思想,难道不会运用文字来发表实用文吗?并且做起应用文来,还能加上一层深刻的描写,精密的判断,比了专教应用文的还要胜三倍呢!"①其实不然,因为写作实际上是在运用文体思维,每种文体的写法(立意、选材、组织、表达)并不相同,也难以相互为用。所以,培养学生实用文章的写作能力也只有以实用文章而非文学作品为范例。如果写作教材中不出现实用文章,只是希望教师在写作教学中教学实用文章,那么结果可能是教师并不教,或者不知道拿什么样的范文去教。就像1925年李步青在谈"应用文问题"时所说的,虽然"应用文"作为读本中的课文难以引起学生阅读的动机,"然读本绝不示例,一任教者之因应教授,教师学力弱者,或失机会而不教,或遇机会而不知所以教,是原理合而事实上易生问题"。② 当然,以上主张写作教材中的选文应以实用文章为主,是从总体上来说的,或者说是从成篇文章的写作来说的。如果是为了让学生积累词句或者教学某种单项的写作技法,就是上文所说的传授一般的写作知识、训练一般的写作技能,那么有时也可以选择一些文学作品,因为文学作品的词句普遍丰富多样、某些技法十分典型。

其次看选文标准。顾黄初先生曾主张阅读、写作、语言基础知识三者"分书分编",原因是"这三种书的'文选'部分,作用不同、要求不同,取舍标准也应有某些差

---

① 沈百英《小学低年级作文教学法》,《教育杂志》,1925年第十七卷第四号第22页。
② 李步青《小学国语文学读本之研究》,《中华教育界》,1925年第十五卷第三期第8页。

别"。其中阅读教材中的选文作用主要是用来调动学生的阅读兴趣、提高学生的鉴赏水平,选择时"应强调是上品,是经典,且有一定的难度",现行教材中的现代文因大多失之于浅而不宜作为阅读教材的选文。写作教材中的选文是供给学生学习写作的范本,其取舍标准"主要看它们的示范作用如何,内容深浅与学生阅历的切近程度如何","现今教材中那些内容、形式都比较好,而总体上偏浅白的现代文,编进写作教材中去倒是较为合适的"。总之,阅读和写作教材中的选文都"讲究文质兼美",但也有区别:"如果说,阅读教材中的选文,要讲究典范性,甚至讲究经典性,那么,写作教材中的选文,要讲究示范性,讲究与学生最近发展区的紧贴性、可模仿性,等等。"语言基础知识教材中的选文主要是用来印证语言知识的材料,其"取舍标准在于精当与否"[①]。顾先生强调不同教材中的选文的主要功能不同,所以其取舍标准也应不同,极富创见。但是,他所确定的阅读和写作教材中的选文标准却又存在着问题。首先,一味地强调阅读教材中的选文的经典性是偏颇的,因为阅读能力不仅包括鉴赏文学作品的能力,还包括阅读一般实用文章(如一般的记叙文、政论文、学术论著等)的能力,所以并不见得每篇文章都要求文质兼美,而主要看它是否适合培养某种能力。其次,写作教材中的选文作为例子时确实要有示范性,如果作为积累词句的凭借就应该有典范性,如果作为引发写作的引子(话题)就连示范性也没多少必要了。总之,报章文体、学生习作,甚至一些所谓"不好"的文章也是可以作为写作教材中的选文的。所以,写作教材中的选文只需少量典范文体,更要有大量非典范文体(朱自清有相关论述),即不见得每篇都要求文质兼美。

2. 阅读与写作的教学内容不同

阅读教学主要是带领学生研究文本说了什么,写作教学主要是研究文本怎么说的,虽然熟悉怎么说的有助于理解说了什么,但是在阅读教学中研究怎么说的并不是主要目的。同一文本,作为阅读教材主要是训练学生的阅读技能,作为写作教材主要是训练学生的写作技能,或者说这个文本在阅读教学中主要是凭借而在写作教学中就主要是例子了,因为其功能不同,所以教学内容的选择也不同。例如《拿来主义》,作为阅读教材,其教学重点就是指导学生利用课文学会一些阅读技能:提炼本文的中心论点和分论点,掌握推导一些重点词语(如"孱头")和关键句子(如"要运用脑髓,放出

[①] 顾黄初著《顾黄初语文教育文集外集(下)》,南京:江苏教育出版社,2013年版第1047—1049页。

眼光,自己来拿")的含义的方法。关于比喻论证方法、杂文的文体特点、鲁迅的语言风格,需要了解,而不必运用。需要了解是因为其可能会利于理解上述阅读教学的内容,不必运用是因为学习这些内容不是最终目的,而只是获取文本信息的一种手段。但是,在写作教学中学习这些内容就是目的而不是手段了。也就是说,掌握并运用这些知识是写作能力提高的基础。换句话说,假如把《拿来主义》作为阅读教材,那么知道比喻论证的方法及其作用,就有利于把"孱头"这生活中的某类人的言行与对待中外文化遗产的人的言行联系起来,寻找二者的相似点,从而迅速理解"孱头"的含义。如果知道先破后立的论证结构的基本写法是先反面批判、再正面立论,那么我们就可以迅速地明白前后两个观点是相反的,作者对这两个观点的态度分别是否定和赞同。如果知道鲁迅的杂文喜欢运用反讽手法,那么我们就知道"当然,能够只是送出去,也不算坏事情,一者见得丰富,二者见得大度"是在正话反说。如果把《拿来主义》作为写作教材,那么就要结合课文讲解比喻论证、先破后立、反讽手法等写作知识,然后再通过变式训练让学生学会运用这些知识,使写作知识转化为写作能力。从写作的角度来说,针对《拿来主义》这样的实用文章的读,首先是学习其写作技法,其次是积累词句,最后是获取素材。如果针对《红楼梦》这样的文学作品的读,首先是要获取文本中人事、物景、情感、思想等丰富的写作素材,其次是借此积累语言(好词好句),最后是模仿其写作技法,因为好的文学作品的技法是难以模仿的。

3. 阅读与写作的教学方法不同

如果说阅读是从文本中获取信息,进而与文本交流、对话的过程,那么阅读教学就应该是教师带领学生从文本中获取信息,进而与文本交流、对话的过程,相应地,阅读教学教的就应该是从文本中获取信息,进而与文本交流、对话的技能或策略。所以,阅读教学方法就不是老师将文本讲解给学生听,而是针对文本引导、点拨学生运用相应的策略由他们自己去获取文本的信息(虽然老师的讲解能起到示范的作用)。或者说,阅读教学不是以教师自己的阅读来代替学生的阅读,不是让学生听教师将文本讲深、讲透,不是让学生"欣赏"老师表达他个人或专家对这个文本的"欣赏"结果,而是教师设置一些教学环节引导、支撑学生理解文本,如让学生自己去读解,让学生展开想象进入文本,通过诵读用声音表达、通过批注用文字表达自己的体会,等等。然而,写作教学必须讲解文本形式,归纳写作方法,然后让学生仿例练习。

另外,阅读能力的提高主要靠的是在课内阅读教学中获得技能,在课外可能就不必做大量的阅读训练题。但是,写作能力的提高就要靠提供大量有关在课内所学的写作知识的训练题目让学生练习,才能促进写作知识向能力的转化。

(三) 阅读教学之写与写作教学之写

写作需要写,是常说的"写作";阅读也需要写,是所谓的"写读"。同样有写的行为,但阅读教学中的写作与写作教学中的写作在对象、文体和形式上均不相同:阅读之写多为写读后感、内容摘录、批注札记等,写时侧重所读对象之内容,如观点、材料等,并不模仿所读文本之形式与技法。写的文本的文体多为议论性文体;形式主要为片段,也可为整篇。写作之写,主要是模仿所读文本之形式与技法,文体不限,形式主要为整篇,少数为片段。

例如,20世纪20年代新学制时期,当儿童文学教育成为语文教育的中心、儿童文学作品成为语文教材的主体后,吴研因就竭力主张读写分开:为了培养儿童的阅读兴趣,启发其想象力和思考力,阅读教材应以儿童文学为主(当然从阅读能力培养的角度来看应该还要有实用文章),阅读教学主要是通过各种阅读技能的训练活动让儿童获取文本信息。阅读技能的训练(运用)活动主要有补充想象、表情吟诵和随机表演。文学文本是一个由不同层次和维面构成的"召唤结构",其中的语音、语义、句法、结构、意象、意境、情节等存在的未定性和空白点星罗棋布。这些空白给读者预留了多处想象和联想的空间。补充想象就是运用想象和联想,把文本中省略之处补充起来、中断之处接续起来,只有这样才能让学生做到设身处地、身临其境,才能体味入微。例如课文中有"乡人背了一个衣包,夜里从城里回去。走到半路上,树林里忽然跳出两个大汉,来将他扭住……"的情节,在了解全文的内容之后,可按顺序提问:"乡人的状貌,想起来,大约怎样?穿什么衣服?……衣包是怎样的?内容大约如何?乡人的家离城远近如何?乡间的道路怎样?人家何如?夜里独行乡下路上的情形怎样?……树林的情形怎样?大汉的装束状貌,大约怎样?大汉把乡人怎样扭法?拉胸脯吗?拉手臂吗?抱腰吗?……乡人见了大汉,心里怎样?……"或者随手在黑板上画图,或用自己的"声音笑貌"来表达。课文中有些记述、描写简略的地方,例如《哥伦布传》中"哥伦布和西班牙哲人辩论的部分、和水手谈话的部分,为本传所不详的,可令儿童由想像而补充"[1]。这些想象的结果既可以让儿童通过说,也可以通过写来表达。文学

---

[1] 吴研因《小学国语教学法概要》,《教育杂志》,1924年第十六卷第一号第13—14页。

作品在创作时用的是"表现"手法,而非"再现"手法,不可能事无巨细地全写,必然省略了许多内容。如果能运用一种创造性的表演,那么就"可以把这篇故事的情迹完全显露出来"①。所以,当时每篇课文教学的最后一个环节就是随机表演,即让儿童将课文改编成剧本演出。补充想象中的写和随机表演中课本剧的写,都不是为了训练学生的写作能力,而是为了更好地获取文本信息,更明确地说,就是为了读。这从吴研因反对在阅读教学中教言语形式也可以看出。如1922年吴研因在历数种种"不自然"的阅读教法时就提到:"课文既已读讲过了,教师还恐文法上不大仔细,所以又加入深究形式一段,专在文法上做工夫。什么句法、章法、篇法,什么比喻、拟态、反复、重叠,什么总起分承,分起总结……噜哩噜嗦说了一大套文法上的名称,学生听了实在莫明其妙。"他并不反对教"国语文法",只是认为要注意结合学生阅读的经验以及学段年级。他说:"不知文法的了解活用,也都和经验有关系的;读书多了,自然会有文法上的经验,谆谆告戒是无用的。必要指点文法,也要在读书既多的高年级时,每课书都把文法上的公式指点他们,并且使他们仿作,如何有效呢?"②所以,他在草拟《新学制课程标准纲要小学国语课程纲要》时强调"语言"训练,根本不提"国语文法"教学。1924年,他在《小学国语教学法概要》中就认为:"(语言教学)不要死教语法的规则。就是要儿童有了许多语言的经验,才可以把词、句等的位置规则,指示儿童,使他明白。这个原则,在读文中指示文法,在英语中教导文法,以及指点标点符号使用法等,都是如此。在儿童没有经验做基础的时候,分析研究规则,除掉不理解的死记忆,没有一毫效率的。"③

前文说过,在吴研因看来,写作教学活动应该包括"文章的研究"与"文章的练习制作"。所谓"文章研究"是指"把读文等中所读过的材料做基础;再收集许多读文中所缺少的材料,例如说明文、书信文、议论文等;拿类似或相反相成的,比较研究",比较研究的对象是材料所涉及的"词性、句法、篇法、文体、修辞"等。④ 这样通过对成篇文章的研究、比较就获得了写作知识,但是获得了写作知识并不就能写出好的文章,所以要进一步进行"练习制作"。所谓"练习"就是片段写作,所谓"制作"就是成篇文章的写

---

① 周法均《小学低年级的文学教学法》,《教育杂志》1924年第十六卷第三号第16页。
② 吴研因《文字的自然教学法》,《教育杂志》,1922第十四卷第三号第2,7页。
③ 吴研因《小学国语教学法概要》,《教育杂志》,1924年第十六卷第一号第8页。
④ 吴研因《小学国语教学法概要》,《教育杂志》,1924年第十六卷第一号第22—23页。

作。这样就最终将理论与实践结合起来,二者相辅相成,相得益彰。可见,"文章研究"并不是为了获取文本内容信息而是归纳文本形式知识(静态的写作知识),即不属于阅读教学而属于写作教学的内容。"练习制作"则完全是训练动态的写作技能。

(四) 读写如何分合互动

1. 分开研究,分编教材

如果我们能够把阅读教学之读与写以及写作教学之读与写的目的、教材、教学内容和方法之间的区别与联系弄清楚,那么目前有关语文教材选文标准的确定、教学内容的确定与方法的运用等难题就会迎刃而解。在弄清楚了读写之间的联系和区别后,首先要做的就是要分开研究读写课程的建设,但课程建设不单是将阅读与写作从形式上分成两科,而是要分别建构起阅读与写作的知识体系。我们可以阅读教学为例来分析。前文说过,如果说阅读是从文本中获取信息,进而与文本交流、对话的过程,那么阅读教学就应该是教师带领学生从文本中获取信息,进而与文本交流、对话的过程,相应地,阅读教学教的就应该是从文本中获取信息,进而与文本交流、对话的技能或策略。但是,现实中的阅读教学并非如此,阅读的技能或策略的传授被忽略,反而是在借助文本进行识字、写字、听说、写作教学,尤其是写作教学,也就是说"阅读教学"名存实亡。正因为阅读教学除了会讲解文本内容,还分析了主要属于写作教学内容的文本形式,一般人误认为这就是"阅读"教学的内容,反而忽视了阅读技能与策略,造成多年来阅读教学内容的核心——阅读技能与策略——在阅读教学中缺失,这从过去阅读教学的基本内容——解释题目、检查字词、交代背景、介绍作者、分析段意、归纳主题思想、总结写作特点——中也可以看出,因为我们从中找不到有关阅读技能与策略的内容;阅读技能与策略在课程知识研制时也被忽略了,这从一次次的语文课程知识建构中出现诸如"字词句篇语修逻文""文体样式"等而不是具体多样的"阅读方法"中就可以看出。

当前的语文教材也是混沌不清的。如果说语文教科书是用来教学"语文"的材料的话,那么其中就应该有适合识字、写字、阅读、写作和口语教学的各种材料。但是,现实的以文选为主的语文教科书似乎是阅读教科书而附带一些写作、口语教育专题(有些称为"交流与表达")而已。说是"阅读教科书",是因为作为教科书主体的选文被分为"教读课文"与"自读课文"(又常分为"课内自读"与"课外自读")或者"精读课文"

与"略读课文"(有时称"泛读课文")。说是"似乎",是因为这些选文从表面上看是作为阅读教材使用的,但实际上其教学功能的界定有多重而不明,其教学内容的预设混沌不清,似乎什么都可以教,单凭一篇选文可教识字、写字、阅读、写作、口语等。所以,从这个意义上讲,虽然标明选文属于阅读的教材,但是并不单作阅读教学之用,这样的教材确实也可以称之为"语文"教科书。可见,就阅读、写作教科书的编写来说,当务之急是要在建构出相应的阅读和写作知识后,将这些知识排列、分散到各册教科书中,以导读文字或专门的知识短文的形式呈现,编配不同功能和特征的选文,设置相关的练习。

2. 适当结合,互动为用

此处的适当结合、互动为用,与过去所强调的"读写结合"不同,过去的"读写结合"是指完全把应该用来作为训练阅读技能的选文当成写作模仿的范文来使用。如过去常在阅读课文的导读文字中介绍写作知识,在其课后练习中设置分析有关文本形式或写作技法方面的题目,或者是要求运用所总结的文本形式或写作技法去仿写,或者是对课文进行改写、续写,或者在每篇课文后面设置几个评述课文思想内容或以其为引子的写作练习,等等。在教学时更是读写不分,如曾有人以记叙文讲读教学为例将读写完全对应起来:从读学解题——练好审题和拟题;从读学概括中心——练作文表达中心;从读学分段、概括段意——练作文编写提纲;从读学区分内容主次——练作文详略得当;从读学捕捉中心段——练作文突出中心;从读学品评词句——练作文遣词造句;从读学作者观察事物——练作文观察方法。我们主张适当结合,互动为用,首先是指破除当下的语文教材、教学没有严格意义的阅读与写作的区分的弊端,先从整体上建构相互独立的阅读与写作知识体系,并编写成套的阅读和写作教材,然后看两套知识体系或两套教材在哪些局部可以适当地结合。例如阅读教材中的某篇选文非常适合作写作教学中介绍某种知识之用,那么就可以在阅读和写作教材中分别予以提示,并设置训练这种写作知识的练习。这种整体分开、局部结合的设计思路与以前讲读课文中零星介绍写作知识和随机设计写作练习的盲目、随意的做法有着本质的区别。其次是指阅读教材、教学内容以阅读技能训练的活动为主,以写作活动为辅,这作为辅助活动的写可以深化读的程度、固化读的结果;写作教材、教学内容以写作技能训练的活动为主,以阅读活动为辅,这作为辅助活动的读,可以促进写的话题的引出、素材的积累、技能的提高。

就教科书的编写来说,要真正实现读写结合,除了分编各自成系统又相互配合的《阅读》与《写作》教科书以达到适当结合、互动为用的目的,还有以下三种读写结合的办法。

一是同篇课文读写相继为用。就是先将教科书中同一篇选文作为阅读教材专门教阅读技能,然后作为写作范例教写作技能。如果是后者,就需要在课后设置带有一定情境任务的写作训练题,并明确要求运用课文所学的技能进行写作;而不是目前的读写知识搅合在一起,写作教学也只有知识讲授而没有写作训练。如郑祥五与孟宪和主编、教育科学出版社 1994 年出版的河北省义务教育三年制初级中学教材《语文》那样读写分开设计、相互配合呈现与教学。每个单元同时呈现阅读和写作。阅读部分包括导读课(教读课)、阅读课(自读课)、欣赏课(选读课)、选评课(评议课),以完成一个认读—理解—联想—评价的阅读过程。教材所呈现的每篇课文包括五部分:学习目标、学法指导、课文、课上练习、读书随笔。写作部分与阅读部分的文体或者写法相同。写作教材包括作文指导、作文、作文评改三部分。如其第一册第一单元(信心·方法·兴趣)分为三部分:首先阅读《一定要学好语文》(导读)、《漫谈读书经验》(阅读)、《读书》(欣赏)和《毛泽东的"四多"读书法》(选评)四篇不同课型所用的阅读教学材料。然后是"语文活动",包括"语法运用"(形声字)和"诗词背诵"。最后是"作文训练一",包括"作文指导"(如何写日记、计划)和"作文"(写一篇今天的日记、写一份本学期的语文学习计划)。第二单元(想象一)的阅读包括《皇帝的新装》(导读)、《〈伊索寓言〉二则》(阅读)、《小溪流的歌》(欣赏)、《读书洞》(选评)。"语文活动"包括"信息交流""语法运用(词的构成)""诗词背诵"。"作文训练二"包括"作文评改"(计划)、"作文指导"(怎样写寓言)和"作文"(自拟题目写一则寓言)。其中作文指导的知识短文中并没有出现任何范文,与之配套的《语文教学参考书》中也没有相关的内容,应该是结合阅读的相同体裁的选文进行写作知识的讲解,如第二单元作文指导(怎样写寓言)的开头写道:"本次作文是练习写寓言故事。就我们学过的寓言看,生活与认识是写好寓言故事的基础,想象与联想是写好寓言故事的关键。""学过的寓言"显然包括本单元学习的《皇帝的新装》《〈伊索寓言〉二则》《小溪流的歌》。正如该书说明中所强调的,这种分合法"教材打破了文选型的传统格局"[1]。

---

[1] 郑祥五、孟宪和主编河北省义务教育三年制初级中学教材《语文》(第 1 册),北京:教育科学出版社,1995 年版第 1 页。

二是读写分设合编。如张志公主编、北京大学出版社1998年出版的九年义务教育三年制初级中学课本《语文》。该书的说明称：根据张志公在《关于改革语文课程、语文教材、语文教学的一些初步设想》一文中提出的语文课"是以知识为先导、以实践为主体、并以实践能力的养成为依归的课"的理念，"这套教材按实际应用语言的要求，讲授必要的语文知识，合理安排读、写、听、说训练序列，以培养理解、运用语言能力为主，同时，加强文学教育"。[①] 就是先根据教学大纲对读、写、听、说训练的四十八项要求，建构读、写、听、说各自的知识技能体系，然后分散在六册教科书中，"组合成多形式和多层面的训练项目，渐次推进"[②]。"多形式"是指针对有关知识，或写成短文阐释，或在练习中简要说明。"多层面"应该指读、写、听、说相互为用。如第一册第一单元的训练重点是"整体感知课文的大概内容"和"集中注意力默读课文，不动唇、不指读"，知识短文是《整体感知课文的大概内容》，课文是《老山界》《枣核》《读书趣事》《一张电影票》，作文训练是《记一件有意义的事》，汉语知识是《汉字·形声字》。第二单元的训练重点是"掌握课文内容要点"和"集中注意力默读课文，不动唇、不指读"，知识短文是《掌握课文内容要点》，课文是《我的老师》《回忆我的母亲》《丁冬！丁冬！丁令冬！》《为了那片光明》，作文训练是《写写自己》，知识短文是《汉字·形似字、同音字、多音多字》。每个单元前的知识短文主要是介绍阅读方法，课文后的练习包括"内容理解"（阅读）、"写法分析"（写作）、"语言揣摩"（汉语）、"说话训练"。作文训练则相对独立。如第一单元的作文训练《记一件有意义的事》先提示如何记一件有意义的事，然后提供《一份珍贵的礼物》和《一件小事》两个题目，再提供例文《诚实》。第二单元的作文训练《写写自己》先提示如何写自己，然后提供《我的性格》和《我的课余生活》两个题目，再提供例文《说说我自己》。在前文分析过，这种用一篇选文同时教读（阅读技能）、写（写作知识）、听说（听说技能）及汉语知识的做法并不可取。但是，读写同一类体裁的文章（某种形式的读写结合），而读写不同的文本（读的课文和写的范文不同）、训练不同的技能（阅读技能与写作技能分列），这种分合的做法又是非常科学的。

[①] 张志公主编九年义务教育三年制初级中学课本《语文》（第1册），北京：北京大学出版社，1998年版第1页。

[②] 张志公主编九年义务教育三年制初级中学课本《语文》（第1册），北京：北京大学出版社，1998年版第2页。

三是读写听说分设合编。如浙江省义务教育教材编委会编、浙江教育出版社1992年出版的义务教育初级中学课本(试用)《语文》。将阅读训练、写作训练、听说训练、字词句系列训练、古诗词诵读分别建构成知识、技能体系,然后放进各册各单元之中,在"侧读训练""侧写训练""侧听说训练""字词句系列训练"和"古诗词诵读"中提供不同的选文分别落实这些知识、技能训练①,即"分"。第四册七个单元的目录照录如下:第一单元"议论的观点和材料"。侧读训练:一《谈骨气》、二《进一步学习和发扬鲁迅精神(节选)》、三《为学》。侧写训练:四《说"勤"》。侧听说训练:五《功名难夺报国心》。字词句系列训练:单句的结构(一)。古诗词诵读:《过零丁洋》《别云间》。第二单元"诗歌的凝练语言"。侧读训练:六《木兰诗》、七"唐诗三首"(《秋下荆门》《闻官军收河南河北》《卖炭翁》)、八"宋词两首"(《水调歌头》《破阵子》)。古诗词诵读:《虞美人》《卜算子》。第三单元"议论的方式和方法"。侧读训练:九《反对自由主义》、一〇《好兵不一定都当元帅》、一一《〈孟子〉两则》(《以五十步笑百步》《杀人以梃与刃》)。侧写训练:一二《破"千年一贯制"》(附学生习作)。侧听说训练:一三《短文两篇》。字词句系列训练:单句的结构(二)。古诗词诵读:《初春小雨》《江南春》。第四单元"小说的环境描写和情节线索"。侧读训练:一四《烈日暴雨下的祥子》、一五《刘姥姥游赏大观园》、一六《变色龙》。侧写训练:一七《雨丝》(附学生习作)。字词句系列训练:句子的运用(一)。古诗词诵读:《南园(其一)》《丰乐亭游春》。第五单元"讲演的特点和应用"。侧读训练:一八《在萧红墓前的五分钟讲演》、一九《最后一次讲演》。侧写训练:二〇《不朽的丰碑》。侧听说训练:二一《谈讲演技巧》。字词句系列训练:句子的运用(二)。古诗词诵读:《钱塘湖春行》《春山夜月》。第六单元"散文中的抒情和议论"。侧读训练:二二《白杨礼赞》、二三《醉翁亭记》。侧写训练:二四《在那颗星子下》。字词句系列训练:病句的修改(一)。古诗词诵读:《马上作》《纪事诗》。第七单元"读报 编报 讲报"。侧读训练:二五《北京亚运精神光耀神州》、二六《永不后悔的选择(节选)》。侧写训练:二七《谈编报》。侧听说训练:二八《谈讲报》。字词句系列训练:病句的修改(二)。古诗词诵读:《如梦令》《诉衷情》。同时,每单元用作不同训练点的课文的内容(主题)相关、体裁相似或相同,即

---

① "侧"即侧重的意思。该书1998年第二版的每单元直接分成"阅读训练""写作训练""听说训练""字词句系列训练"和"古诗词诵读"。

"合"。如第一单元五篇课文的文体相同(第二篇是议论性的讲话稿),第一篇与第二篇的主题相近,第三篇与第四篇的主题相近,第五篇与第一至四篇的主题相关。

然而,目前的语文教科书,要么在形式和实质上均将阅读、写作、口语交际、语文综合性学习分列,也就是各自没什么联系;要么以阅读部分为主,其他只是一种摆设,导致日常教学还是用一篇课文既教阅读又教写作(同时教读与写而不是上述那样相继教读与写),这其实是一种读写融合或者是读写混合,而不是读写结合或读写配合。前面一再说过,这其实不是阅读教学也不是写作教学,因为只是探讨课文内容没有传授获取信息的技能和策略,只是分析静态的言语形式没有传授相应的表达技能和策略,也没有设置任务情境训练表达技能和策略,导致读写不是两全其美,而是两败俱伤。

显然,在上述三套《语文》教材中,阅读和写作有各自较为独立的知识、技能体系,又同时呈现,这样可以保证在教学时,阅读教学教阅读技能,写作教学教写作技能,同时也可以相互为用。

六、教学内容:可以确定,还是难以确定

很多人认为,知道"教什么"往往比懂得"怎么教"更为重要。那么,"教什么"即教学内容是否需要确定?现在讨论此问题的基本现状如何?造成难以确定的原因有哪些?确定的可能性有多大?解决办法有哪些?下面试对此逐一进行分析。

(一)教学内容是否需要确定

有人认为教学内容的不确定性恰恰能发挥师生的主动性和创造性。如早在1932年,一位老师就说:"中学的国文教学是困难而又有趣的一件事。国文不像其他各种学科那么机械,可以按部就班地教下去;它是活的,可以由你去自由运用,使其发展的程度,不致有所范围。这是它的困难处,也是它的有趣处。例如数学,无论你怎样教学,教材怎样编法,总是要从加减乘除教起;没有不懂加减乘除而能懂得分数比例的人。国文就不然了。这篇文章和那篇文章,不见得有怎样的联系;不学这篇文,不见得即不能学那篇文。而且就算所有的教科书他都不读,也不一定他的国文就不能得到好的成绩。所以国文教学的问题,比其他各科的问题都多;也就要使人感到困难。然而,也就因为国文无论在教材方面、教法方面都能活动,能让教师去自由运用,我们有什么方

法,就可以用那种方法去使它飞跃着前进,不一定要'按部就班'。这又是它使人感到有趣的地方。并且,教材的选择可以自由,题义的发挥也可不受机械的限制,使学生领受新的潮流,使其于行为方面无形中受到影响,这又是多么快乐的一件事。所以,我说中学国文的教学是困难而又有趣的一件事。"①

不过,更多的人对这种不确定性感到十分焦虑,认为会导致语文教学的盲目和随意。1934年,阮真就曾感慨:"在这思潮多经剧变的时代,于中学各科教学上影响最大的,又莫过于国文教学。自然科学的发明虽然说'日新月异',而教材教法,决不至于全盘改变。社会科学的学说上虽有改变,而其所根据的实质与教法,并无大变。技能科学,在中学教学上的基本技能,本来不用跟着艺术上的主张而多所变更。而且这几种学科,除社会科外,对于所谓时代思潮,本来没有什么大关系;也不致受了一种思潮的影响而改变其大部分的教材与教法;因为那种学科的教材,在中学教学上都有相当的定量与定程,决不至于像国文一科,各人所教,大有出入,或者竟至完全不同的。"②现在也有人指出,在流行的"同课异构"活动中,其他学科某一课的教学内容相同(确定),而每个老师的教学过程和方法不同(不确定),语文学科的"异"却在同一篇课文不同教师的教学内容不同,而不是过程与方法的不同。在本轮课程改革中,王荣生等学者也多次提出多数教师不知道语文该教什么。所以,讨论语文教学内容的确定性成了当务之急。然而,语文教学内容的确定性似乎成了世纪难题,至今语文教师颇感困扰,学科专家争论不休。

(二)教学内容确定性问题的现状

1. 似是而非的"语文课"

多年来,在学者的论著中和教师的口头上常见"语文课应该教什么"之类的言说。其实"语文课"是一个似是而非的概念。因为"语文"只是学科的名称,当其涉及课业时只有具体的识字课、写字课、阅读课、写作课和口语交际课,根本就不存在笼统的"语文课"。作为学科,为了便于和其他学科进行区分,可用"语文"一名统称;涉及课业,因为涉及实践层面(不同课业的对象明确、内容具体、方法特殊),为了利于操作则须

---

① 张海涛《初中国文教学问题》,广西教育厅《教育论坛》,1932年第六期第16—17页。
② 阮真《时代思潮与中学国文教学》,《中华教育界》,1934年第二十二卷第一期第1页。

将课业分类并分别命名。换句话说,我们不应该笼统地讨论语文课应该教什么,应该分别地、具体地讨论识字课、写字课、阅读课和口语交际课应该教什么。如果笼统地说"语文课应该教什么",那么就根本无法说清楚。不过,多年来我们一直习惯于这样讨论,如"洛寒"(刘松涛)分别于1961年和1963年在《人民教育》上发表了著名的《反对把语文教成政治课》和《不要把语文课教成文学课》。又如最近某杂志又发表题为"语文课不是文学课也不是语言课"的对某名家的访谈录。① 仔细阅读这些讨论"语文课"不应该教成什么的文章,发现他们实际上只是在讨论阅读课不应该教什么,更具体地说就是针对一篇篇的选文不应该教什么。如刘松涛在《反对把语文教成政治课》中所举的例子是《悼列宁》《为了忘却的记念》《记念刘和珍君》和《小树》等教学内容的选择。大概受传统的用阅读课代替语文课的观念的影响,多年来不少人直接将"语文课"等同于"阅读课",如另一位名家在接受访谈时称:"我认为作文课是语文课的延伸,是语文课的后续阶段。教师把一个单元讲完后(学生)就要沿着这个单元,或者说沿着这个单元的每一篇课文进入一种写作状态。"②按照常识,写作课应该是属于语文课范畴的,如果单从名称上看,这里把"写作课"与"语文课"并提显然不合逻辑,但是从其文意来看,实际上是用"语文课"来代替"阅读课",或者说因为长期以来我们的语文教学实际上主要是用一篇篇选文进行"阅读教学"(前文多次提及,实际也非真正意义上的阅读教学),而忽视其他课业的教学,所以就习惯性地称这种"阅读课"为"语文课"了。需要提请注意的是,除了"语文课"这种笼统的说法不当,如果仅把阅读课当成语文课来讨论,就又会把同样重要的识字课、写字课、写作课、口语交际课教学内容的确定问题忽视了。再退一步说,即使是讨论阅读课的教学内容,也不能简单地说不能上成"文学课""政治课""语言课"之类,因为还要看这篇选文的编者或(和)教师所预设的目的(或者说所要让这篇选文发挥的教学功能)是让学生掌握其中的知识(道理),还是审美(情趣),还是借此获得阅读技能。还要考虑这篇选文的内容与体裁等是怎样的,到底适合选择哪些教学内容。所以,也不能简单地断言阅读课该教什么、不该教什么,更准确地说,只能说阅读课中的这篇选文该教什么、不该教什么。

---

① 桑哲等著《语文新课程名家访谈》,济南:山东教育出版社,2010年版第224页。
② 桑哲等著《语文新课程名家访谈》,济南:山东教育出版社,2010年版第10页。

2. 难以确定的"教什么"

那么识字、写字、阅读、写作和口语交际课的教学内容到底有哪些？多数语文教师在确定课堂教学内容时多参照教师用书或现成的教案并根据自己的经验加以选择、确定，至于为什么要这样，往往并不清楚。语文教育学者们也往往凭经验或依据文学、语言学著作的观点来讨论，其实也没说清楚。

总之，无论是实践者还是研究者，目前都不太清楚应该教什么。

(三) 教学内容难以确定的原因

造成当前语文教学遭遇内容难以确定的困境的原因有哪些呢？我想至少可能有以下六点。

1. 课程标准中课程内容的缺失

和其他学科的课程标准不同的是，多年来，《义务教育语文课程标准》和《普通高中语文课程标准》中只有学段目标和要求，而没有具体的课程内容。这就导致语文教科书的编者、课程专家、普通教师在各自建构自己的教学内容，这些内容完整程度不一，之间的差异也较大。

2. 语文课程知识除旧纳新的滞后

因为语文课程知识过于陈旧，如有人称："在中小学语文课程与教学中，小说，除了被拧干了的'人物、情节、环境'这三个概念，事实上已没有多少知识可教了；诗歌，在感知、背诵之外，只有体裁(如绝句四句、律诗八句、几种词牌名称)、押韵等屈指可数而且极为表面的知识；散文，也只有'形散神不散''借景抒情''情景交融''托物言志'等似知识又似套话的几句说法，以不变应万变；戏剧，除了'开端、发展、高潮、结局'的套路简介，再不见有像模像样的知识。"[①]又因为一些语文知识难以迁移转化成明确的语文能力，如一些文学史知识、语法知识，所以新课程改革之初有人开始否定知识教学，课程标准有意淡化知识教学，如课程标准强调教学不刻意追求知识的系统性，考试不必考知识。以前以语言学、文章学、文艺学等建构起来的语文知识体系被抛弃，但是新的语文课程知识(尤其是其中的听说读写技能与策略等方面的知识)又尚未建构出来，这样一来教学就失去了抓手，教学内容就变得虚无。

---

① 王荣生著《语文科课程论基础》，上海：上海教育出版社，2003年版第260页。

3. 语文课程合设、教材合编导致的混乱

清末颁布的《钦定学堂章程》(1902)和《奏定学堂章程》(1904)在规划语文科时，试图对识字、写字、阅读、写作、口语等课程进行分设，但是由于各种相应的教科书出版的滞后，又由于许多教师用一本以选文为主体的教科书差不多就可以完成上述不同课程的教学，所以至今多数仍进行的是各种课程综合设置，并用一本合编的教科书进行"集成教学"，结果导致许多教师不知道到底该用一篇选文教什么。其实，识字、写字、阅读、写作、口语能力的构成不同，其教学目标也不同，否则将不利于不同能力的培养。相应地，虽然识字、写字、阅读、写作、口语教材中都有可能出现选文，但是利用每篇选文而选择的教学内容就应不同，否则就会造成教学内容的混乱。1936年，就有人指出教科书名不副实："十二年(1923年——引者)，颁行新学制，厘订新课程，国语一科，分为语言、读文、作文、写字四项。所编《国语教科书》，实际仅属国语科'读文'一项。因国语两字沿用国文而来，所以不称读文课本，而仍称《国语教科书》。"① 前面提及，章熊指出因为课程合设、教材合编导致把本该在写作教学中进行的文本形式分析放在阅读教学中进行的不当，他说："我国旧时的读书，不在探知事实，却认做作文的预备……读的精神，全放在字句章节的结构组织上。结果，书里面的内容，竟可一无所得。"②

4. 语文教材以文选为主造成的含混

章熊曾困惑地写道："文选型语文教材的另一个特点，那就是内容处理的不确定性。其他学科，教材大致规定了内容范围，语文则不然。一首《木兰辞》，小学可以教，中学可以教，到了大学中文系还可以教，教的内容却大不相同。不仅如此，即便是同一所学校同一个年级，不同老师对同一篇课文的处理也可以不同。他们所设定的教学目标、内容处理及其延伸、生发都可以是很不一样的。"③ 的确，和其他学科教材不同的是，目前的语文教材以选文为中心，其中暗含着多种语文知识，也可以此开展多种语文活动，可以赋予其多重教学功能。以知识为例，像《背影》就可以从语言学、文章学、文艺学、文化学等角度分解出多种知识，仅从文章学的角度来看，就像夏丏尊、叶圣陶所说："文章是多方面的东西，一篇文章可从种种视角来看，也可应用在种种的目标上。例如朱自清的《背影》可以作'随笔'的例，可以作'抒情'的例，可以作'叙述'的例，也

---

① 袁哲著《国语读法教学原论》，上海：商务印书馆，1936年版第150页。
② 赵欲仁编著《小学校国语科教学法》，上海：商务印书馆，1927年版第85页。
③ 章熊《我的语文教学思想历程》，《课程·教材·教法》，2011年第10期第10页。

可以作'第一人称的立脚点'的例,此外如果和别篇比较对照起来,还可定出各种各样的目标来处置这篇文章。"①从语文活动的开展来说,同样是以《背影》为教材,在识字、写字、阅读、写作、口语交际等不同的课型中,其教学内容是不同的。从教学功能的角度来说同样如此,如果把它当成一个全息文,则可以要求学生全方位、多层面地学习,全面透彻地把握选文所包含的各种信息;如果把它当成例子文,则可以要求学生学习其中的某一种或几种写作特色,如人物的描写、线索的铺设、结构的安排等;如果把它当成凭借文,则可以要求学生借此训练某种精读的技能,如如何理解关键词语中所包含的情感和蕴藏的深意;如果把它当成引子文,则可以据此作为课堂讨论父子之爱的阅读材料或仅仅作为课外写作以父母师长为题材的作文的话题。

5. 教师凭借经验的随意或依据高考的机械

很多年老的语文教师多是依据自己长期积累的经验进行教学,他们的教育观念、知识结构、基本能力不同,教学也就各行其是,内容自然大相径庭。多数年轻的语文教师,因为缺乏教学经验,又因为有高考的压力,所以其教学内容的选择,除了依据教师用书,更多地是将"考试指南"之类的文件或者"总复习"之类的书籍之中的知识能力点分解、引入到自己的课堂教学中。

6. 学生的多样变化与教学的动态生成

从整体上看,每一届甚至每个班的学生,不仅在个体之间而且群体之间存在着差异。他们的知识能力基础、学习兴趣态度等方面虽然有部分相同之处,而差异往往也较大。面对不同的学生,一直教以相同的内容是不可能的,也是不应该的。既然因材施教是基本的教学原则,那么就应该根据不同的学情而施以不同的教学内容。另外,真实的教学是预设和生成的统一体。一些预设的教学内容,会因为具体的课堂教学情境而进行必要的增删改换。如果说预设是必要的,那么生成就是必然的。所以,教学中也难以确定一直不变的教学内容。

(四)教学内容确定的可能性及解决办法

1. 可以确定的教学内容及其确定途径

在以上六个根本原因中,语文课程知识陈旧(甚至匮缺)、课程合设、教材合编是

---

① 中央教育科学研究所编《叶圣陶语文教育论集(上)》,北京:教育科学出版社,1980年版第178页。

主要原因,其他三个是次要原因,而这三个次要原因也都是因主要原因而引发的。在弄清造成沉疴的原因后,在寻找治疗的方法上就有了方向,如应该重构识字、写字、阅读、写作、口语课程知识,将其分设成五门独立的课业,将五门课业的知识吸纳进语文课程标准,要求据此编写相应的五种教科书,规定高考也依据课程标准所确定的课程知识进行设题,而教师上课时主要根据教科书所确定的教学内容进行教学。在这些前提条件具备的情况下,语文教师在备课时研读课程标准、研究编者意图、分析教材特点、根据学生需要设定教学内容,那么在具体教学时内容就相对确定了。

但是,真正实施起来又将十分困难,如语文知识重构就是一项十分艰难的任务,而新的语文知识重构不起来,那其他的一切都无从谈起,所以重构语文知识是当前语文课程研究的重中之重。而在语文知识建构中,除了对语文陈述性知识进行除旧纳新,语文程序性、策略性知识的建构又是语文知识重构中的重中之重。目前,有关识字、写字、阅读、写作、口语等课业的知识,在传统语文及现代语文教育的发展过程中,通过专家的理论研究和教师的经验总结,已有大量的遗存,但是多零碎而不成系统,也没有经过科学的评价和系统的整理,更没有被吸纳进语文课程标准。国外教育论著(指南)及母语课程标准中已有大量具体、系统、实用的语文课程知识,但目前我们只是评述较多,借鉴较少。所以,一方面要整理我国已有的语文课程知识,另一方面要根据汉语的特点适当吸纳国外有用的语文课程知识,建构出一套精要、好懂、有用的语文知识体系。这样一来,以语文知识为抓手,既可以避免教学内容因倾向于动机激发、情感熏陶而变得虚无,又可以避免因侧重情境设置、活动开展而变得随意。总之,语文教学内容的确定将随着语文知识体系的建构而成为一项长期且艰巨的任务。

有课程专家说课程内容不等于教学内容、教材内容不等于教学内容,我觉得说得很有道理。不过,他们认为教学内容的确定主要根据文本体式和基本学情,我觉得是将复杂的问题简单化了,显得有点偏颇。可能需要从以下几大方面综合考量,在各方面的交集中确定语文教学内容。

就某一课的教学内容确定来说,应该从以下五个方面去考虑:一是分析课程专家确定的内容。主要依据课程标准以及一些课程指南的规定,如《义务教育语文课程标准(2022年版)》和《普通高中语文课程标准(2017年版2020年修订)》等规定的相应学段的课程(教学)内容,《上海市中学语文学科教学基本要求》等规定的具体单元和篇目的教学要点。二是确认语文教科书编者预设的选文功能。就是要弄清楚编者的意图,通过教参和教科书中的助读、练习系统判断编者是将某篇课文作为识字、写字、阅读、写作、口语教育中的哪一种材料,或者如前面说的是将其作为全息、例子、凭借、引子中的哪一种,然后根据已经开发的语文知识系统,教学相应的知识、技能。三是区分选文的文本样式。例如,如果是作为阅读材料的小说,那么从小说这一文体出发,除了依据上面两点来确定教学内容,还要注意小说作为文学作品(与实用文章相区别)在阅读教学中应该教的内容,小说这种文体样式(与诗歌、散文、剧本等文体样式相区别)应该教的内容,小说中的某一类(如情节小说与心灵小说、诗化小说相区别,中国古典小说与现代西方小说相区别,短篇小说与长篇小说节选相区别,甚至不同国别、作者、流派的小说之间的区别,等等)应该教的内容,这一篇小说(这一篇小说最为独特的地方)应该教的内容。四是确定学生的差异。学生的差异分为不同学段之间的群体差异和同一学段之中的个体差异。不同的学段和个体的学生在知识、能力基础及生理、心理特点上存在具体差异,基于学情的教学必须考虑这些差异,然后确定教什么并明确相同内容的不同学习要求,如针对同一内容可有识记、理解、评价等不同能力层级的要求。五是还要考虑其他因素,如性质是必修还是选修,课型是课内精读还是略读还是其他,当然还要考虑教师个人的教育(教学)理念。

  对照有些语文课程论专家的观点(某一课教学内容的确定要根据某一类的文本样式,或者基于学情来确定教学内容,或者寻找"这一篇"文本的特点),从以上所提及的五点来看,这些专家的说法虽能给人启发,但是把语文教学内容确定这个复杂的问题过于简单化了,相应地,其说法显得片面、绝对。如果要确定某一课的教学内容,就需要综合考虑以上五个方面,寻求五者之间的交集,最终确定。更何况还有些教学内容是根本就无法确定的。

  2. 难以确定的教学内容及对其基本态度

  当然,有些教学内容是难以确定的。从知识的分类来看,显性的知识相对易于确定,隐性的知识是难以确定的。例如写作教学中可以教"规矩"但是难以教"使人巧",阅读教学中可以教"言传"的内容但是难以教"意会"的部分。这些隐性的知识对语文能力的提高起着十分重要的作用,但因为其带有私人性、情境性、体验性和模糊性而难以通过语言、文字来传递,所以根本无法通过师生口头的授受而让学生获得,只能引导学生多进行听说读写,在练习中积累大量的隐性知识,并提示学生通过适当的反思使得隐性知识局部显性化。

从教学过程来看,预设的内容是可以确定的,但是课堂生成的内容是难以确定的,而教学的过程往往就应该做到预设与生成的统一。预设是为了达成教学目标,生成是为了发挥学生的主体作用,即一方面为了确保教学任务的完成和编者在教参、教材中所预设的教材功能的落实,另一方面为了激发学生的主体性,在教学过程中可根据学生的要求和具体的教学情境而生发一些内容。

从教学方式来看,如果使用的是文选型教材,又加上教材的性质不明、功能不清(不知道是属于识字、写字、阅读、写作、口语教材中的哪一种,也不知道做什么用),那么在教教材时其教学内容是大致可以确定的,因为如果力争讲全讲透,那么即使是不同的教师教一篇课文,其绝大部分的教学内容应该会相同;如果是用教材教,那么到底该用教材教什么就难以确定了,因为此时的教材既可做例子,又可做凭借,又可做引子,每个教师在使用这篇课文时会因为有不同的教学目的及对教材功能的不同认识(甚至受教师个性、爱好的不同的影响)而选择互不相同的教学内容。总之,语文教学要兼顾语文知识类型的显与隐、教学过程的预设与生成、教材使用时的教教材与用教材教,所以不能也无法一味地否定难以确定的教学内容在语文教与学中所起的重要作用。

七、教学形式:可有可无,还是千挑万选

教学内容指"教什么",包括课文的内容与形式以及借助课文学习所获得的语文知识与技能等。教学形式指"怎么教",包括教学过程、手段(媒介)和方法等。我在《语文有效阅读教学:精要的内容与适宜的形式》一书中分析过二者的地位及关系,概述过近年来有关其研究的现状,并重新思考教学内容与形式生成的内在机制,最后提出阅读教学要确定精要的教学内容并选择与之相适宜的教学形式的命题。这里在梳理已有论述的基础上,再主要结合以研究教学过程、方法("教学过程最优化""设计教学法")著称的苏联教育学家巴班斯基,研究"教学与发展"的苏联教育学家赞科夫,以及美国教育学家克伯屈的相关论述,先对学术界对语文教学内容与教学形式的认识的不当作进一步的分析,然后提出新的思考路径。

(一)混淆了教学内容与教学形式的地位与作用

在21世纪初发起的语文教学内容重构运动中,有些人认为内容比形式重要,因此

形式也就不重要了。如有学者就指出,关于教学内容与教学方法"何者为主导的问题,答案几乎是不言自明的,当然是以教学内容为主导",就像巴班斯基说的,"是教学目的和内容'选择'方法,而不是其相反"①。语文教学内容重构论者据此进而否定包含教学方法在内的教学形式的重要性。其实,巴班斯基在其所著的《教学过程最优化——一般教学论方面》中是这样阐述的:"在教学过程中可以区分出这样一些基本成分:由社会所决定的教学目的,教学内容,教学条件,教师和学生活动的组织形式,师生活动的方法,教学结果的分析和自我分析。"②可见,他所说的"教学过程"并非仅指一堂课上由不同的教学环节组成的某种结构(狭义的"教学过程"),而是指整个的教学流程(广义的"教学过程"),包含了多种成分,不仅仅要达到现在教学内容重构论者所主张的教学内容确定的恰当,其他成分也都需要努力达到"最优化"。他主编的《中学教学方法的选择》认为,整个教学流程包括确定"教学的目的和任务",选定"教学内容",选择"教学方法",安排"教学组织形式"(课堂教学过程),测评"教学结果",而不仅仅是选定"教学内容"。他还用广义的"教学方法"来指称"教学形式",并认为"教学方法富有内容上的明确目的性","教学目的和内容'选定'方法"③。也就是说,教学内容的确定与教学形式的安排是整个教学流程中的两个重要步骤,当教学内容确定好了之后,适宜的教学形式就变得十分重要。巴班斯基只是指出教学内容与教学形式的关系,即教学内容"选定"了教学形式,即便真的是他认为教学内容比教学形式更重要,也不等于说他认为教学形式不重要,更何况巴班斯基可能是20世纪研究教学形式最著名的教育学家,他提出的"最优化"理论的重中之重就是研究教学形式的最优化,《教学过程最优化——一般教学论方面》《中学教学方法的选择》是他的代表性论著。巴班斯基在这两本书中很少讨论教学内容,在其主编的苏联师范院校公共必修课教科书《教育学》中,只是由索罗金用很小的篇幅概论了"学校的教养内容"④,他们之所以没有重点讨论教学内容而是重点讨论教学形式,是因为当时的苏联各科的教学内

---

① 王荣生著《听王荣生教授评课》,上海:华东师范大学出版社,2007年版第10页。
② 尤·克·巴班斯基著,张定璋译《教学过程最优化——一般教学论方面》,北京:人民教育出版社,2007年版第8页。
③ Ю.К.巴班斯基主编,张定璋、高文译《中学教学方法的选择》,北京:教育科学出版社,2001年版第1、3页。
④ Ю.К.巴班斯基主编,李子卓、杜殿坤、吴文侃、吴式颖、赵玮译《教育学》,北京:人民教育出版社,1986年版第119—136页。

容已经被教学大纲规定好了。当教材编写完毕、教学内容已经确定,教学形式就变得很重要了。对于同样的教学内容,安排不同的教学过程,运用不同的教学方法,所取得的教学效果肯定是不同的,甚至有天壤之别。正如赞科夫所说:"完成同一类任务可以使用彼此完全不同的教学方法。可是在这里提出了一个极为重要的问题:使用完全不同的方法所得到的效果如何?"①也就是说,虽然现实中相同的教学内容确实可以有不同的教学形式,但无论是从理论推演(某一内容肯定有某一最适宜的形式与之相匹配),还是从实践结果(最佳效果)来看,都只有一种最好的教学形式。例如教学《烛之武退秦师》,介绍与事件相关的秦晋围郑的危急形势,三位老师分别在三种时机采用了三种方法:第一位老师是在解释课题时通过用电子显示屏呈现历史地图和在黑板上手绘秦晋围郑的过程图的方式完成的;第二位老师是在讲解"夜缒而出"这个关键句时结合其原因来讲解秦晋围郑的背景的;第三位老师是在课堂导入之后通过呈现史料和口头讲述的方式来介绍"晋公子重耳之亡"以及"晋楚城濮之战"等相关史实的。很显然,在时机上第二位老师安排得最好,因为时代背景之类的介绍应该在学生对课文的理解比较浅表或出现错误时呈现最为恰当。当读到"夜缒而出"四字,老师提示学生:为什么一个作为外交使节的六七十岁的老人不能在光天化日之下从自己国家的城门堂而皇之地走出去,而是要趁着夜色用绳子从数丈高的城墙上吊下去?如果此时结合背景介绍相关情况,学生就能真切地体会到形势的危急。同时,将第一位和第三位老师的教学方法结合起来,即用图文并茂的形式呈现,效果会更好,因为学生既能了解整个故事发生发展的过程,又能了解一些起着关键作用的历史细节。可见,教学形式并非无足轻重。对于一线语文教师和语文教育研究者来说,就如美国教育学家克伯屈所说:"正如需要研究课程以便弄清教什么一样,我们也需要研究方法以便确定怎样教。"②

(二) 割裂了教学内容与教学形式之间的关系

认为一种内容可以采用任何形式,或者相反,认为一种形式可以匹配任何内容。要么认为同样的内容,所采用的形式可以多种多样、千变万化,即所谓"教无定法"。如有人称:"比如同是讲读一篇课文,教学结构便可多样化;既可用顺向式,即按照注音

---

① Л.B.赞科夫著,俞翔辉、杜殿坤译《教学论与生活》,北京:教育科学出版社,2019年版第80页。
② 威廉·赫德·克伯屈著,王建新译《教学方法原理(第二版)》,北京:人民教育出版社,2016年版第10页。

释词→划段分层→讲析全文→归纳总结的顺序,从头至尾,逐步展开;又可用逆向式,即先讲全文大意,再细读全文,逐段讲析,同时落实字词;也可用跳跃式,即在教学中,根据需要抓住几个关键处,采用'跳跃前进'的形式,组织学生抓住重点,理解课文;还可用中心开花式,即从课文中间拎起一个关键问题,以此展开,前瞻后顾,提纲挈领,统摄全文。这里讲的是一篇课文的讲析教学结构,至于推而广之,整堂课的结构,就更可以变幻无穷了。可以采用导读教学三段式:教师诱导,学生自学——教师辅导,学生研讨——师生小结,练习反馈;也可以采用'提示——认读——质疑——讨论——精读——练习——参读'这种自学指导的教学程序;还可以采用'四步十环节'课堂教学结构,即:定向(含诱发兴趣、明确目标、教给学法三个环节)——感知(学生自学、提出疑问)——深化(教师启发、师生讨论、小结归纳)——迁移(学生练习、参读文章),等等。"①即同一篇课文可以从不同的地方切入,可以安排不同的教学过程、采用不同的教学方法。

  他们认为某种形式如同"万金油",什么病都能治,是"万能钥匙",什么门都能打得开,所以适合所有的教学内容。20世纪最初的20年在我国非常流行的预备、提示、联结、总括、应用的五步教学法,不仅在国文中运用,在数学、历史等各种学科中都用这五个步骤组织课堂教学;在国文教学中,不仅阅读这样教,识字、写字、写作、口语也这样教。20世纪后期最后的20年在我国掀起的此起彼伏的教学改革,创立了许多"法""式",其创立者同样没有考虑到学科的不同特点以及学科内部不同课业的不同特点,例如上海育才中学创立的"读读、议议、练练、讲讲"八字教学法,魏书生创立的"定向、自学、讨论、答疑、自测、自结"课堂教学六步法,不仅语文教学可以这样,数学教学也可以这样,不仅阅读教学可以这样,识字、写字、写作、口语教学也可以这样,不仅诗歌阅读教学可以这样,散文、小说、戏剧以及实用文章的教学也可以这样。

  教学形式既有共通的,也有特殊的。共通的,如规则要多用讲解法、问题要多用讨论法、技能要多用实验法,又如一项技能的掌握一般要经历观察、理解(讲解、思考)、实践等三个基本过程之类。特殊的是指教学形式的选择与确定,既要考虑到教学目的、教学对象(教材和学生)、教师自身的特殊性,也要考虑到教学任务的特殊性。在巴班斯基主编的《教育学》所确立的教学原则中就有"依据任务和内容,配合运用各种

---

① 周庆元著《语文教育研究概论》,长沙:湖南人民出版社,2005年版第72—73页。

教学方法和手段"及"依据教学任务、内容和方法,配合运用各种教学组织形式"两项原则(这里的"教学形式"指课堂教学或课外实习,上课或考试,集体教学、小组或个别教学,等等)。针对前者,他说:"如果教学方法和手段的选择能符合所提出的任务,考虑内容的特点和学生的可能性,那么,教学的效率一定能够达到相应条件下所能达到的最高水平。如果方法和手段的选择,在任何条件下都一模一样,全然不顾所要解决的任务和特点、内容特色和学生的可能性,那么,教学效率肯定低于预期的水平。"同样一种教学方法,同样一种教学手段,教学第一种内容可能成效显著,教学第二种内容可能效果一般,教学第三种内容就有可能收效甚微。针对后者,他说:"教学论揭示了教学形式同教学效率之间的联系。教学效率同教学形式的选择很有关系,而选择则要考虑教学的任务、内容和方法。""课的结构取决于所提出的教学目的、所学材料的内容、课上采用的教学方法和方式、学生的训练水平和发展水平。"课的结构不能也不是千篇一律、一成不变的,"可以因教材内容、条件、学生的程度等因素的不同而变化"。[①] 确实如此,教小学生与教中学生的教学过程和方法就不应相同。教识字、写字、阅读、写作、口语,因为其各有其特点及学习规律,教学过程和方法也应该不同。甚至阅读教学本身,也因为课文的文体和语体不同,而应该采用与之相应的不同的教学过程与方法。如教诗歌的过程与方法就和教议论文的过程与方法不同,因为诗歌和议论文的教学内容不同,如诵读法肯定是不适合议论文教学的,讲解法也不尽适合诗歌教学。

(三) 不同的教学内容吁求适宜的教学形式

那么,如何根据教学内容确定教学形式呢?克伯屈说,内容与形式"二者是密切相关的,每一种要学的内容都有其隶属的适当方法",我们要"寻找和发现方法",要"学习手边要学的东西的最经济的方法"[②]。前文提到,巴班斯基也认为,"教学目的和内容'选定'方法"[③]。他在《教育学》中还强调,"教学目的决定教学内容。教学目的和

[①] Ю.К.巴班斯基主编,李子卓、杜殿坤、吴文侃、吴式颖、赵玮译《教育学》,北京:人民教育出版社,1986年版第201、202、250页。
[②] 威廉·赫德·克伯屈著,王建新译《教学方法原理(第二版)》,北京:人民教育出版社,2016年版第6页。
[③] Ю.К.巴班斯基主编,张定璋、高文译《中学教学方法的选择》,北京:教育科学出版社,2001年版第1、3页。

内容要求有一定的激发与组织教学的方法、手段和形式。在教学过程中,必须对过程进行经常的检查和调整,使它接近最优的方案"①。即根据教学内容选择确定最适宜("最优")的教学形式。不仅在教学过程中要检查和调整,以使得教学形式与教学内容相匹配,在开始教学设计时就要寻找("选定")呈现教学内容的最适宜的教学形式。赞科夫说:"对实际上是多种多样的教学任务不加区别,而且忽略教学的任务与方法之间的联系,都妨碍着深入地研究教学过程的理论,也给教学实践带来重大损失。例如,做衣服不分清要做什么,是裤子呢还是上衣,在做裤子及上衣时如果用了同样的方法,这就会既做不成裤子,也做不成上衣,缝制出来的将是某种不知是什么的东西。在教学中也有某种类似的现象,例如对教学任务不加区别,不了解教学的任务与方法之间的联系,其结果是得不到良好的效果。"②这里的"教学任务"相当于教学内容,"教学方法"相当于教学形式。也就是首先要确定好教学内容,然后根据特定的教学内容选用相适宜的特殊的教学形式,否则就难以取得良好的教学效果。

不过,赞科夫只提到要"了解教学的任务与方法之间的联系",克伯屈只提到要根据内容"寻找和发现方法",巴班斯基只提到教学内容"选定"教学形式,他们并没有深入讨论教学形式对教学内容的呈现所起的作用,也没有讨论一堂教学内容与形式均佳的课是如何生成的。那么,一堂课的教学内容与教学形式到底是什么关系?一堂好课到底是怎样生成的呢?我们不妨将一堂课比作一篇文学作品,如果说一堂好课就像一篇好的文学作品,那么这一篇好的文学作品是怎么生成的呢?童庆炳在其主编的《现代心理美学》中提出的文艺作品的内容与形式的矛盾辩证关系及其揭示的二者生成机制,可为我们思考教学内容与形式之间的关系及其生成提供参考。他说:"题材(作为潜在的内容)吁求形式,形式征服题材,并赋予题材以艺术生命,从而在形式与题材的辩证矛盾中,生成内容与形式和谐统一的艺术作品。"③作家在创作之前会积累大量的素材,在进行创作之初会选择一些作为作品的题材,但是题材还不等于内容,题材只有通过特定的形式呈现出来才成为作品的内容。题材吁求作家选择适宜的文本形式与之相匹配,形式不是消极地适应题材,作家(形式)会根据题材的特点并根据读者的

---

① Ю.К.巴班斯基主编,李子卓、杜殿坤、吴文侃、吴式颖、赵玮译《教育学》,北京:人民教育出版社,1986年版第159页。
② Ji.B.赞科夫著,俞翔辉、杜殿坤译《教学论与生活》,北京:教育科学出版社,2019年版第69页。
③ 童庆炳主编《现代心理美学》,北京:中国社会科学出版社,1993年版第508页。

心理以及形式本身的规定性对题材进行艺术加工("积极的改造、独特的解释、艺术的安排"),"在内容与形式互相征服的运动中,达到内容与形式的和谐统一"①,最终形成一个内容与形式完美统一的作品。同样的道理,教师在进行教学设计时,课程标准规定的学段目标、课程专家撰写的教学指南、教科书编者对教材功能的预设、诸多学者对教学内容的解读及其他教学参考资料等就相当于素材,教师作为一个设计者会根据课文的特点、学生的情况以及自身的理念来确定这堂课大致要教什么,此时的"教什么",就相当于题材,这些特定"题材"本身的特点决定其会吁求设计者寻找、选择一种与之相匹配的理想的教学形式。设计者会根据这特定的"题材"反复尝试采用不同的教学形式去加工"题材",在加工的过程中设计者又会根据"题材"的特点去修改教学形式,最终一种与"题材"最适宜的教学形式形成了,一篇内容与形式完美结合的教案就是这样生成的。在加工的过程中,设计者之所以根据题材的特点去修改形式,是因为题材本身的内在逻辑以及题材内各要素之间的有机联系往往就呈现着一种"自然秩序",这种秩序外显化就是一种"形式",只不过这是一种未经加工的自然形式。从受众角度来说,这未必是艺术作品,只有经过艺术形式加工后才能成为艺术品。当然,即便是艺术加工,一种是根据题材本身及创作技法(有时候某种自然形式就接近于艺术形式)来加工,一种是完全抛开题材而一味采用某种创作技法来加工(心营意造),类似于"根雕"与"木雕"的创作,一个是改造,一个是"人造",一个似乎是自然天成的,一个明显是人工做成的。当然,教学设计就像艺术创作一样,应该追求自然而然的境界。总之,教学形式绝不是脱离教学内容的,而是受教学素材的"吁求"进而生成教学内容的重要工具。

　　换句话说,在题材与内容之间有一个中介,这就是形式。题材与形式之间的关系,是吁求与加工的关系。特定的题材吁求创作者采用某种适宜的形式去加工它,这种适宜的形式可以将题材加工成一件特殊的产品。形式在某种意义上就成了一种加工的工具,同时也是内容最终呈现的基本的外在形态,所以形式与内容的关系是工具与结果的关系。"吁求"不是"强求","征服"不是"消灭",也就是说,在进行教学设计和实施过程中,要求执教者在选取表达形式(教学过程与方法)时,首先要弄清题材的基本要素,然后寻找要素之间的组织关系,在加工的过程中只是根据要素本身的有机联系

---

① 童庆炳主编《现代心理美学》,北京:中国社会科学出版社,1993年版第476、481页。

以及学习者的心理特点对要素及其联系稍微改造,而不是全盘破坏,只有这样才能让这些要素驯服于形式。

虽然在现实中相同的"教什么",往往会因为学生的特点、教师的理念和专长乃至教学情境而出现多种教学形式,但是从理论上说只有一种是最适宜的。教学设计就是首先要根据最初设想的"教什么"(当然还包括学生特点及教师专长等)从众多的教学过程与方法中千挑万选出某种较适宜的,然后根据"教什么"对这种较适宜的教学过程与方法进行修改、调整,即先千挑万选,再如琢如磨,最后形成(或找到)一个最适宜的教学过程与方法。

显然,识字、写字、阅读、写作、口语的教学内容是不一样的。如果教学内容不一样,那么就应该根据各自的教学内容寻找最适宜的不同的教学形式。例如,识字教学内容与阅读教学内容不同,那么识字教学的过程与方法和阅读教学的过程与方法肯定不同。因此,我们就应开发出语文科内不同课业的教学过程与方法。教学形式的重构将和语文知识、语文教学内容重构一样,是一项极其艰巨的任务。

巴班斯基一再强调,"没有也不可能有同样有效地解决一切教学任务的万能的教学结构。每一种教学结构都能较顺利地解决一定范围的任务,很少能解决其他任务"①,"没有也不可能有万能的教学形式和方法,教师必须就每一场合找出能够最优地运用的教学形式和方法"②,"不可能存在一种适用于一切情况的教学形式或教学方法,不容许提出教学法建议而不指出它们的运用条件和使用限度"③。所以,在具体教学时,甚至可以具体到根据某篇选文、某堂课、某个班而选择最适宜的教学过程与方法,如巴班斯基曾称课堂教学"必须综合地选择出最合理的课堂教学任务,使教科书中讲述的教材内容具体化,确定教的活动和学生本身的学习活动的最恰当的形式和方法,也就是说,必须选择出学习某个课题的一堂课或一组课的最优计划方案"④。

---

① 尤·克·巴班斯基著,张定璋译《教学过程最优化——一般教学论方面》,北京:人民教育出版社,2007年版第68页。
② 尤·克·巴班斯基著,张定璋译《教学过程最优化——一般教学论方面》,北京:人民教育出版社,2007年版第15页。
③ IO.K.巴班斯基主编,李子卓、杜殿坤、吴文侃、吴式颖、赵玮译《教育学》,北京:人民教育出版社,1986年版275页。
④ 尤·克·巴班斯基著,张定璋译《教学过程最优化——一般教学论方面》,北京:人民教育出版社,2007年版第111页。

— 第三章

分：
未来的方向

—— 分久必合，合久必分。

——罗贯中《三国演义》

经过长时间的历史研究和现实关注后,我发现语文教育的根本问题,不在理念,不在内容,不在教法,而首先在课程设置上,或者说在于没有正确处理好语文课程的分合问题。这是一个牵一发而动全身的问题,因为它引发了围绕语文课程名称、性质、教材、知识、内容、方法等让人在认知上易生困惑、在实践时一直茫然的问题,多种争论不休的观点、似是而非的提法也都与此相关。或者说,课程设置的不当是这些问题的根源。课程设置不当表现为一味地强调识字、写字、阅读、写作、口语教育的合而忽视其分。通过我们在上一章中的分析可以发现,如果适当地去分,那么上述难题多数就会迎刃而解。

由此看来,语文课程的设置可能从清末就走错了路,或者说当初《钦定学堂章程》用分的思路来设计课程是正确的,但是这条路从《奏定学堂章程》开始没有持续走下去。我现在就是要在历史发展的实线旁边描画出另一条虚线,我想续接这条线,并使它变成实线。所以,上一章先从学理层面对其进行论证,这一章则制作图纸对其进行设计。或者直接地说,就是要重构或者再造语文课程。钱玄同在谈文字改革时曾说:屋是百年老屋,人是孝子贤孙,与其补苴罅漏,不如推倒重建。过去围绕语文教育所进行的不休的争论,许多只是针对这座老屋进行局部的修补;那种将其他学科的理论移植到语文学科的研究,就好比在外墙上反复涂刷各种材料,只是在不停地变换着光鲜的外表;那种不停地提出诸种"XX 语文"的行为,好似城头变幻大王旗,又好比是不停地摘下又换上门楣上的匾额。语文教育这座大厦存在的根本问题,并不在顶瓦外墙,更不在门牌,而在四梁八柱。如果不改变屋的基本结构,那么过不了多久,那些涂在其表面的颜料就会褪色,或者因浸润进墙体浅层而留下陈渍。光靠换几片瓦、粉几次墙,是无济于事的。过去开了药方并没能医治沉疴,可能是药不对症;过去设计了许多路径,并未突出重围,可能是此路不通;过去建的房子没有把几根柱子的末端系在一起,导致房子无法承重,岌岌可危。那么现在就是要重新开药,重新开门、立柱。分设五种课程就像竖五根立柱,到一定阶段合,就像用横梁把立柱连接在一起,而其他如名称、性质之类就像瓦片和椽子。分,是拯救语文教育大厦免于坍圮的最好办法。

那么,到底如何去分呢? 在《清末民国儿童文学教育发展史论》的余论"语文学科重建与儿童文学教育的走向"和《语文课程论》中,我把课程分合与语文知识重构、教材重编等并列呈现,没有明确指出(其实当时也还没有完全意识到)前者是后两者的"前提";在分析后两者时,虽然有"如果能做到语文课程分科,那么……"之类的表述,但是并没有深入地进行阐述。在上一章中,在提出问题、分析问题时,其实已经初步探讨了解决问题的办法。这里,再全面、集中、具体地进行探究。下面将从四个方面去讨论。

一、语文课程分合与语文课程重设

(一) 基本原则

语文科发展一百多年来,人们多强调阅读教学与识字、写字、口语、写作教学的"合",却因为以上所提及的多种原因没有让它们之间适当地"分",导致至今没有独立的阅读教学,也没有独立的识字、写字、口语、写作教学,结果相互掣肘,效率低下。确实,这其中的任何一项活动的进行都会涉及其他活动,"教师拿了一张图,讲图上的故事给儿童听。请儿童复述是说话。把说话记出是作文。把记出来的文字认识是读书。把记出来的文字写到图上去是写字。教师拿了一张图,请儿童看了图造故事是作文、说话。说话记下来,认识,写上图去,顺序虽然微有差异,儿童学习只是一件事"①。确实,识字、写字、听说(口语)、作文(写作)教学往往都会借助书面材料的阅读来完成,就像有人说的,"读法本是国语教育四个分科之一。然别的三个分科——就是作文、习字、谈话——上面的事情,亦有若干是当然含在读法教授当中的"②。如识字教学可以借助阅读教学完成,因为阅读所用的文章就是由单个的汉字组织而成的,但是儿童只有识得一定量的字之后,才能比较顺利地进行阅读,如果不先集中识字而完全采用分散识字的教学方式,那么阅读教学必然要完成识字教学的任务,这样不见得就利于识字,也不见得利于阅读,因为阅读重了解文义,识字注重形、音的识别。阅读时太重形音,则影响阅读的速度,更不易从整体上把握全篇的意义。写作教学也可以借

---

① 俞子夷编著《小学教材及教学法(下册)》(简易师范学校及简易乡村师范学校适用),南京:正中书局,1936年版第6页。
② 慈心《读法教授的各问题》,《教育杂志》,1921年第十三卷第二号第1页。

助阅读教学,因为阅读不仅为写作提供材料,而且可以为写作提供文章的范式,但是写作应有自己的教学内容,如拟制题名、确立主题、取舍素材、多向构思、铺设线索、照应过渡、开头结尾、语言表达等方面的技能,光凭积累材料或对文章的结构作静态的分析是难以提高学生的写作水平的。口语教学也可以借助阅读教学,因为阅读教学中也有师生之间的问答、讨论等,这些都是口语。但是口语也应有自己的教学内容,口语教学并非只是要求说话时发音正确、没有语病等,还要求注意对象、场合等,另外会话、演说、辩论等也有一些特殊的要求,仅凭阅读中师生之间的问答、讨论是难以提高学生说话水平的。虽然它们相互关联,甚至相辅相成,但毕竟有各自不同的教学的内容和规律,如果混合教学,显然弊大于利,如1932年钱选青、宋学文在《新课程的国语科标准之实施》一文中所阐发的观点颇值得重视,他们说①:

> 国语科包括说话、读书、作文、写字四项作业。这四项作业各有各的特殊目标,不容相混。例如写字的目标在练习书写以达于正确、清晰与迅速的程度。说话的目标,在运用标准语,以为表情达意的工具。前者在练习书写的技术,后者在训练说话的能力。彼此竟风马牛不相关。至于读书的目标,在学习平易的语体文,以增长经验与欣赏儿童文学。和写字、说话的目标,也是大不相同。作文的目标在运用语体文以传情达意,和说话读书的目标比较接近些。但是严格一些说,也是绝不相同的。这四种目标绝不相同的作业,若可并成一科,那末自然、社会各科与国语科也可不必分开了。尽可把他们并成一个包罗万象的大科目。好在设计教学时,科目的界限,本来可以打破的,可知不分科目也无问题。若必把这些分别成科,那末国语科中的写字、作文、说话、读书等为什么不可分科?假使说这四目并成一科之后,可以使教学便利,那末各科本有联络教学的补救办法,四目分科之后,亦未始不可设法联络,以便教学。

> 总之,我觉得国语科的范围太大,太庞杂。例如美国的小学课程,"说话""读书""写字""作文"都独立成科,并不勉强并合,因为勉强并合,便有以下诸弊:

> 1. 各项作业的特殊精神,不易尽量表现(例如占全科中教学时间最少的作业,如写字与说话,往往易被忽视)。

---

① 钱选青、宋学文《新课程的国语科标准之实施》,《中华教育界》,1932年第二十卷第五期第67—68页。引文中的"设计教学"指设计教学法。

2. 各项作业的特殊目标,不易显著。

作者所以批评国语科的范围太大,其目的在于使读者明瞭四项作业(读书,说话,作文,写字)各有特殊目标,和特殊工作……

可见,识字、写字、口语、阅读、写作教学等应适当分开,使阅读教学成为真正的阅读教学,而不是名存而实亡于识字、口语、写作教学之中。否则,其最终结果是没有识字、写字、口语教学,只有异化的阅读教学,严格地说叫异化的写作教学。

吴研因认为这门学科应称为"国语文学",就是希望"国语科,包括语体文的读缀书各法,和语言的练习","缀法书法,有时也可离文学而独立,称做缀文,写字",而"文学"科就是进行单纯的阅读以引起读书趣味,并涵养性情,启发想象力及思想力。[1] 真正的阅读是什么?有人曾说:"讨论到阅读,劈头就有一个先决问题,便是:阅读的目的是为了吸收内容,明白事实呢?还是为了认识文字,学习文章的作法?这个问题,粗看去,似乎要吸收内容,要明白事实,先须认识文字,须明白文章的作法。其实未必如此。但在学习短篇的文字,这或许还可以;至于学习长篇读物而重在枝枝节节,死认文字,死究文法,结果对于内容,定是支离杂碎,茫无所知,还如没有看过的一般。"阅读的最大目的是吸收内容,明白事实,而非死认文字,死记文法。[2]

(二) 整体布局

前文提到,1985 年张志公先生在课程教材研究所召开的语文教学改革座谈会上发表了题为《关于改革语文课、语文教材、语文教学的一些初步设想》的讲话,他根据汉语言的特点以及传统语文课程分合的经验提出了在小学语文课程实施中实行"分进合击"的方案。[3] 不过,在我们看来,这里其实只有两条线:识字教学和写字教学。其中汉语拼音是用来辅助识字的,所以汉语拼音的教学只是附着在识字教学旁的一条虚线。因为汉语拼音只是辅助识字的工具,它不能代替汉字之用,所以一般为小学高年级的儿童在查字典或正音时使用,偶尔会在写作时临时拼写口中有而笔下无的字。

---

[1] 吴研因《小学校和初级中校的课程草案》,《教育杂志》,1922 年第十四卷号外(学制课程研究号)第 7 页。
[2] 俞焕斗《国语文读法的研究》,《教育杂志》,1926 年第十八卷第二号第 6 页。
[3] 张志公著《传统语文教育教材论——暨蒙学书目和书影》,上海:上海教育出版社,1992 年版第 170—171 页。

一开始就让儿童先识拼音这种抽象的符号及其拼写方式,既会让儿童难以掌握继而厌学,又会让儿童对汉字的学习缺乏亲近感。更何况现实中的阅读材料是用汉字而不是用汉语拼音来表达。如果说阅读用汉语拼音表达的材料是为了扩大儿童的知识面,那么还不如提前集中识字。如果儿童在正式阅读开始前就已经识得了几千个常用汉字,那么就可以早一点进入真实的初步阅读(阅读汉语拼音表达的材料是虚假阅读,训练阅读技能的阅读是专门的高级阅读)。所以,汉语拼音不应该放在起始阶段独立教学,而应该在识得一些常用字之后在短时间内集中教学,而且只要求识念,不要求拼写。

另外,张志公并没有讨论阅读、写作和口语交际这三条线的安排方案。那么,这三条线与识字、写字两条线如何"分进合击"呢?而且,张志公的方案只针对小学初、低学段,并没有涉及小学中、高学段以及中学阶段的课程设置。根据传统语文教育的经验可作如下设计:第一学期集中识字,识字材料是用几千个常用单字组织而成如同"三、百、千"那样的韵语歌谣,采用韵语歌谣是让儿童乐于朗读而易于识记;又因为歌谣虽然为了集中呈现文字而尽量由不重复的单字组成,但各句均有完整明确的意义,所以在识字中也有初步阅读。第二学期学习写字,所写的字可从第一学期所识的字中选取,但是所写字的先后顺序并不完全是所识的字的顺序,因为同一个字的识与写的难易程度并不相等。集中教学汉语拼音。阅读的材料以散体为主,因为生活中的绝大部分材料是散体而非韵文。第三学期,除了继续进行识字、写字教学,阅读教学与以前应稍有不同,即提示简单的阅读技法。同时,因为儿童已有较大的阅读量,且会写一定的字,所以可让儿童尝试进行初步写作(写话)。第四学期,主要是在前三个学期的基础上进一步训练阅读和写作。其中口语交际教学因为以训练口语表达技能为主,而其在入学前已经有相当的口语基础,且尚不用将口语交际与写作(演讲稿、答辩词等)相结合,所以小学阶段的口语交际教学在一年级时就可以进行,并贯穿于整个小学阶段。甚至为了降低儿童的焦虑并提高其学习兴趣,可以将其初次教学的时间安排在识字教学之前(小学入学),如讲故事、说笑话之类。等到了小学高年级乃至初中、高中阶段,为了训练学生高级的阅读、写作和口语交际技能,就应该开设专门的阅读、写作和口语交际课程。

二、语文课程分合与语文知识重构

判断一门学科是否成熟,标志之一就是看其是否具有独立的、成体系的知识。语文要成为一个独立的学科,必须建构其独特的完整的知识、技能(属于广义的知识)体系。赞科夫认为,"体系是一个整体,它是有规律地安排和相互联系地起作用的各个局部的统一体"。它的表征是"完整性"以及"它的各个部分和它们之间的各种联系都具有相互的依存性"①。建设语文学科,首先,不是要不要知识,而是要什么知识。其次,不是要不要体系,而是这些知识是否能成为体系,或者如何将其组织成一个体系。过去所建构的系列语文知识遭到否定,除了可能于其自身不当,也可能是这些知识被组织在一起后只带有"体系"的"完整性"标志,却不具备各部分的"相互依存性"的特征,因为这些知识之间以及这些知识的学习顺序都很难说"具有相互的依存性"。最后,可能不能严格按照知识体系教学,但是不能因此就否定知识体系建构的必要性。只有建构出完整的知识体系,才能考虑教什么知识、在什么时候教哪些知识、如何教这些知识,否则教什么、怎么教就无从谈起。

然而,语文课程知识到底是哪些、这些知识之间的层级关系怎样,目前都还不清楚。这就导致这门学科被视为"前学科""准学科"。语文知识不明、层级不清,又是因为听说读写混沌不分、集成教学导致人们长期不去思考和建构独立、系统的听说读写知识,而是凭借一本文选型教科书去随机教授一些零碎的知识。也因为没有知识可教,所以干脆以推敲词句式的文本细读或以活动为主要教学形式的解决"任务群"中的任务来掩饰无知识可教的窘境。因此,称其为"前学科""准学科""亚学科"也并不过分。和古代语文教育相比,现代语文教育除了教的"知识"有所不同,知识的随机教授与零星获得则是完全相同的。这是现代语文学科与古代语文学科并没有实质区别的一个重要表征。

(一) 语文课程知识的基本类型

语文课程知识是根据语文课程目的而选择的与言语活动相关的事实、概念、原理、规则、技能、策略、态度等的总称。在一般情况下可以这样笼统地对其进行界定,但是涉及建构语文课程知识时就应对其内涵作进一步的界定,因为在建构语文课程知识时需要对知识进行分类。

如果说语文是"学科",那么它必须有相应的学科知识作为支撑,否则它就不能称为"学科"。"学科"在《现代汉语词典》中的解释是:"① 按照学问的性质而划分的门

---

① Jl.B.赞科夫著,俞翔辉、杜殿坤译《教学论与生活》,北京:教育科学出版社,2019年版第57页。

类,如自然科学中的物理学、化学。② 学校教学的科目,如语文、数学。"①可见,"学科"有学问门类和教学科目两重含义。而"教学科目"在《教育大辞典》中的解释是:"从科学、文学、艺术及其他典型活动领域中,选取适合一定年龄阶段的受教育者学习的知识、技能和技巧,按照教学原则,分门别类组成的体系。"②如果我们把这里的"知识"视为"是什么"的知识,把"技能""技巧"视为"怎么办"的知识,那么,"语文"科作为中小学的一个教学科目,其课程知识就是指依据一定的教学理论组织起来的某种"是什么"的知识和"怎么办"的知识。如果说"语文"设科就意味着和其他学科划界,而"边界就标志着所有者的领土,外人不得擅入,以便跟其他学科划清界限"③,那么"语文"科的边界在哪里呢? 靠什么知识去划界呢?

语言文字本身是一种符号,它指称特定的内容。首先是内容性知识,即对语言文字的理解与运用必须建立在对所理解与表达的人、事、物、景、情、理之类的熟悉的基础上。这类内容性知识是语文学习材料包含的基本内容,听、说、读、写等语文行为发生的对象,对听、说、读、写等语文能力的提高起到重要的作用,所以内容性知识也属于语文知识的范畴。至少可以说是广义的语文知识。其次是语言文字符号本身的知识,就是"符号"形式所涉及的文字、文学、文章知识。类似于以前所提的"字、词、句、篇、语、修、逻、文"等涉及理解材料形式方面的知识,这类知识是语言文字理解和运用的中介(工具、手段)。最后是识字、写字、阅读、写作、口语方法或者叫技能类知识。

如果我们根据语文学习的对象、工具以及行为来分析语文课程知识的要素,那么可将这些要素分为静态的言语内容和言语形式以及动态的言语活动的形式和内容(言语技能)。或者说,语文知识可分为言语内容知识、静态的言语形式知识和动态的言语形式知识。

(二) 语文课程知识的建构路径

未来语文课程知识也应该从语文知识的不同类型的言语内容、静态的言语形式和

---

① 中国社会科学院语言研究所词典编辑室编《现代汉语词典(第5版)》,北京:商务印书馆,2005年版第1547页。
② 教育大辞典编纂委员会编《教育大辞典(第1卷)》,上海:上海教育出版社,1990年版第258页。
③ 华勒斯坦等著,刘健芝等编译《学科·知识·权力》,北京:生活·读书·新知三联书店,1999年版第22页。

动态的言语活动形式这三个维度去建构。

1. 结合其他各科等建构言语内容知识

无论是讨论语文课程性质的确定,还是讨论语文课程知识、语文教学内容的重构,很多人只强调学科之间的差异性,而不是既关注他们之间的差异性,又关注他们之间的同一性,或者说先关注其同一性,再关注其同一性之中的差异性。如果说语文＝a+b,历史、政治等＝b+c,那么虽然可以从 a≠c 这个层面将语文和历史、政治等学科区分开来,但同样也可以从 a+b≠b+c 这个层面将语文和历史、政治等学科区分开来。更何况,虽然可以从 a≠c 这个层面将语文和历史、政治等学科区分开来,但 a 不等于语文,a+b 才是语文,c 也不是历史、政治等学科,b+c 才是历史、政治等学科。这就好比你是从鼻子这个部位区分两个长相相似的人的,但是鼻子肯定不等于这个人。这里的 b 就是言语内容知识,a 则是静态的言语形式知识和动态的言语技能知识。

言语内容知识是"真正"的语文基础知识(过去认为,静态的言语形式知识是语文基础知识,动态的言语形式知识是语文基本技能)。心理学、教育学研究已经证明,这类知识的丰富程度将决定着听、说、读、写等语文能力的高低。如鲁迅在《文艺的大众化》中说:"文艺本应该并非只有少数优秀者才能够鉴赏,而是只有少数的先天的低能者所不能鉴赏的东西。……但读者也应该有相当的程度。首先是识字,其次是有普通的大体的知识,而思想和情感,也须大抵达到相当的水平线。否则,和文艺即不能发生关系。"[①]不"识字",没"普通的大体的知识",不具备这些能力要素,"和文艺即不能发生关系",就无法体现鉴赏能力。语言文字所指涉的内容知识为具体的人、事、物、景、情、理,等等,大千世界、古今中外,无所不包。这方面的知识了解得越多,对作品的理解越深。一个生活在浙东农村多年熟知当地风情民俗的人,显然比一直生活在大都市的人更能体味《故乡》中的景、人、事、情。写什么的知识(写作内容),包括人、事、物、景(自然、人文)、情、理等方面的知识。它在写作中犹如建房之砖瓦、绘画之纸笔。俗话说"巧妇难为无米之炊",如果学生的生活圈狭小、阅读面不广,那么纵使写作技能、策略知识掌握得再多,也于事无补。经常打篮球的人写有关篮球比赛的文章往往要比没打过篮球的人写得要具体、生动得多。

不过,因为语文学科的课程知识难以与其他学科的课程知识在静态和动态的言语

---

① 鲁迅著《鲁迅全集(第七卷)》,北京:人民文学出版社,2005 年版第 367 页。

内容知识(各科知识)层面来进行区分,或者说,难以从这个层面去与其他学科划界,因为这类知识既是语文学科的课程知识,也是其他学科的课程知识。所以,这类语文课程知识的建构难以靠语文学科独立承担,更主要的是靠其他学科的教学来辅助完成。进一步说,就是不能主要在语文"课内"去建构,换句话说就是主要靠在语文"课外"阅读、学习其他学科和在社会生活中积累这个维度去建构。

简而言之,言语内容知识是语文知识,因为其是言语能力的构成要素,也是言语行为发生的前提(对象);不过,言语内容知识的教学不是语文学科所能独立承担,也不是只在语文课堂上所能完全掌握的,因为其种类太多、范围太广。

如果要将语文学科的课程知识与其他学科的课程知识稍作区分,将其限定在课内,并通过教学获得的话,那么只能依靠属于"是什么"知识中的静态的言语形式知识(字、词、句的语言符号知识,文本样式知识)以及属于"怎么办"知识中的言语技能知识(识字、写字、听说、阅读、写作技能)。这两类知识应该是语文课程知识建构的核心。下面,稍作分析。

2. 结合言语内容而建构静态的言语形式知识

无论是从语文科与其他学科的课程目的的关系,还是从动态的言语活动的形式和内容的关系,以及静态的语言文字(文章)的内容和形式的关系来看,都难以确定语文科的边界。[①] 所以,语文科难以在言语内容层面与中小学的其他学科进行区分。正是因为这一点,所以1923年夏丏尊曾说过,"我近来对于学生学国文,有两种见解:一是劝学生不要只从国文去学国文,二是劝学生不要只将国文当国文学",生活和语文不应分开。[②] 1924年,俞子夷也提出,"现在虽有若干门的科学,可算全是国文:如常识,就是常识的国文;自然,就是自然的国文;社会可算社会的国文;……无往不是国文,无科不是国文"[③]。目前,也有许多人认为"语文的外延是和生活相等的"而提倡要实行"生活语文""大语文"的口号。换句话说,各种知识都能算是语文知识。不仅在"是什么"的言语内容知识的层面无法确立语文科的边界,其实也完全没有必要在这个层面将其与其他学科进行区分,因为无论是静态的还是动态的言语形式都难以与内容分

[①] 张心科著《清末民国儿童文学教育发展史论》,北京:北京师范大学出版社,2011年版第341—354页。
[②] 夏丏尊《教学小品文的一个尝试》,《学生杂志》,1923年第十卷第十一期第2页。
[③] 俞子夷《今后小学教育之趋势》,《教育杂志》,1924年第十六卷第九号第3页。

离,而且言语内容所涉及的知识在言语技能的形成过程中也起到支撑作用,对言语技能水平的高低往往也会起到决定性的作用。不过,虽然言语内容中的各科知识也算语文课程知识,但是语文科自身难以也无法建构这些知识,而必须依靠其他学科去建构,所以教学时不必以这类知识作为主要的教学内容。

既然难以从言语内容层面将语文与中小学其他学科进行区分,那么首先就要从言语形式的层面去区分。言语形式方面的知识主要来源于语言学、文艺学、文章学等学科。具体到语文科,一般来说,是指从大量的语言材料中以外在形式为对象而归纳出来的带有规律性的知识,包括一般的语言学、文艺学、文章学中常呈现的文字、语法、修辞、文体等方面的知识:(1)语言文字知识。包括古今汉语言字、词、句知识(音、形、义等)、语法知识(字词句的组合方式)、修辞知识(修辞格、表达方式),等等。不仅要知道表层意思,还要理解其深层含义、特殊用法和精妙的效果。如鲁迅《记念刘和珍君》开头的纪年方式,《秋夜》开头的反复辞格。叶圣陶说:"鉴赏文艺的人如果对于语言文字的意义和情味不很了了,那就如入宝山空手回,结果将一无所得……所以,文艺鉴赏还得从透切地了解语言文字入手。这件事看来似乎浅近,但是是最基本的。基本没有弄好,任何高妙的话都谈不到。"[①](2)文体知识。包括诗歌、散文、小说、戏剧、传记文学、报告文学和影视文学等以及议论文、说明文等实用文章(包括应用文)的各种文体样式的主要特征方面的知识。只有遵从文体的规定才能正确地鉴赏文学作品。如按诗歌的体式去读《故乡》、按戏剧的体式去读《阿Q正传》,结果是令人难以想象的。(3)文学史知识。包括作家、作品及文学(体式)发展方面的知识。作品是作家创作的产物,所以鉴赏作品还应该熟悉作家生平和创作(背景、风格等)方面的知识。同时,任何文学作品都是文学发展之链中的一环,所以要理解作品的也应熟悉文学发展的历史。文学史知识中的时代背景、作者生平等更接近于上述文本言语内容知识,而体式的演变等则属于言语形式知识,甚至还应包括一些逻辑知识。

不过,目前出现了一种对言语形式的理解过于窄化的倾向,就是离开内容而谈论抽象的形式。前文说过,内容与形式不仅不必完全分开,更难以分开。例如字音与字义之间就存在着关联。在同样的倒装句式中相同位置的不同的词语所表达的句意、情

---

① 叶圣陶《文艺作品的鉴赏》,中央教育科学研究所编《叶圣陶语文教育论集(上)》,北京:教育科学出版社,1980年版第265—266页。

感等也常迥异。同样是比喻荷花,喻体用"刚出浴的美人"与"一颗粉红的蟠桃"所指明显不同。又如文体,现在一般称之为"文本样式"或"文章体式"。不过,目前学界在语文知识研制过程中对文本样式知识的建构也存在两点急需改进之处。首先,多关注某类文本的普遍性而忽视了单个文本的特殊性。以小说类文本样式知识的建构为例,其建构应该有四个层次:第一,小说作为文学文本中的一种其所具备的与其他类别文学文本共同的特点。第二,小说这一种文体的共同特点。第三,小说这一种文体所包含的不同类别的各自特点(如分成情节小说、人物小说、心灵小说等)。第四,某个作家某部(篇)作品的特色,即在符合前三方面规范基础上创新的部分,这一部分显得尤为重要但常被忽视。因为文本是言语,而阅读、学习文本时要关注其作者的言语行为和言语结果,所以在英语中"文体"拼写为"style",译为"文体",或"语体",或"风格"。如果从前三个层次来建构语文课程知识,就只关注到了文本形式的共性;如果仅从第四个层次来建构语文课程知识,就只关注到了文本形式的个性。从前三个层次出发所建构的是确定性的知识,从第四个层次出发所建构的是不确定性的知识。在目前语文知识研制的过程中,海派课程知识建构团队关注前三点,闽派文本细读实践团队关注最后一点,二者都有偏颇,应相互借鉴,行走在依据"样式"与寻找"精妙"之间。章学诚在谈为文之道时说:"学文之事,可授受者规矩方圆;其不可授受者心营意造。"①(《文史通义·文理》)其实创造性的作品都是在遵循普遍法度前提下的匠心独运。所以,阅读既要关注其作为"某一类"文体中一员所体现的"规矩方圆",又要关注其作为作者独创的"这一篇"中所体现的"心营意造"。其次,理解文本形式时多关注其抽象的篇章形式而忽视文体在表达特定情感、表现审美精神时的不同选择。郭英德在《中国古代文体学论稿》中认为②,"文体"应由体制、语体、体式、体性四个层面构成:第一,体制,即文体外在的形状、面貌、架构,犹如人的外表、体形。大致由三部分构成——句子和篇幅的长短;音律的规范与变异;句子和篇章的架构。第二,语体,即文体的语言系统、语言修辞和语言风格,犹如人的谈吐。语体的不同是因为不同的文本语境要求选择和运用不同的语词、语法和语调。第三,体式,即文体的表现方式,犹如人的体态动作。如现代文体学在区分文体的表现方式时,常用抒情体、叙事体、戏剧

---

① 章学诚著,罗炳良译注《文史通义》,北京:中华书局,2012年版第410页。
② 郭英德著《中国古代文体学论稿》,北京:北京大学出版社,2005年版第1—22页。

体、议论体、说明体等概念。第四,体性,即文体的表现对象和审美精神,犹如人的心灵性格。不同的文体适用于不同的审美对象、适合表现不同的审美精神。如有"诗庄词媚曲俗""词别是一家"之说。其研究使我们对文体的认识前进了一大步,让我们意识到,对于文体,不能仅仅从外部做粗疏的概括,而应关注文体在表达特定情感、表现审美精神(内容)时的不同选择。

3. 依托言语内容而建构动态的言语技能知识

目前的语文课程知识建构运动,强化了静态的言语形式知识的建构而忽视了动态的言语技能知识的建构,包括识字、写字、阅读、写作与口语交际的基本技能。实际中的教学也多结合语料讲解言语形式知识。以阅读教学为例,如果说阅读是一个从文本中提取信息并进一步与文本展开交流与对话的过程,那么阅读教学就应该是教师引导学生运用一定的方法从文本中提取信息并进一步与文本展开交流与对话的过程。如果说阅读是从文本中提取信息或与文本、作者交流与对话,那么阅读教学就应该是以文本为凭借运用一定的方法训练学生提取信息或者与文本、作者交流与对话的技能。但是,多数阅读教学只是让学生盲目地读,就像有人所批评的,"然所谓读文者,仅令学童朗诵指定之文,至于生活上必须要之看书的技能,多未顾及。此诚学校之大弱点"[1];或者只是分析静态的文章形式,建构的是与阅读无关而与写作存在一定关系却对写作无大用的文法知识,正如1926年沈百英所说的,"读课文不是目的,只作参考罢了。方法或是先读课文,从课文中提出问题来讨论;或是先研究问题,后将课文作参考。读时好比阅报一般,不必在字句章法之间,细细穷究"[2]。这与课程研制者没有提供合用的阅读技能性知识给广大教师直接相关。如果说阅读的文本按文体可分为诗歌、小说、散文、剧本等文学作品和记叙文、说明文、议论文、应用文等实用文章,那么也应相应地建构出阅读文学作品和实用文章不同的技能。以小说阅读为例,目前的语文课程知识建构者主张根据小说的文本样式建构适宜的教学内容,如将小说分成情节小说、人物小说和心灵小说,相应的教学内容如下:情节小说——把握情节的展开、推进、发展与结局;人物小说——抓住各种要素,悟到人物性格内涵;心灵小说(四层)——"心灵"的心灵活动,"心灵"背后的活动,这些活动对心灵的"意味",承载这

---

[1] 程湘帆著《小学课程概论》,上海:商务印书馆,1923年版第145页。
[2] 沈百英《老方法还可以用吗?》,《小学教育月刊》,1926年第二卷第三期第8页。

一切的"写作活动"本身。① 这种将小说进行分类,并针对不同的类别建构不同的阅读教学内容的做法,虽然摆脱了任何小说都围绕"人物、情节、环境"等课程知识来教学的单调局面,但是教学内容的重点仍是静态的文本形式方面的知识,而非阅读技能方面的知识。如果建构的是在阅读小说时所要采用的由果寻因、抓关键语句、找矛盾之处、补充想象、比较异同等知识,那么就属于小说阅读技能性知识了。就一般的阅读技能性知识的建构来说,可以按文本的构成要素来建构,如如何理解词语、句子、段落、结构层次、中心思想、写作特色,如何理解开头、过渡、结尾、关键句子等。还可以按阅读心理和外化的阅读策略来建构,如20世纪前期常运用的讲解背诵、讨论札记、补充想象、表情吟诵、随机表演等技能,20世纪后期常运用的诵读、品味、想象、联想、积累、感悟、比较、探究、以意逆志、知人论世,等等。如今人徐应佩在《中国古典文学鉴赏学》中所列有的多种鉴赏策略和方法:(1)鉴赏策略。如披文入情、以意逆志、知人论世、顾及全篇、驰骋想象、探幽发微、见仁见智,等等。(2)鉴赏方法。如旁涉式,从其他文学、历史、政治、哲学著作或文论、诗论中取例证明自己的见解。随感式,或就篇,或就句谈自己的感受,言义,或言艺,或言人。释义式,探究文句,发掘深意。比较式,或将同一时代,或将同一流派的作品,或将同题旨,或将同题材,或将同手法的作品进行横比,或从历史发展的角度将这作品与那作品进行比较。评点式,对作品中的人物、题材、情节、结构、语言、风格、情思等于文前总评、文中夹批、文末总评。涵咏式,反复诵读,想象其境、品味其意、嘉赏其艺,等等。②

就写作来说,包括两种知识:(1)怎么写的知识(写作技能),从过程角度可分为题意审定、题目拟制、观点提炼(主题确定)、素材取舍、构思多向、线索铺设、照应过渡、开头结尾、语言表达等方面的技能。从文体角度可分为描写、叙事、说明、议论等实用文体的写作技能和诗歌、散文、小说、戏剧等文学作品的写作技能。(2)怎么写得更好的知识(写作策略),是如何指导自己思维的知识。如写作时监控自己的思维、紧扣题目和中心而做到不跑题,写作时要有读者意识,写作前拟提纲(或构思时写下提示性的词句),写作后修改(如放置一段时间,大声朗读几遍)等。当然,语言技能只有在学习具体的言语内容时才能表现出来,而且言语技能的建构也必须依托言语内容。

---

① 马雅玲《小说的类型和小说教学的内容》,《语文教学通讯·初中刊》,2006年第1期第4—6页。
② 徐应佩著《中国古典文学鉴赏学》,南京:江苏教育出版社,1997年版第100—152、238—256页。

如果我们把言语内容性知识、静态的言语形式知识称为"陈述性知识",把动态的言语技能性知识称为"程序性知识"的话,我们会发现,在目前语文知识建构过程中,言语内容性知识因为不被当成语文知识而被排除在建构范围之外(这被认为是其他学科的知识,上课也尽量避免涉及这些知识,以免被认为把语文课上成政治课、历史课等,所以教师也不敢讲这些知识);动态的言语技能性知识因为难以建构出来、难以形成体系,所以也就被忽视了。因为言语内容性知识被漠视(上课不敢讲)、言语技能性知识被忽视(上课无法讲),所以把主要精力放在了静态的文本形式知识的建构上;而且因为语文课程合设、教材合编,所以也使语文知识的建构只在文本形式上打转转,最终所建构出来的"语文知识"基本上就是文本体式知识,所谓的"语文知识除旧纳新"只是在文章体式知识上有些许区别。上课时也是大讲特讲静态的言语形式知识,以为专讲这类知识的语文课才是"真语文",才有"语文味"。针对内容性知识完全被忽略、言语形式知识较为陈旧、言语技能知识十分缺乏的现实,我们在重构语文知识时应以言语技能性知识的建构为主,而且要投入更多研究力量,如果说已有静态的言语形式知识只需要除旧纳新的话,那么长期被我国语文界所忽视的言语技能性知识则需要重起炉灶来铸造了。

言语内容性知识和静态的言语形式知识在教学材料中已明确呈现或者暗含其中,通过学生自学或教师讲解、归纳即可;动态的言语技能性知识的学习除了由教师结合材料讲解规则或从材料中总结出规则,还要让学生练习,将规则转化成技能。前两类的学习多止于了解或理解,即懂得,最后一类则还要会用。所以,三类知识的形态、来源及学习要求是不同的,其建构的路径与方式也是不同的:第一类知识建构应各科联动,随时随地吸纳,不是仅靠语文学科就能建构的,也不是仅靠课堂教学就可以完成的;而且掌握的数量越多越杂越好,熟悉的程度越深越好。第二类知识主要靠语言、文学学科的专家研制,语文学科专家和语文教师则要根据精要、好懂、有用的原则,对语言、文学学科专家提供的新的言语形式知识进行筛选,对已有的静态的言语形式知识进行甄别,以做到除旧纳新。第三类言语技能性知识,才是真正的语文学科本体知识,也就是说静态的言语形式知识是语言文学学科提供的,而教学知识主要是由教育学(尤其是语文课程与教学论)学科提供的,不过,在我国唯独听、说、读、写技能是没有专门的学科负责的,导致至今没有建构起来科学的识字、写字、阅读、写作、口语技能性知识体系。目前只有几本专著论及此,更多的是散落在一些教师的经验总结文章和教学案例中的只言片语,所以当务之急是建构语文技能性知识体系。我们可以翻译国外的母语课程文件、教材以及论著作为参考,提炼、总结我国中小学语文教师的做法,对这些技能性知识进行实验检测,然后修改、补充、调整、完善,建构出一个科学的体系。最后,吸纳进课程标准,编入教材,运用于教学。①

以上所说的三类知识主要是属于显性层面的知识,其实还存在着某种隐性层面的知识,即缄默知识。1958年,英国著名物理化学家波兰尼在《人的研究》中指出:"人类有两种知识。通常所说的知识是用书面文字或地图、数字公式来表达的,这只是知识的一种形式。还有一种知识是不能系统表述的,例如我们有关自己行为的某种知识。如果我们将前一种知识称为显性知识的话,那么我们就可以将后一种知识称为缄默知识。可以说,我们一直隐隐约约地知道我们确实拥有缄默知识。"②显性知识是客观的,并且可以通过语言、文字、图表、概念、公式等具体形态表现出来,具有普遍性、概念性、明晰性等特点。缄默知识是主观的,难以通过语言、文字、图表、概念、公式等具体形态表现出来,带有个人性、情境性和模糊性等特点。缄默知识普遍存在,而且在阅读和写作活动中起着非常重要的作用。

古人谈鉴赏,有"悠悠会心,妙处难与君说"之叹,有"只可意会,不可言传"之说。我们在鉴赏文学作品时也常遇到内心意识到而口头说不出的情况,因为鉴赏时运用了带有主观化、个人性、情境性和模糊性等特点的缄默知识。因为缄默知识难以用语言、文字表达,所以有人称之为"直觉能力"或"语感能力"等。夏丏尊先生说:"在语感锐敏的人的心里,'赤'不但解作红色,'夜'不但解作昼的反对(面)吧。'田园'不但解作种菜的地方,'春雨'不但解作春天的雨吧。见了'新绿'二字,就会感到希望、自然的化工、少年的气概等等说不尽的旨趣,见了'落叶'二字,就会感到无常、寂寥等等说不尽的意味吧。"③所谓"语感锐敏的人",就是缄默知识丰富的人。上述阅读陈述性和程序性知识都可能部分以缄默的形式存在。因为不能具体明确,我们也难以像对显性知识那样对其作细致的分类,只能大致将之分为缄默的文学鉴赏陈述性知识和程序性知识。在具体的鉴赏教学中,我们常可见到这两类缄默知识的运用。何永康曾回忆词

---

① 张心科的《语文有效阅读教学:精要的内容与适宜的形式》(华东师范大学出版社,2020年版)就是试图从文体的角度建构语文阅读及其教学知识。
② 方明著《缄默知识论》,合肥:安徽教育出版社,2004年版第12页。
③ 叶圣陶《文艺作品的鉴赏》,中央教育科学研究所编《叶圣陶语文教育论集(上)》,北京:教育科学出版社,1980年版第267页。

学名家唐圭璋的诗词教学:"只见他老人家端坐在黑板前,一遍又一遍地将名篇诵读。'对潇潇暮雨洒江天,对潇潇暮雨洒江天,对潇潇暮雨洒江天……',这抑扬顿挫的吟诵声,把我们渐渐地、静静地带入了美妙的诗境;然后,'柳永啊,他想啊,想啊,想啊……'想什么呢? 唐老未作一字解释,只让我们全班同学由着性子自己去想像,去补充。这种'教法',如今恐怕过不了'教学评估'大关,但当年我们委实获益良多,一个个青年学子跟着唐老做了'美好的心灵的远游'。"①刘国正回忆自己读中学时的语文老师陈小溪时说:"我只记得他讲过两首,一首是屈原的《离骚》,一首是杜甫的《北征》,其余一概让我自己读。但他常常吟诵,让我静听或者跟着哼,吟诵到好句子,他就停下来,仰起脸晃晃头,说一声'好啊,嗯!'我就是在这'好啊'声中体味其中的妙处的。"②唐圭璋、陈小溪肯定都是文学鉴赏能力很高的老师,有时也肯定会向学生"讲"显性的鉴赏知识,如果每次整堂课都是"想啊""好啊",就没有必要让他们来当老师。唐圭璋不说柳永"想"什么,告诉学生采用什么方法去揣摩"想"的内容;陈小溪不说"好"在哪里,告诉学生采用什么方法去发现其"好"在哪里,可能偶尔有意采用这种教法,但更可能的是当时他们心中"想"的内容、"好"在哪里实在难以用言语来表述,因为他们在鉴赏时运用的是极其私人性、情境性的陈述性知识和程序性知识。

古人说:"文章本天成,妙手偶得之。"写作者在写作过程中也往往并不清楚自己所用的写作知识,当别人问起他时,他也说不明白,这样的例子很多。曹禺在《雷雨·序》中就谈到过这种情形:"我不知道怎样来表白我自己。……所以当着要我来解释自己的作品,我反而是茫然的。"③《雷雨》的写作只是起因于"一两段情节,几个人物,一种复杂而又原始的情绪"④的直觉。过去我们常用"灵感""神思"来解释这种"只可意会,难以言传"的情形。就写作来说,可能就像波兰尼说的"我们所认识的多于我们所能告诉的",因为写作知识更多的是一种个人化的(非独立于个体之外的)、实践性的(非理性的)、难以明确表达的(非语言、概念、图表、公式所能表述的)、与具体情境相关的知识,即缄默知识。1967 年,美国心理学家罗伯特在《人工语法的内隐学习》中指出,经过人工语法学习的实验研究表明,人们在没有意识到环境刺激潜在结构的情

---

① 杨启亮《体验语文:一种教学方法的解释》,《语文教学通讯》,2002 年第 10 期第 6 页。
② 刘征著《刘征文集(一)·语文教育论著》,北京:人民教育出版社,2000 年版第 552—553 页。
③ 曹禺《雷雨·序》,王永生主编《中国现代文论选》,贵阳:贵州人民出版社,1982 年版第 370 页。
④ 曹禺《雷雨·序》,王永生主编《中国现代文论选》,贵阳:贵州人民出版社,1982 年版第 372 页。

况下,能了解并利用这种结构作出反应,即人们在某种"无意识""无觉察"的情况下学习了某种规则。这种无意识地获得了复杂刺激环境中复杂知识的过程就是内隐学习。① 曹禺虽然不是学习了大量戏剧写作知识而写出杰出的《雷雨》的,却对戏剧演出和戏曲作品浸淫甚深。在小时候,他随养母看过许多不同时代、风格和流派的戏剧演出。在南开读中学时,他参加过南开新剧团,登台扮演过许多角色。在清华读大学时,他在课外读的大部分是剧本,如古希腊七大悲剧家的、莎士比亚等人的作品。

缄默知识因为具有个人化的、实践性的、难以明确表达的、与具体情境相关的等特点,也难以像显性知识那样具有普遍性、概括化、符号化、系统化等特点而可供大家共享,所以只能让学生在大量的、反复的阅读、写作等言语实践中去习得。

三、语文课程分合与语文教材重编

教材是课程实施的一个重要凭借,因为它首先是课程知识的一个重要载体。在第一章中我们已经呈现过清末分编的各种语文教材,以及这些分编型教材逐渐消失而统一变为以选文为主体的合编型教材并以此为凭借进行识字、写字、阅读、写作、口语等"集成教学"的基本过程。之所以由分编改为合编,除了教科书出版的滞后以及确实可以凭借合编型教材中的单篇文选进行识字、写字、阅读、写作、口语等综合教学,还与语文技能性("怎么办")知识至今几乎没有系统地建构出来直接相关,因为没有各项系统的知识,所以也就编不出分项教材,而只能以文选代替了。如果说语文科可以将识字、写字、阅读、写作和口语等课程分开设置,而且建构出了相应的语文知识,那么语文教材就应该而且可以按语文科内不同的课程(课业)来编写,而不是像过去那样,因为靠教科书中的单篇选文来完成识字、写字、阅读、写作和口语等多种课程的实施,而导致既没有独立的阅读课程,也没有独立的识字、写字、写作和口语课程,其实施的结果是相互掣肘,效率低下。

(一) 语文教材分编的先声

在语文课程设置分合的论争过程中,不少人提出国语教科书名不副实,所编的教

---

① 方明著《缄默知识论》,合肥:安徽教育出版社,2004年版第85页。

科书的内容也是如此,如有人在1936年所说的,"十二年(1923年——引者),颁行新学制,厘订新课程,国语一科,分为语言、读文、作文、写字四项。所编《国语教科书》,实际仅属国语科'读文'一项。因国语两字沿用国文而来,所以不称读文课本,而仍称《国语教科书》"①。可见,国语教学和以前的国文教学没啥区别,都是靠一本读本,在阅读教学中完成其他几项教学活动;进一步说,阅读教学和古代的阅读教学没有区别,都成了写作教学的附庸,就像赵欲仁所说的,"我们的读书,无论为研究的,——如参考资料解决问题等是。为欣赏的,——如读阅小说剧本吟诗词歌曲畅适身心等是。——应把'探知事实',做唯一的目的。读书的目的,非常简单而明白。但我国旧时读书的目的,不在探知事实,却认做作文的预备。所以所读的书,不是《古文观止》,便是《东莱博议》。读的精神,全放在字句章节的结构组织上。结果,书里面的内容,竟可一无所得"②。因为实行各项教学活动不分的混合教学,造成阅读不是阅读,而单独的识字、写字、写作、口语教学也逐渐消失的局面,所以当时就有人提出要分设课程、分编教科书,如1946年有人在文章中提到:"国语科之说话作文教学,应于各单元中适宜时间,配合进行,在部编小学说话教材纲要及作文教材纲要订颁以前,应由教师依各单元内容自编语科案例或作文范例应用。"③这说明,可能教育部也认为混合教学不当而拟制相应的教材编写纲要并要求编写相应的教科书。

(二)语文教材分编的设想

如果我们建构出与识字、写字、阅读、写作、口语课程(课业)相应的"怎么办"的知识,接下来要解决的就是用什么样的教材来教的问题,因为这几项教学活动都在一定程度上要依据书面材料,所以更准确地说,是要选择什么样的文章来作为学习的凭借才有利于教这些知识。如果建构出了这种知识,那么我们就应该以此分别编出识字、写字、阅读、写作、口语教材,也就是要编出识字、写字、阅读、写作、口语方法的教材,当然,这些教材都不只是纯粹地介绍方法,还应该含有利于学生掌握这些方法的阅读材料。如果能编出相应的各种教材,就不至于像现在这样借助一本读本完成识字、写字、

---

① 袁哲著《国语读法教学原论》,上海:商务印书馆,1936年版第150页。
② 赵欲仁编著《小学国语科教学法》,上海:商务印书馆,1930年版第71—72页。
③ 许育藩《小学初级国常统一课本及配合教学的实验研究(续)》,《教育通讯》,1946年10月1日复刊第二卷第三期第12页。

口语、阅读、写作等各项任务了。

有人说,目前的语文教材采用的是"分编合册"的方式,解决了分编与合编教材的弊端而吸纳了二者的优点。论说者的愿望是好的,但是这种编法实际上是两不像,也没有做到取分编、合编二者之长而去其短。首先,它肯定不是过去的那种只有选文的合编教材,因为多数教材每册均分为"阅读""表达"(含写作与口语交际)和"综合性学习"等模块,其内容在"阅读"部分以选文为主,在"表达""综合性学习"中多以知识介绍、情景设置和活动安排为主。其次,它肯定也不是真正意义上的分编教材。每册之中的阅读、写作与口语交际、综合性学习分开呈现、编排只是形式上的分编,其思想实际上还停留在合编时期,如识字、写字知识空缺,阅读、写作、口语交际知识选择随意且组织散乱不成体系,如"阅读"在整册教科书中仍约占三分之二的比重,"阅读"部分的选文标准还是"文质兼美",识字、写字、写作、口语交际教学形同虚设,教师几乎根本不教,多数只教"阅读"部分中的一篇篇选文,而在教学选文时又是用选文来教识字、写字、写作和口语交际,不教阅读技能,等等。所以,要达到实质意义上的分编,就要在建构各项知识体系的基础上,根据各项教材本身的内容、体系和特点来编写,应该做到像周正逵主编、人民教育出版社出版的《高中语文实验课本》那样。进一步说,实质的分要做到两点:第一是根据识字、写字、阅读、写作、口语等课业建构各自独立的知识体系、确定特定的教材内容、选择特殊的呈现方式。这样各种教学有了自己的教学目标和明确的教学内容,可以避免因"分编合册"这种形式上的分而导致的识字、写字、写作、口语教学消亡于文选的"阅读"教学之中,就是使文选没有成为真正意义上的阅读教材,又使分设的识字、写作、听说、综合教学根本就没有得到实施。第二是分编成册,册册相连。这样教学时可各个击破,能力则会拾阶而上,可以避免因"分编合册"这种形式上的分而导致的各种教学知识本身支离破碎、不成体系,每一项知识的学习因时间间隔较旧等问题不利于能力的形成。

在本章的第一节中,我们初步提出了课程分合设置的设想:第一学期,集中识字,识字材料是用几千个常用单字组织而成的如同"三、百、千"那样的韵语歌谣。采用韵语歌谣是让儿童乐于朗读而易于识记;又因为歌谣虽然为了集中呈现文字而尽量由不重复的单字组成,但各句均有完整明确的意义,所以在识字中也有初步阅读。第二学期,学习写字,所写的字可从第一学期所识的字中选取,但是所写字的先后顺序并不完全是所识的字的顺序,因为同一个字的识与写的难易程度并不相等。集中教学汉语拼音。阅读的材料以散体为主,因为生活中的绝大部分材料是散体而非韵文。第三学期,除了继续进行识字、写字教学,阅读教学与以前应稍有不同,即提示简单的阅读技法。同时,因为儿童已有较大的阅读量,且会写一定的字,所以可让儿童尝试进行初步的写作(写话)。第四学期,主要是在前三个学期的基础上进一步训练阅读和写作。其中口语交际教学因为以训练口语表达技能为主,而儿童在入学前已经有相当的口语基础,且尚不用将口语交际与写作(演讲稿、答辩词等)相结合,所以小学阶段的口语交际教学在一年级时就可以进行,并贯穿于整个小学阶段。甚至为了降低儿童的焦虑并提高其学习兴趣,可以将初次教学的时间安排在识字教学之前(小学入学),如讲故事、说笑话之类。等到了小学高年级乃至初中、高中阶段,为了训练学生高级的阅读、写作和口语交际技能,就应该开设专门的阅读、写作和口语交际课程。可以在整体布局完成之后,再初步设计各种教材的主要内容及编排形式。

(三) 各种教材的编法

下面,讨论各种教材的编法。

1. 识字教科书

传统的识字教材"三、百、千"等,虽然有许多优点,但是在用字上也存在不少问题。首先,总量(字量)不大(总字量为2 708字,其中《三字经》1 140字、《百家姓》568字、《千字文》1 000字)、生字(字种)较多(1 462字)[①]、重复(字频)较少(小于2次),不如适当分散各处、多次重复,以便于理解不同的字义与用法(语境),也因此可以反复辨认、诵读,便于集中记忆。其次,按照日用频率、尊卑伦常、韵脚相押等排序(字序),不尽合识字难易与字的形体、笔画及其所指相关的心理规律。从维护纲常的角度来看,应该先人后物(《三字经》以"人之初,心本善。性相近,习相远"起首)、先尊后卑(如《百家姓》用"赵钱孙李,周吴郑王"起首,是因为宋朝开国皇帝是宋太祖赵匡胤,"赵"姓便成为国姓。编者钱塘人氏,所尊的是在浙江称王的吴越王钱俶,"孙"是钱俶的正妃的姓,"李"所指为定都金陵的南唐后主李煜。"周吴郑王"均是钱俶其他后妃以及他父亲后妃的姓)、先天后地(如《千字文》以"天地玄黄,宇宙洪荒"起首)。然

[①] 郑国民、刘彩祥、王元华、陈双新《小学语文常用读物的字种与字量研究——"三、百、千""四书"、古诗80首等六种读物的用字》,《语言文字应用》,2003年第4期第52页。

而，从识后即用的角度来看，应先识常用字。从识字心理的角度来说，应该先识笔画较少、形体齐整的字。再次，内容艰深，理解不易。如陈子褒就曾指出："今之训蒙者，始教之以《三字经》《千字文》。为问《三字经》首两句，童子能解乎？继教之以'四书''五经'。为问'大学之道，在明明德'二句，童子能解乎？如不能解，是蒙也。不能解而以此教之，是既不能开其蒙而复加之以蒙也。不能开其蒙而复加之以蒙，于是童子以为苦事而不肯入学矣。"①从识的角度看，字所代表的事物应该符合儿童的经验，儿童才容易理解字义，进而识别字形。最后，采用单字连缀的形式，文字之间缺乏意义的关联。虽然三字或四字一顿，富有节奏感，韵脚相押，富有音乐感，让儿童乐读、易记，但是对像《百家姓》那样文字之间缺乏意义关联的教材，也只好去死记硬背了。现代语文教科书虽然在字种选择和字序排列时注意到了字的难易、常用与否，在字的呈现时注意到了反复，但是因为是分散识字，所以在一定时间内所识的单字数量（字种）有限，又因为是散体呈现，所以不易背诵。鉴于传统与现代识字教科书均有利弊，我们试图从以下四方面做到取利去弊，为编写出一套古今结合的识字教科书提供思路。

（1）科学的用字

首先，研制《儿童常用字表》，确定小学识字教科书的字种、字量。要明确儿童常用字与社会常用字之间的关系。当然，在提倡让儿童认识儿童常用字时，要认识到社会常用字肯定也是儿童必须识的，因为儿童终究要走上社会，终究要使用社会常用字。同时，又必须认识到社会常用字与儿童常用字的差异很大。如何处理社会常用字和儿童常用字的关系？儿童需要是出发点，社会需要是归宿，不能径直把归宿当成出发点，一开始就强调儿童识社会常用字，又要意识到出发点前面的归宿，而以社会常用字表作为字种、字量选定的基本范围，然后调查儿童常用字制成《儿童常用字表》。要明确"常用"的"用"是指常用于说话，常用于阅读，还是指常用于写作。低年级的字表中字的选择应该以低年级儿童口语中常用的字为主，以适合其阅读的读物中常用的字为辅。因为这既能提高儿童识字的兴趣，又能满足儿童"写话"时的用字需要，从而使儿童能够"提前读写"。高年级的字表中的字的选择应该以其书面语中常用的字为主，以其口语中的常用字为辅。因为这既能提高儿童的书面语言表达水平，又能满足其适应未来社会生活的需要，使其读写能力得以进一步提高。随着儿童读物的书面语化，

---

① 陈子褒著《教育遗议》，台北：文海出版社，1973年版第22页。

也随着儿童书面语表达的需要的到来，就应该让其识书面语中常用（读、写）的字，以满足其读、写书面语的需要。如果整个小学阶段的识字教学都以儿童的口语为基础，必然不利于高年级儿童的书面语发展，甚至限制其口语的发展。总之，《儿童常用字表》应该由低年级儿童说话、"写话"中常用的字和高年级儿童读的儿童读物、习作中常用的字构成，同时在低年级和高年级之间应作区分。如果能研制出来这种《儿童常用字表》，那么编写教科书时其基本字种的选择、字量的确定就有了标准和依据。

其次，研究汉字的难易和构字（词）能力，确定小学语文教科书的字序、字频、字间。如果《儿童常用字表》已研制出来，编写教科书时其基本字种的选择、字量的确定有了标准和依据，那么接着就应该考虑如何组织和呈现这些字，这就涉及字序、字频、字间的问题。字序的确定，第一，要考虑常用和难易两个因素。从总体上看，要先识常用的再识次常用的。无论是常用还是不常用的，又都涉及难易的问题，一般来说，先识易的后识难的。第二，就提高识字和写字的效率来说，字序的安排要在考虑常用和难易的基础上，再考虑一些独体字的构字能力和每个单字的构词能力，构字能力强的独体字和构词能力强的单字应该先识，反之后识。就单字的构词能力来说，必须加强常用词汇的调查与统计，以常用词来定常用字。而字频、字间，即教科书中生字重现的次数和间隔到底如何确定的问题，到现在仍然没弄清楚。1940年代，艾伟只是提出了生字要重复出现、要间隔出现的基本原则，并没有明确提出一个具体的汉字到底要重复多少次，间隔多少距离再次出现。另外，是不是每一个生字复现的次数和间隔的距离都要完全一样，是不是生字重复的次数越多越好，间隔越均匀越好？如果不是，原因有哪些，也就是说，会受哪些因素的影响？字频、字间与汉字的难易到底是什么关系？与构字（词）的能力强弱到底是什么关系？等等。这些问题目前我们并不清楚。所以，对字频、字间问题需要进一步进行科学的实验研究。

（2）有趣的内容

首先要收录有趣的文本：应该将内容文学化，增强趣味性，或是纯美的儿童文学，或是以各种知识为题材的儿童文学（儿童文学化），如《小蝌蚪找妈妈》，或是以思想教育为主旨的儿童文学（寓言），如《狐狸与乌鸦》。其次要设置有趣的活动。要使练习情境化，如讲故事、猜谜语、做游戏、领任务，等等。

（3）传统的形式

以韵语、对偶的形式编写启蒙教材来让儿童集中识字，这是"三、百、千"等传统蒙学教材和"妇孺三字四字五字书"等一些近代新式蒙学教材的基本做法,值得今天我们在编写识字教材时借鉴。张志公先生在1962年版《传统语文教育初探(附蒙学书目稿)》中介绍完传统蒙学教材之后,所总结的第一条经验就是"使用韵语和对偶",而且他认为这种做法是针对汉语、汉字特点而设计的。他说:"汉语虽然不是单音节语言,汉字则确实是单音节文字。在识字教育阶段,如果让儿童去学一个一个的不直接表音的单字,那会是十分困难的,而且枯燥乏味,引不起学习兴趣,勉强学了,也不容易记住。这是学习汉字的不利条件。而另一方面,正是由于汉字是单音节的,就非常容易构成整齐的词组和短句,也非常容易合辙押韵。——相形之下,要比多音节的西洋语文容易得多。整齐,押韵,念起来顺口,听起来悦耳,既合乎儿童的兴趣,又容易记忆。这显然比学一个一个的单字好,也比一上来就念参差不齐的句子好。前人大量采用整齐韵语的办法,的确是充分运用了汉字的有利条件,避免了它的不利条件。使用韵语的好处,古人早有所见……""对偶,跟押韵一样,也是汉语汉字的特点,也有利于儿童的朗读、记诵。从声音上说,和谐顺畅,读来上口,听来悦耳;从内容上说,或者连类而及,或者同类相比,或者义反相衬,给人的印象特别鲜明突出,容易联想,容易记忆,境界高的,更给人以优美隽永之感。前人把汉语汉字的这两个特点充分运用于儿童的识字教育,对我们来说,应该视为珍贵的遗产。"①因为对传统蒙学教材采用韵语和对偶的做法的心仪,所以张志公先生对现代小学教科书尤其是民国以后的小学国语教科书的编法表示很失望。他说:"民国以后,进一步抛弃传统的作法,逐渐产生了'狗,大狗,小狗,大狗叫,小狗跳','小小狗,快快走,小小猫,快快跑'那一路课本。更进一步,连那极少的一点还算整齐的特点也放弃了。"②总之,如果能通过科学统计弄清楚儿童常用字的范围,通过实验测量出汉字识写的难易,那么在确定好字种、字量、字序、字频、字间的基础上,再用传统的"三、百、千"和新式韵语蒙学教材所采用的对仗、押韵的形式来编写低年级的完全作为集中识字用的教科书,则会既合汉字汉语特点而又具有很强的科学性、现代性。

除此之外,也可借鉴传统的字片、字包等识字教材以及受此启发而出现的字书类新式蒙学教材的编法,编写一种有图有字、注音释义的识字教科书,以作为上述对仗、

---

① 张志公著《传统语文教育初探(附蒙学书目稿)》,上海:上海教育出版社,1962年版第75、77页。
② 张志公著《传统语文教育初探(附蒙学书目稿)》,上海:上海教育出版社,1962年版第82页。

押韵类的集中识字教科书的补充。

(4) 编写方式

明确不同学段的课程目标,区分不同学段小学识字教科书材料的功能,采用不同的编写程序和方式。相应地,不同学段的教科书编写程序也应不同:低年级识字教科书是先确定字种、字量,考虑字序、字频,然后去"写"课文,以做集中识字之用。高年级因为是分散识字,所以可以先确定篇目,然后通过对其用字的统计分析,增删、替换、挪移一些字,则基本上是以"编"为主、以"写"为辅而形成课文。但无论是"写"课文,还是"编""写"课文,在用字时都要斟酌。当然在"写"课文时,也不能只一味地考虑用字的科学,而忽视了内容的生动。

近几年,我指导华东师范大学语文课程与教学论硕士和语文学科教育硕士,选用《义务教育语文课程标准(2011年版)》后附的《识字、写字教学基本字表》中收录的文字,按照"三、百、千"和传统杂字的形式,编写了大量的识字歌谣。如《习惯篇》(文艺):

小宝宝,吃包包,吃饱以后爸爸抱。

去学校,行大道,乘坐公交要买票。

放学后,别乱走,陌生人叫不回头。

红灯停,绿灯行,路上的车要当心。

上课时,耳细听,胸前常现红领巾。

做作业,用心写,看书也要一页页。

书本正,身坐直,双目离桌高一尺。

早饭好,午饭饱,晚上吃少别撑着。

睡觉前,要洗脸,上床不超过十点。

气伤身,金不换,宝宝肚里撑条船。

上十点,做完全,从此不用去医院,人人夸他小状元。

又如《四季歌》(兰俊):

春天到,春天到。

草儿青青,花儿笑,柳条轻轻飘。

布谷布谷,咕咕叫,山坡牛羊跑。

小学生,讲文明,见到老师问声早。

去学校,不迟到,勤学上进真是好。

夏天来,夏天来。

雨水哗哗,荷花开,大树迎风摆。

鸟儿唱歌,鱼儿摆,蜻蜓点水快。

小孩子,要听话,烈日当空待在家。

多喝水,吃西瓜,炎热就把汗水擦。

秋天到,秋天到。

蓝天白云,风景好,稻谷弯弯腰。

大雁南飞,秋蝉叫,就把秋来报。

小朋友,起得早,锻炼身体张口笑。

多吃饭,要节俭,农民伯伯真辛劳。

冬天来,冬天来。

天气寒冷,梅花开,雪花飘下来。

动物睡觉,北风啸,屋顶全白了。

小宝宝,穿棉袄,记得一定吃饱饱。

过新年,放鞭炮,美好生活我来造。

又如《摇篮曲》(赵瑞萍):

窗关好,虫不叫,夜晚快来到;

不哭,不哭,要笑笑。

虫儿飞,花儿睡,星星伴云垂;

宝贝,宝贝,轻轻睡。

又如《北风吹》(赵瑞萍):

北风吹,云儿飞,

向西向东向南北,

忽然一阵大风来,

树叶双双掉下来。

又如《春天到》(赵瑞萍):

东风吹,春天到,

孩童放学回来早,

叶儿青,小鸟笑,

第三章 分:未来的方向

哥哥姐姐把我叫。
姐姐画红花，
哥哥骑竹马，
青青呀那个河边草，
鱼儿呀正在水中跳，
笑声停不了。

又如《看月亮》（赵瑞萍）：

十五的月亮胖胖，
照着窗子亮亮。
窗子亮亮，星儿笑笑，
天河长长，好像大江。
阿爷说，
阿婆就在天上，
像星星一样明亮；
我对阿爷说，
不不，阿婆就在心上，
比星星还要亮亮。

这些歌谣，符合儿童的生活经验和语言水平，生动有趣，朗朗上口。

2. 写字教科书

传统的初始阶段的写字教材的用字过于简略，就是"上大人丘乙己化三千七十士尔小生八九子佳作仁可知礼"等二十几个字，侧重于笔画的写法，而不是一个字的整体是怎么写成的，也就是说不能用若干笔画灵活地组合成一个表意的文字。如果称这种做法是练笔画而不是练写字也不为过。后期的临帖，侧重于艺术训练，字是原帖中已有的而不论其是否常用（常见常写），如果称其为审美创作而不是训练写字也完全可以。所以，古代缺乏常用字的写字教材；教材本身又缺乏系统的写字技法指导的相关内容，技法指导是由教师在日常教学中随机指点的。在现代教育中，又因为强调文字的"四会"而在很多时候缺失专门的写字教育，或者说会识即要求会写使写字教育成了识字教育的附庸，最终导致很少有独立的实用（技术）的写字教材，而所谓的写字教材多数是指用于落实审美教育的书法教材（或者干脆就是一些字帖）。鉴于历史和现实中的写字教材存在的问题,我们认为写字教材编写应注意以下几点。

(1) 选好字种,排好字序

首先,确定好字种。从用的角度来说,写的字应该首先是识的字,但是很多识的字不必要求去写,所以写的字应该从识的字里面去选择。其次,确定好字序。从写的难易的角度来说,应该先写笔画少的、结构齐整的字,再写笔画多的、结构不规则的字;从构字能力强弱的角度来说,先写使用频率比较高的笔画和独体字,再写使用频率较低的笔画和合体字;等等。

关于写字教材中字种选择与字序确定的问题,前人曾有过研究,可为今天写字教材的编写提供借鉴。如1935年吴研因、吴增芥在《小学教材及教学法》中认为:"儿童所要写的字,不但要是日常用得到的,而且要是儿童所需要的。生僻的字,不必要儿童练习。碑帖中常有许多日常用不到而笔画很多难以模仿的字,应该删除。"[1]他们又指出,写字教材的组织往往被忽视。有些是随意选些字让儿童写,有些是虽然指定了教材但教材的组织十分随意。这样虽然练习了许多,但效果不佳。他们认为写字教材的组织应分为四步:第一,调查各年级儿童所识的字及其数量。第二,按偏旁、部首、结构归类。第三,组织成有意义的句子。第四,按儿童的发展程度分成若干阶段。他们根据调查、研究的结果,按年级编写出五个阶段一百个单元的写字教材。兹录前两段如下[2]:

第一段
一二三 上下卡 口内舌 大丈夫 有左右 人足走 九色包 十年来 西面雨 日月明 江河沿 打折扣 松柏枝 好姊妹 你代他 土地堂 森林木 吹喇叭 引弹弓 雨雪雷

第二段
身手芽 芙蓉花 兄见兔 信作保 竹筷筒 凹凸石 米粉糕 沐浴池 冷冰冻 中华年 速迎送 忠恕心 珍珠球 呼吸器 拼抵抗 说谎话 肥肚肠 红丝线 铜锡铅 袴褂袍

上述两段中的字都是常见且常写的字。第一段中的字与第二段中的相比,笔画数较少,结构也相对简单,体现了上述字序确定的两项基本原则。更为别致的是,他仿照了《三字经》的编写方式,以有意义的三字成句,每句一顿,间或押韵,节奏明快,音韵

---

[1] 吴研因、吴增芥编《小学教材及教学法》(上卷),上海:中华书局,1935年版第261页。
[2] 吴研因、吴增芥编《小学教材及教学法》(上卷),上海:中华书局,1935年版第263页。

铿锵,让儿童乐读、易记。

（2）组织文本,注重技法

首先,确立整体观念。写的字不应该是单字的简单连缀,应尽可能地像吴研因等人那样把这些文字组合成有意义的语句,这样学生在身边没有教材的情况下也可以边诵边练。同时,因为教材成句、成篇（行）,这样就可以让学生在写字时不仅仅注重单个汉字的书写,还会注意笔画长短、用笔轻重、字间呼应、行距安排等,培养一种整体的写字观念。

其次,注重技法指导。包括基本坐姿、执笔之法、笔画类型、笔顺先后、间架结构、字间行距等,逐一呈现。先单项,后综合。先单字,后整句、成篇（行）。如近年我们发现一种古代徽州的写字教材抄本,将各种技法用口诀的形式来表达（映写）。例如其中一段写道:"左午貝了友,右刀寸點彎。曾差頭不異,歸浸體同觀。"第三句把点的写法编成口诀,而组成口诀的字多带点这个笔画,但是点的位置和写法不一样,第四句口诀是说"歸"和"浸"的结构相似、部分构件相同。用四种字体把口诀写出来,这样学生就可以一边背口诀一边把口诀里所介绍的技法运用到实践中,真正做到眼到、口到、心到、手到。

3. 阅读教材

（1）文体选择

为了提高儿童的阅读兴趣,培养其初步的阅读能力,同时让他们学习各种知识、接受思想教育、培养审美趣味,小学阅读教科书的文体选择应以儿童文学为主,可以是谜语、儿歌、寓言（《狐狸和乌鸦》）、童话故事（《三只小猪》）、科普故事（《小蝌蚪找妈妈》）,等等。初中阅读教科书应该做到文学作品与实用文章中的各种文体兼备,让学生在阅读各种文体中培养相应的文体阅读能力。高中阅读教科书甚至可以像人民教育出版社出版的《高中语文实验课本》那样以专书的形式将某类文体的多篇作品集中呈现。在有些阶段,还可以用《红楼梦》等整本书作为教材,集中开展教学。

（2）语体比例

小学低年级的阅读教科书应该以白话文为主,高年级的可以适当收录一些篇幅不长、语言浅显的文言故事,如《守株待兔》《叶公好龙》之类。当然,也可以像20世纪60年代北京景山学校进行教育改革自编教材时那样编写独立的《儿童文言读本》。初中阅读教科书,从初一到初三应该是白话文递减、文言文渐增,三年二者的比例可以分别是70%与30%、60%与40%、50%与50%。高中阅读教科书,可以像人民教育出版社出版的《高中语文实验课本》那样,从高一到高三,分别编写《文言读本》《文学读本》和《文化读本》等。

（3）标准确定

小学阅读教材的课文要求文质兼美,内容应不含迷信、歧视、颓废等有违科学、道德和人格养成之类;形式(尤其是语言)一定要规范、优美,因为儿童入学之后主要是学习书面语的读写,从写作的角度来说要积累好词好句,就阅读来说应该掌握书面语所要表达的意思和趣味。初中阅读教科书主要是训练各种阅读技能,包括阅读各种文体皆需的一般的阅读技能和阅读特定文体的特殊阅读技能,所以文质兼美并不是最重要的选择标准,而主要看其是否可以作为训练某种阅读技能的材料。高中阅读教科书主要是用来巩固和提高初中所学的阅读技能的,文质兼美同样不是最重要的选择标准。除了传统经典,一些时文、通俗文学作品等都可以选为课文。

（4）组织方式

小学阅读教科书主要是用来提高儿童的阅读兴趣、培养其初步的阅读能力的,所以最好应该按主题(情境)来将课文组织成单元。初中阅读教科书则应该以各种阅读技能来组织最适合完成这种技能训练的课文,因为以主题编排容易导致教学侧重探究文本内容,以文体组织单元容易导致教学侧重分析文本形式。高中阅读教科书,文言文则可以按文学史的顺序编排,现代文则可以按文体类型来编排,如果是专门的文学、文化读本,可以按主题(领域)来编排。

（5）呈现方式

小学低年级的阅读教科书应该由一篇篇的课文组成,不必呈现显性的阅读技能性知识,主要目的是让儿童在阅读实践中积累经验,体悟(或者是在阅读活动中无意识地习得)一些隐性的阅读技能。初中应该首先研制出三年所要学习的阅读技能,然后将这些技能按一定的层级顺序分散排列到六册教科书中,并在每册教科书中的每单元或每篇课文的后面以知识短文或提示、练习的形式将这些阅读技能呈现出来。之所以不主张像《国文百八课》那样以"文话"的形式放置在"文选"之前,是因为《国文百八课》的做法导致教学目标过于明确,容易让学生失去阅读的兴趣,最好是将其放置在文选之后,以知识短文或提示、练习的形式呈现,就既不破坏学生阅读的"初感",又可提示其学习的重点。高中阅读教科书的每单元之中应该有一篇长文来论述相应的文体知识或阅读技能。

（6）程序安排

小学阅读教科书因为还要承担一定的识字教学任务（集中识字教科书难以一次性穷尽单字的多种读音、意义和用法，所以应适当将其分散在阅读教科书中），所以尤其是低年级的课文应该以写为主，以选为辅。初中、高中则以选为主，有时可对原文适当加以删节和改写。

4. 写作教材

目前缺乏独立的写作教科书。如果没有建构起阅读知识、技能体系，没有独立的写作教材，最终仍将无独立的阅读教学，仍会以语文教科书中的课文讲解对理解文本有一点作用而对写作没什么大作用的文本形式，并美其名曰"读写结合，以读促写"，结果阅读、写作教学都没有真正进行，导致了语文教学的高耗低效。

近些年来，融合在语文教科书的"表达"部分中的写作教材基本上由知识介绍、范文呈现和练习写作三项内容构成。其中知识介绍多数是静态的言语形式分析，知识多陈旧无用，表述严正生硬；范文是经典的片段或短文，脱离学生的经验范围及写作水平，难以模仿；练习多是作文题目或材料，没有全面系统的写作知识介绍，没有具体的情境设置，也缺乏明确的范文标准，练习更是随意而设。要编写独立的写作教科书，应注意以下三点。

（1）知识类型

前文说过，内容性知识虽然十分重要，但是其无法在语文科内通过教学来完成，只能通过引导学生在课外的生活、阅读中积累。缄默知识，也是无法教学的，只能是在学生的写作实践中让他们自己领悟。可教的只有静态的言语形式知识和动态的言语技能知识。20世纪20年代，吴研因提出将"文章的研究"和"文章的练习制作"结合起来设计写作课程并编写写作教材，就是试图将这两类知识教材化。他说，以前作文教学强调多读多写，以为读得多、写得多自然就能写好作文，而对于文章的"研究实在很少"[1]。这种期望神而明之的做法显然是低效的，然而"要能做文章，不能不充分地了解文章，要了解文章，不能不从事研究"[2]。所谓"文章研究"是指"把读文等中所读过

---

[1] 吴研因《小学国语教学法概要》，《教育杂志》，1924年第十六卷第一号第20页。
[2] 吴研因《小学国语教学法概要》，《教育杂志》，1924年第十六卷第一号第21页。

的材料做基础;再收集许多读文中所缺少的材料,例如说明文、书信文、议论文等;拿类似或相反相成的,比较研究",比较研究的对象是材料所涉及的"词性、句法、篇法、文体、修辞"等①。通过对成篇文章的研究、比较就获得了写作的知识。而"文章的练习制作"则是将写作知识的学习与写作训练结合呈现。学习写作先要能从范例中归纳出写作知识,但是获得了写作知识并不就能写出好的文章,所以要进一步进行"练习制作"。所谓"练习"就是片段写作,所谓"制作"就是成篇文章的写作。在写作过程中指点技法,如怎样拟题,怎样立意,怎样选择材料,怎样过渡,怎样铺设线索,怎样抒情,怎样议论,等等。最终将理论与实践结合起来,二者相辅相成,相得益彰。如果能将这两种知识建构起来并形成系统,然后分配到相应的年段和学期,那么写作教学就有了抓手,有了具体可教的内容而不是一味地让学生去写,有清晰的进程安排而不是随机地、零星地授受。

(2)选文标准

前文说过,写作教科书中的"范文",如果是作为词句习得的材料,那么就应该是文质兼美(尤其是文辞优美)的经典作品(尤其是文学作品)。如果是作为学习文本形式知识的例子和训练写作技能的凭借,那么不必在意其是否文质兼美,而主要看其是否能在某种形式上作为一个恰当的例子来使用(有样可仿),是否能够作为训练某种技能的凭借来使用(有法可依)。所以,学生的习作和老师的下水作文也许是最好的范文。1914年,钱基博在《国文教授私议》中提出写作教学要抓好"示范"环节,其中的范作分为三种:第一种是学生的佳作——"择其文字尤佳而作意不同者,多或三四篇,少或一二篇,揭示校庑壁间以观摩"。其目的是让学生相互切磋——"务使知其一题,有如许作法,或同题同意而正写侧写反写之不同,又有如此。庶能不为题拘,头头是路"。第二种是古人的名文——"择取古人同题文字,印为范作",让学生阅读。第三种是教师的创作。如果在课前没有发现古人的同题文章,对题中的"应有意义",学生写作时可能会出现"未思得者,或得之而犹有一间未达者",教师应针对这些"自制范作,以为之模楷"。② 相对于古人的名文,学生的佳作、教师的创作更容易让学习写作的学生亲近,也更容易让其模仿。如果是作为写作话题的引子,那么选文就更不必在

---

① 吴研因《小学国语教学法概要》,《教育杂志》,1924年第十六卷第一号第22—23页。
② 钱基博《国文教授私议》,《教育杂志》,1914年第六卷第四号第71—72页。

意其是否文质兼美了,重点在于材料内容是否让学生有话可说,即能否激发他们的写作动机。

认知心理学研究认为,要促进图式的形成,必须做到以下三点:① 教师或教材必须同时呈现至少两个可以直接观察的实例,让学生反复观察、对比、了解实例的相似之处,或者进一步让学生说出、写出自己生活、阅读经验中有关实例的相似之处。② 选择在无关特征方面广为变化的实例。在图式形成的过程中,学生需要从各样例中发现它们的共同之处,如果呈现的样例中还含有不属于图式的相同成分,所形成的图式便过于局限。开始呈现的实例最好与样例较为接近,随后逐步呈现不太典型、更难分辨的实例。③ 让学生自己提出图式的样例。这样会使学生更清醒地意识到自己的认知过程,提高效率,并形成习惯。要促进图式的改进,必须选择和安排图式的反例:① 同时呈现图式的正反例(或相继呈现或呈现一个正例后让学生提出一个反例),可以使图式的适用与不适用同时出现在个体工作记忆中,便于个体识别两种情况的关键区别。② 选择匹配的反例。匹配的反例是一种特殊的反例,它仅缺少图式本身所含有的一个关键特征,但在其他方面与同时呈现的正例相配。这种反例既具备图式的其他无关特征,也具备与配对呈现的正例相应的无关特征。③ 创设不一致事件,造成学生对原有图式的误用,从而激发学生对某一图式更复杂、更精确的理解。① 可见,编写科学的写作课本,为了促进写作图式的形成,还需要两个以上相似的正例,为了促进图式的改进,还要为正例选择反例。

(3)编排方式

在目前所见的独立写作教科书中,《新学制作文教科书》的编排方式最值得借鉴。1924年1月,商务印书馆开始陆续出版计志中编纂并由朱经农、王岫庐校订的八册小学校初级用《新学制作文教科书》。该书每册20课,预定每星期教学1课。每学期教学一册,全八册可供初小4学年之用。每册内容各有侧重,训练内容由简到繁、由易到难:第一册注重联字,第二、三册注重造句,第四、五册注重联句,第六、七册注重"接笋",第八册注重层次。考虑到儿童喜欢图画的接受心理和识字不多的实际状况,教科书里呈现了大量插图,尤其是年级越低,插图越多。如其第一册第1课《看图述意》没有任何文字,只有内容为一家长牵着一儿童走到学校门口和两儿童在教室前向一先生

---

① 吴庆麟编著《认知教学心理学》,上海:上海科学技术出版社,2000年版第128—147页。

行礼的两幅图画。如其第三册第1课《吹喇叭》就一下子呈现了四幅内容连续的故事图。该书的编辑大意在介绍其编辑体例时说:"前四册因儿童识字不多,所以注重导诱,每课单指示作法;后四册每册用连续故事体,指示作文的要点,以便儿童自己学习。"每课之后有"练习"一项,如其第三册第5课:

仿　　作

【原文】

一个老女人养着一只鹅;这只鹅天天生一个蛋。

【仿作】

一个好宝宝养着一只猫;这只猫天天吃一只老鼠。

一个小孩子拉着一头牛;这头牛天天吃两回草。

两个小妹妹拿着一本书;这本书张张有四个字。

练　　习

一　麻雀飞到园里来寻快乐。

二　他不肯帮我忙,我就自己做罢。

三　马看见农夫种豆子,便说:"很好的豆子,为什么丢在田里呢?"

四　老猴子要吃桃子,叫小猴子去采。小猴子爬树,一不留心,跌在地上。

可见,附上练习是要求儿童照课文所示作法仿写。以上练习就是要将这四个句子中的每个句子再照课文那样仿写出三个句子,要求句法相同,而句意可异。

从1925年6月起,商务印书馆又陆续出版了计志中编纂、朱经农校订的四册小学校高级用《新学制作文教科书》。书后的广告称:"向来各种小学教科书,都是把初级高级分开编辑,或是同时编辑,所以前后不甚衔接。这套书系于初小一套出齐后,接连编辑,故能脉络贯通,衔接自然。"这套教科书已经从初小教科书中按文章构成的单个要素来介绍写作知识转向介绍各种片段、整篇文章或某种文体的写作技法以及作文的一般要求等。每册各20课,第一册分别为《语和句》《补末段文字》《应用相关联的字》《一封问候信》《词的种类》《日记的格式》《代名词的功用》《字的用法(一)》《字的用法(二)》《游记文作法》《动词的推究》《甚么的用法》《叙事法(一)》《叙事法(二)》《意义相同的句法》《关于时间的副词》《写召(招)租》《句的倒装法》《句的两重否定法》《句的两商法》。第二册分别为《区分文字的层次》《就大意描写出来》《介词的辨认》《介词的特别用法》《请人会议的传单》《连词的辨别》《复信的写法》《承揽格式》

《作文与造屋》《修饰文字》《诗歌的作法》《描写作文法（一）》《描写作文法（二）》《语气与助词的关系（一）》《语气与助词的关系（二）》《学校储蓄会的广告》《叹词的种类》《名词活用法》《动词活用法》《收条写法》。第三册分别为《句的主要成分》《句的连带成分》《句的附加成分》《文字的组织法》《起笔法》《怎样改正差误》《承笔法》《毛病犯得奇怪》《转笔法》《文言译白话》《文言译白话法》《文言各字对照》《收笔法》《两张字条》《说明文作法（一）》《说明文作法（二）》《说明文与图表》《作文的忌讳（一）》《作文的忌讳（二）》和《一篇活泼的文字》。第四册分别为《点景法》《一个点景的例子》《记叙文要素》《一篇辩论文》《辩论文作法》《辩证的法式》《证据的种类》《文字的起伏》《言文对照》《古文今译的困难》《文言虚字译法（一）》《文言虚字译法（二）》《一篇祭文》《文字的抑扬》《寓言法》《规定纲要法》《比喻法》《作文宜切题》《题目是文章的符号说》和《一篇送别同学的序》。全书的编写方式十分特别，这两册均以敏儿、自强、康德几个小学生为主人公，通过一个个连续的故事，设置人物对话或自述，介绍各种写作方法，呈现相应的实例，然后设置练习。如第三册第4课《文字的组织法》：

一天，敏儿问先生说："句子的成分我已明瞭，但是文章的组织法怎样？"这时先生正在看时钟机器，就指着说："文章是由段落组织而成，好似钟的机器，都由各件连属而成。机器可从连属处逐一拆卸，文章也可从段落处逐一分解。普通文章，大概分做起、承、转、收四法。

起是文章的起笔。有了起笔，便有承笔。有了承笔，便有转笔。浅短的文字，一起一承以后，再接着一转一收，便可算是完篇了。例如：

储　　蓄

储蓄能够养成节俭的习惯，增加个人的幸福。（以上是起笔）但是储蓄是积少成多的，一定要有恒心。（以上是承笔）否则有始无终，决不能得着他的好处。（以上是转笔）所以储蓄会中，往往对于储户有不得间断的限制，就是这个意思。（以上是收笔）

至于气势充足的文字，一篇之中，往往承笔转笔，用了再用，没有一定。所以他的段落，分解起来，也较普通多些。

【注意】极简短的文字，只有承笔，没有转笔。又把承笔即作收笔的，也有。

【练习】

（1）指出任何课文中的起、承、转、收。

（2）储蓄的益处。

又如，第四册第14课《文字的抑扬》：

家里的人，看见他的泪痕，好生疑虑，以为这定是受人欺侮所致，忙问他的究竟。敏儿将所见的始末，说述一回。他的父亲直跳起来说："呀！瑞叔死了，可惜可惜！"

原来瑞叔是一个学者。他的见识，从小就高人一等。现在年龄还没到五十，已经与世长辞，从此乡里中又少了一个名人，不是很可惜么？

记得他在幼时，曾见人家斗蟋蟀，忽起了一种感触，写成一篇论蟋蟀的文字。文中抑扬互用，笔法灵活，决非平常的小儿做得出。现在我且写在下面：

论 蟋 蟀

蟋蟀性喜奋斗，到死不退，人家都称赞他；可惜他残害同类罢了。螳螂捉蝉，水獭吃鱼，虽是也算残害；不过蝉与鱼是不和他们同类的。蟋蟀对于同类，却是这样的残害，究竟为什么？难道一些也没种族的思想么？像他这样的愚笨，一意逞着野蛮，尽管勇于奋斗，只可算得轻举妄动罢了。

这是一篇先扬后抑的文章。凡论人物的美恶，与事业的成败，惟恐说得太过或是不及，所以常用抑扬法。有的是先抑后扬，有的是先扬后抑，有的是扬中寄抑，有的是抑中带扬。这样一来，笔情就觉得有了屈曲，文章就觉得有了气势了。

【练习】论蚁（用抑扬法）

这种编法十分科学、合理。在与儿童相关的故事情境中相继呈现写作知识，既有利于儿童的理解和接受，也让儿童感受到写作是其日常生活的一部分，而不是额外的负担。根据具体的写作知识和儿童的知识、能力水平编写例文，而不是选择现成的名文，不仅因为量身定制的例文能贴切地呈现某种写作知识，还因为其顾及了儿童的特点而使儿童更愿意也更能够接受。如果说呈现例文是让儿童获得一种感性认识，那么再结合例文进一步介绍写作知识的种类、用法和功效，就是在进行理性的分析。最后以相似的作文题目，让学生运用刚学的写作知识，参照刚读的例文来写作，以促进写作知识向能力转化。

因为这种编排方式充分考虑了儿童的思维特点和接受心理且有多种优点,所以也被20世纪30年代初夏丏尊和叶圣陶在写作《文心》时直接效仿①。

5. 口语教材

1929年颁布的《小学课程暂行标准小学国语》将1923年颁布的课程纲要中的"语言"改为"说话",2001年颁布的《全日制九年义务教育语文课程标准(实验稿)》将"听说"改为口语交际,都使得改后的口语教育得以加强。在交际范围逐渐扩大和频率日益增强的今天,口语能力要求也日益提高,口语教育显得更加重要。虽然口语教育很重要,但是因为儿童入学已经有了基本的口语能力,所以我们有必要区分一般的口语能力与专业的口语能力,弄清楚日常口语与学校口语教育的目标、内容和方法的区别。

(1) 建构口语技能体系

儿童在入学之前已经在家庭和社会上习得了基本的口语能力,入学之后就应该考虑培养其专业的口语能力,即随着日常情境(在家庭、社区中的普通交流)向特殊情境(在演说厅、辩论场等场所中的特殊交流)的转变,语言运用也由自然语言(口头语)向修饰语言(书面文)转化。目前口语教育除了缺乏独立的教材,最为缺乏的是有关口语能力的构成要素、层级关系的研究。现在一提起口语教育,大多教师会称要培养标准正音能力、日常会话能力、即席发言能力、专题演讲能力和自由辩论能力;或把口语能力分成听话能力和说话能力,其中听话能力包括注意能力、辨音能力、理解能力、记忆能力、听话礼仪,说话能力包括正确的语音能力、词汇积累与运用能力、敏捷的思维能力、得体的说话礼仪,等等。但是,我们并不清楚这些能力由哪些要素构成,这些要素哪些是可以自然习得的,哪些是可以通过教学获得的,能力与任务情境之间的关系如何,能力的层级是什么,等等,这些目前都缺乏必要的研究。因为这些都不清楚,所以教材编写和教学实施往往都是呈现一个个具体的情境让学生去操作,而且往往是小学一年级训练打电话,到了初中一年级还在训练打电话。总之,目前首要的任务是参考国外的母语课程标准和国内外相关的口语研究论著弄清楚口语能力的构成要素,并分出层级,然后分散落实到相应的年段学期的教材中去。

---

① 《文心》于1934年由开明书店出版,以一少年周乐华为主人公,围绕他的经历编写系列故事,在故事中介绍各种语文知识,其中就有不少写作知识。

（2）编写技能训练教材

20世纪30年代,口语教育由重点教授学生灵活地运用白话词语和正确发音("国语统一")转向培养独立的说话能力,开始出现了独立的说话教科书,如商务印书馆于1933年出版了小学初级用《复兴说话范本》(八册,王向编著、王云五校订)和小学高级用《复兴说话范本》(四册,齐铁恨编著、何炳松校订)。这些说话教材按课程标准中所设定的不同口语训练技能来呈现。如王向编著的《复兴说话范本》的第二、三、五至八册的第1课分别是儿歌《江山牵着一只牛》、演进语料《洗脸》、注音符号练习《出南门》、会话《记俏皮话儿》、会话《百货公司》和会话《高谈演戏》,最后一课分别为儿歌《小孩儿划船》、简易故事《瞎子喝鱼汤》、故事《不会说话》、故事《口头语儿》、演说《打倒偶像》和演说《统一国语》。课文均是成篇的语料。如小学高级用《复兴说话范本》的第二册的第2课《出门问路》：

甲：请问先生,国货陈列馆在甚么地方呢?

乙：在富强路呢。由这儿一直往南,走到十字路口,再向那警察打听好了。

甲：谢谢您哪!

乙：不要客气!

甲：借光! 要上富强路去,可朝哪一面走哇?

丙：由这往东,遇到那丁字街往南的马路就是。

甲：请教! 国货陈列馆是在那一条路上吗?

丙：是在那条路的南头呢。

甲：到那南头,还有多少路程?

丙：大约总有一里半路罢。

甲：谢谢!

不过,学校母语教育的主要目的是进行书面语教育,而且儿童入学之前已经具备一般的口语能力,所以小学阶段的口语教育与识字、写字、阅读、写作教育相比显得并不十分迫切和重要,其口语教育的主要目的,一是提高儿童对口语交际的兴趣,二是辅助识字、写字、阅读、写作的学习,所以小学阶段不必有专门的口语教材,也不必有专门的口语教育,而应把口语教育融入到其他教育中去。中学阶段(主要是初中),应该训练专门的口语能力,要开设专门的口语课程,编写独立的口语教材。其中的口语教材虽然需要课文,但是不应像上述口语教材那样简单地呈现一篇课文,而应该将知识、课文和情境、练习结合起来,让学生学习规则、熟悉例子、感受情境、参与活动,切实提高其口语能力。

四、语文课程分合与语文教学重定

如果能做到识字、写字、阅读、写作、口语等课程分设、知识重构、教材分编,那么各自的教学目标就相对明确,教学内容就相对清晰,教学方法运用的针对性相对就强,教学效率必然会提高。

语文教学的一个主要目的就是教学生能够熟练地进行识字、写字、阅读、写作、口语等各种活动,而每种活动的完成需要不同的能力因素和非能力因素共同起作用。能力因素就是前文所说的各种知识(通过指点或归纳让学生学得显性知识、在活动中让学生习得隐性知识),尤其以技能(方法)性知识为主;非能力因素则涉及动机、兴趣、习惯等,尤其以兴趣为主。不同的教学内容又吁求相应的不同的教学过程与方法等。

另外,佐藤学在 2017 年 2 月 27 日于华东师范大学举行的"专家型教师的学习与省察"所作的学术报告中称:"21 世纪的学校与作为学习专家的教师,在课程设计与实施上要从'程序型'(阶段型＝习得与巩固)课程(目标·达成·评价)转变为'项目型'(登山型＝思考与探究)课程(主题·探究·表现),要注重协同学习(collaborative learning),构建作为学习共同体(learning community)的学校。"这种观点与近年国内所倡导的由知识—技能向主题—情境教学发展类似。但是,在我看来,二者绝非对立、非此即彼。我认为课程设计应该按知识—技能序列编排,但是课程实施应该按主题—情境方式来实行,就是将二者结合起来。如果课程既按知识—技能来设计又按单一的知识传授、技能训练来实施,则无法让学生在具体的情境中运用这些知识和技能(教师讲授、学生学得的这些脱离情境的知识、技能因为难以迁移而变得"无用",在具体情境中习得的知识、技能,则因为有个人的体验而保持得更持久、运用得更自如),也因为不会综合运用多种知识、技能而导致问题无法完满解决,更因缺乏任务驱动而难以激发学生学习的动机。如果课程既按主题—情境来设计又按此方式来实施,那么教学必然盲目无序。盲目是因为不清楚学习到底是解决任务还是学习知识、技能,任务是无数的,但是知识、技能是有限的,此时的知识、技能就相当于工具,任务就是对象,熟练掌握有限的工具,可以解决无限的任务,两者相当于"渔"与"鱼"之间的关系。无序是因为任务之间难以形成层级序列,很容易导致学习的重复浪费,最终造成学生的语文能力平面滑移。这样一来,语文教育就形成新的高耗低效的局面,或者落入传统语文教育中常见的暗中摸索的窠臼。再说,仅靠某种单一的知识、技能固然不能解决具体而复杂的任务,但是解决具体而复杂的任务中所涉及的多种知识、技能也不是一次性就能完全具备的,而是来自平时多次练习的积累。首先并不是一次就能全部掌握的,其次是如果每次重点掌握一项,那么就可以积少成多、由单一变得复杂、由相互无关变得联系紧密。所以,最好的办法是按知识、技能来设计课程内容,然后在教科书中将这些知识、技能分散在每个单元中,每个单元设置几个情境,以任务驱动的方式来要求师生明确以某项知识、技能运用为主,综合运用其他知识和技能,以解决这些任务。如果打个不恰当的比方,就如吃东西,过去程序性课程的设置与实施方式是,每次只是训练咀嚼、吞咽的一个步骤、动作,练习了很久还没有完整地吃过一次,现在的项目型课程的设置与实施只是一次一次地咀嚼、吞咽,到底怎么咀嚼、吞咽的,方法是否正确,练习者一概不知。又如练习弹钢琴,每次只练习一个指法固然不妥,因为虽然每个指法正确,但是会让儿童觉得单调乏味,而且暂时也不能弹奏出完整的曲子,不过,每次练习一支曲子也不妥,因为儿童虽然能够弹奏出完整的曲子,但是没有一个指法是正确的,没有一个音是准确的,所以最好的办法是每次弹奏一支曲子同时重点训练某个指法。

总之,需要建构起识字、写字、阅读、写作、口语各自的知识体系,将其分配到各册、每单元中,以明确具体的教学内容。然后,编者在教材中设置一系列的主题情境,或者教师利用教材中的选文来设置任务情境,在教学时以任务驱动的方式来落实这些内容。

当然,教学内容的确定、教学过程的安排、教学方法的选择是十分复杂的工作,除了要关注识字、写字、阅读、写作、口语不同课业的特殊的教学内容和教学方法,还需注意语文学科性质、课程目的、阶段目标、编者预设的教材功能、教材的特点、学生的特征以及教师的自身理念、条件等影响因素。这里所说的教学内容和教学过程、教学方法,只是从识字、写字、阅读、写作、口语不同课业这个层面来说的。

下面,将主要对识字、写字、阅读、写作、口语教学内容和教学方法逐一作简要的分析。关于它们各自的教学过程暂时从略。从理论上说,应该存在识字、写字、阅读、写作、口语各自不同的教学过程,而且很多学者或一线教师也建构过一些专门的教学过程模式。不过,在我看来,这个问题相当复杂,建构的过程也相当艰难,我在《语文有效阅读教学：精要的内容与适宜的形式》一书中，就曾根据诗歌、散文、小说、剧本、议论文、说明文、应用文和文言文等八种不同的文体、语体的特点建构了八个教学模型（包含了主要教学内容和基本教学过程），甚至还可以在此基础上继续建构出更多的子模型。《语文有效阅读教学：精要的内容与适宜的形式》也只是对阅读这一项课业的教学过程进行了初步的探索。鉴于此，此处暂时不讨论识字、写字、阅读、写作、口语的教学过程。不过，需要强调的是，建构出科学、合理的识字、写字、阅读、写作、口语教学过程又十分重要，所以希望能有更多的人去探索。

（一）识字教学

识字要求使所识的字的形、音、义产生连接，即见到其形、口念其音、心知其义。有时只需形、义结合，即见形知义，不必一定要口念其音。有时只需心知其义，不必要求口讲，领会即可，不必解释。对于识字教学来说，除了教给学生有关汉字的陈述性知识，最主要的是教授识字的程序性知识，包括识字教学技能、策略，就是我们常说的识字教学方法（微观）和教学方式（宏观）。

1. 汉字、拼音知识

包括部首偏旁的名称（含义）、字体结构的类型、简单的造字和用字原理、拼音知识，等等。

2. 识字教学方法

古代识字（教学）方法。主要有以下四种：一是韵语识字。就是像"三、百、千"和杂字书那样，以三言、四言、五言、六言等写成，几字一顿，节奏明快；往往句末押韵，隔句换韵，音韵和谐。儿童读起来朗朗上口，既提高了儿童的识字兴趣（乐识），又增强了识字效果（易记）。二是字理识字。如清代文字学家王筠在《教童子法》中指出，汉字是依"观物取象"的原理来构造，儿童形象思维能力又较强，那么，识字教学就要运用直观的方法，将文字与实物联系起来，"识'日''月'字，即以天上日月告之；识'上''下'字，即以在上在下之物告之，乃为切实"[①]。他在《文字蒙求》中进一步分析了儿童识字困难的关键在于不会分字。如果要学会分字，就要掌握"六书""四体"（"六书"中的象形、指事、会意、形声是造字方法，转注、假借是用字方法，"四体"是指前四

[①] 王筠撰《教童子法》，北京：中华书局，1985年版第1页。

种造字方法)的基本原理,让儿童先明白象形字、指事字是什么,进而知道会意字是合象形字、指事字而成,而形声字又是合象形字、指事字、会意字而成,这样"分一字为数字,则点画必不可以增减,且易记而难忘矣"①。三是对比(归类)识字。汉字中有许多音近、形近的字,常容易混淆,儿童辨识较难,如果能将其放置在一起进行比较,则辨识较易,记之较牢。如唐彪在《父师善诱法》中称:"教童蒙泛然令之认字,不能记也。凡相似而难辨者,宜拆开分别教之。"如"戍""戌""微""徽"之类,"凡见易混淆之字,即当引其相似者证之,曰:此宜分别熟记者也。如此,始能记忆,无讹误遗忘之患矣。此教认字之法也"。②又如崔述在《幼训》中提出"辨字"法:声同而笔画偏旁不同,如"形"与"刑"、"扬"与"杨"、"行"与"杏";字同而用法不同,如"女"与"汝";声近而用舌、用齿等发音部位不同,如"星"与"心"、"登"与"敦";等等。③四是字包识字。字片、字包识字的教法,即将要求儿童识的字写在一定长宽的纸片上(或单面,或双面书写),然后分类装入多个类似于方盒之类的器具(字包)内,识字时从中抽出字片,展示给学生让其辨识;或随意从中抽出一张,作考问复习之用。

近代识字(教学)方法。从1902—1904年现代学制确立至1949年,借鉴西方的识字教学方法,如看图、实物识字,表演、游戏识字,猜读识字,归类识字,等等。

当代识字(教学)方法。1949—2000年,所创立的识字教学方法还有注音识字、韵语识字、字族文识字、字根识字、汉字标音识字、成群分级识字、字理识字、部件识字、炳人识字、猜认识字、字谜识字、趣味识字、立体结构识字、双拼计算机辅助识字、多媒体电脑辅助识字、四结合识字、听读识字、科学分类识字、奇特联想识字和快速循环识字,等等。④⑤⑥

这些识字教学方法,或关注汉字本身的音、形、义的特点,或关注儿童的经验、能力基础,或关注儿童主体性的发挥,或关注识字工具的开发。

---

① 王筠著《文字蒙求》,上海:大东书局,1933年版序言第1页。
② 唐彪辑著,赵伯英、万恒德选注《家塾教学法》,上海:华东师范大学出版社,1992年版第18页。
③ 璩鑫圭编《中国近代教育史资料汇编·鸦片战争时期教育》,上海:上海教育出版社,1990年版第383页。
④ 佟乐泉、张一清著《小学识字教学研究》,广州:广东教育出版社,1999年版第87—141页。
⑤ 张田若、陈良璜、李卫民著《中国当代汉字认读与书写》,成都:四川教育出版社,2000年版第140—190页。
⑥ 戴汝潜、郝家杰《识字教学改革一览》(一)—(五),《人民教育》,1997年第1—5期。

3. 识字教学方式

首先,要先集中识字后分散识字。先集中识一些常用字,知道多音多义字的某种读音、含义和用法,然后在阅读中识一些非常用字,或者常用字中多音多义字的其他读音、含义和用法。其次,针对"四会"要先分进后合击。有些字只要求识,不要求写和用,即前文所述的多认少写、用,先识后写、用;有些字只要求见形识义,不一定非要念出其声,更不必解释其义。最后,要先识汉字后学拼音。拼音是识字的辅助工具,而不是用来代替汉字的,其作用首先是为汉字正音,其次是在提笔忘字时拼出以临时替代汉字,最后是查检字典时作为检索工具。另外,如果一开始就学这些抽象的符号、繁难的拼写,反而会打消儿童识字的积极性。如果一开始就让儿童学习常用简易的汉字,则容易让儿童对汉字产生一种亲近感。虽然这三种识字教学方式主要由语文教科书的编者和语文教师来设计和实施,但是也可提醒学生掌握这些策略,如分散随文识字,"四会"中主要做到形、义结合,学会用汉语拼音辅助识字,等等。

(二) 写字教学

1. 内容设计

一是识、写分开,写、用分开。二是分步训练,由易到难。先写基本笔画及结构简单的汉字,再写复杂的笔画及结构复杂的汉字。

2. 方法指点

包括坐姿、执笔、运笔、笔画、笔顺、结构、字间、行距等方面的指导。

3. 习惯培养

要求儿童正确书写,反复练习,在准确、端正的基础上力求美观、迅速,最终不是把写字当成一项任务,而是要当成一种爱好。

(三) 阅读教学

目前学界提出的语文教学内容确定性问题及其争论,其实针对的是阅读教学内容,说得更具体一点,就是文学文本和实用文本要"教什么"很难确定,"怎么教"也不清楚。目前因为课程合设、教材合编而导致阅读教学内容极不容易确定,教学不是用课文来培养学生的阅读能力和习惯等,而是用课文来进行识字、写字、写作、口语训练。相应地,阅读教学方法也不是根据教学内容而选定的,而是极其随意的。如果要开设独立的阅读课程、编写独立的阅读教材,那么就应该有独立的阅读教学内容和教学方法。

1. 阅读教学内容

首先要以阅读技能性知识教授为主。阅读教学内容应该根据阅读活动完成所需要的能力因素和非能力因素来确定。所以阅读教学内容,首先是文本内容性知识,包括文本中的人、事、物、景、情、理,还有作家的基本经历、作品创作年代等信息。其次是阅读技能性知识涉及的文本形式知识,但不以此为主,而以阅读技能性知识的教授为主。如下表所示①。

表3-1 文章要素与阅读技能

文章要素	阅 读 技 能		
一、理解词语	1. 相对相反		
	2. 同位互注		
	3. 转义	(1) 引申转义	
		(2) 修辞转义	
	4. 描述例解		
	5. 目的手段		
	6. 逻辑推理		
	7. 词类活用		
	8. 顾及全篇		
二、理解句子	1. 抓住句中的关键词语		
	2. 抓住句子的结构主干		
	3. 根据语言标志摘引句意		
	4. 根据修辞方法	(1) 反语	
		(2) 双关	
		(3) 婉曲	

---

① 根据程汉杰编著《实用快速阅读法》整理改编,桂林:漓江出版社,1996年版第93—138页。

续表

文章要素	阅读技能			
二、理解句子	5. 根据逻辑关系			
	6. 根据语言环境			
	7. 根据人物特点			
	8. 根据写作背景和作者意图			
	9. 根据全文			
	10. 根据语境和语句比较			
三、段落理解	（一）段意的归纳	1. 抓中心句法	（1）直接摘录中心句	① 在段首
				② 在段尾
				③ 在段中
			（2）改写中心句	
			（3）利用提示性词语找中心句	
			（4）利用议论句找中心句	
		2. 概括法		
		3. 抓实质法		
	（二）段内句间关系	1. 顺接关系	（1）按时间顺序	
			（2）按空间顺序	
			（3）按逻辑顺序	
		2. 并列关系		
		3. 转接关系		
		4. 层递关系		
		5. 解说关系		
四、结构层次理解	（一）记叙文	1. 按时间、空间的转移切入		
		2. 从景物描写的变化切入		

续 表

文章要素	阅 读 技 能		
四、结构层次理解	（一）记叙文	3. 从作者的选材角度和组材意图切入	
		4. 从人物的思想感情变化的脉络切入	
		5. 按事情性质来分	
		6. 按情节发展来分	
	（二）议论文	以内在逻辑关系为依据	（1）总分式
			（2）并列式
			（3）递进式
	（三）说明文	1. 从说明顺序入手	
		2. 从总说与分说的结构方式入手	
	（四）抒情文	从排比式的自然段入手	
五、中心思想的归纳	1. 写人的文章从分析人物入手——由"人"及"义"		
	2. 写事的文章从分析事件入手——由"事"及"理"		
	3. 写景的文章从分析景物入手——由"景"及"情"		
	4. 说明文由事物特点入手，顾及作者态度		
	5. 议论文由中心论点入手，兼顾作者意图		
	6. 复杂文章从区分入手	（1）区分说明与被说明	
		（2）区分衬托与被衬托	
		（3）区分对照与被对照	
		（3）区分线索与陈述中心	
	7. 要注意文眼		
	8. 要注意文题、开头、结尾		
	9. 要抓照应之笔		

续表

文章要素	阅读技能	
六、写作特色分析	1. 从选材上分析	
	2. 从结构上分析	(1) 写作顺序
		(2) 开头结尾
		(3) 过渡照应
	3. 从表现方法上分析	(1) 象征法
		(2) 对比法
		(3) 托物言志法
		(4) 衬托法
	4. 从语言上分析	(1) 严肃
		(2) 活泼
		(3) 辛辣
		(4) 幽默
		(5) 激烈
		(6) 恳切
		(7) 平实
		(8) 生动

我们从中外现代文阅读的考试题中发现,其考查的对象主要是对文本内容的识记、理解、推理、想象、评价等,而不是总结归纳文本的形式特点,这种检测阅读结果的方式是根据"阅读"的本义而设计的。不过,如果将现代文试题与我国现行的阅读教学对比,我们会发现,后者侧重文本形式的分析。在前文我反复说过,如果说阅读是读者从文本中获取信息进而与文本进行交流、对话的话,那么阅读教学就应该是教师带领学生通过文本的学习获得这种获取文本信息进而和文本展开交流、对话的技能。照

此看来,现行的阅读教学是异化的阅读教学,是悖离"阅读"的教学。我们所主张的结合文本阅读指点阅读技法的教学内容会经常出现在一些特级教师的课堂上,如2005年在杭州举行的"本色语文"论坛上,胡明道老师在教授《纸船》时,设计了一个让学生评点诗句的重要环节。当学生评点一番之后,她再发问:"你们觉得谁评点得最好?怎样评点的?为什么?"这就是让学生习得方法。和学生交流后,她又总结评点的方法——"赏析文章写评点时,你可以:选词选句写评点,词句赏析不离篇。点悟内涵评写技,明白晓畅用语简"。如还有老师在教一篇抒情散文时在完成每个环节的教学后都会总结读法:学习一篇文章应该朗读一遍、背诵几段、理解几片、仿写几句(将仿写作为阅读教学内容并不恰当)。当然,除了上述显性知识,还应包括缄默的阅读知识。阅读非能力因素,包括联系旧知激发阅读动机,举行读书报告会培养学生的课外阅读兴趣,检查读书笔记提示学生要养成在阅读时写札记的良好习惯,等等。

研究阅读方法的专著,除了上表所列程汉杰编著的《实用快速阅读法》是按照文本的构成要素来系统介绍阅读方法的,其他最有代表性的是曾祥芹主编的《阅读技法系统》。该书从多个角度建构了一个较完整的阅读技法系统。这个系统由程序阅读链、完全阅读链、基础阅读链和应用阅读链构成。"链"下分"术",如程序阅读链由认读术、解读术、赏读术、评读术、记读术、用读术构成。"术"下分"法"。如认读术分为识字法、释词法、析句法、标点法。①

其次要注意不同文体、不同学段的区别。不同文体的教学内容也应该有所不同。文学文本和实用文本,文学文本中的诗歌与小说等,实用文本中的议论文与应用文等,教学内容应该有所区别。曾祥芹、张复琮主编的《文体阅读法》,从文体的角度介绍了多种阅读方法。该书分为上、下两编,上编《文章阅读法》分别介绍了消息、通讯、调查报告、游记、回忆录、传记、说明文、公文、总结、科学小品、教科书、思想评论、文学评论、学术论文和杂文共十五种实用文章的阅读方法,下编《文学阅读法》分别介绍了诗歌、散文、小说、剧本、影视文学共五种文学作品的阅读方法。②

---

① 曾祥芹主编《阅读技法系统》,郑州:河南教育出版社,1992年版。
② 曾祥芹、张复琮主编《文体阅读法》,郑州:河南教育出版社,1992年版。

我在《语文有效阅读教学：精要的内容与适宜的形式》一书中主要是从文体、语体的角度去建构阅读技能。书中分析了小说、诗歌、散文、戏剧、议论文、说明文、应用文、文言文八种不同文体和语体的文本的不同教学内容，并探究与这些特殊的教学内容相匹配的特定的教学形式，最终确立了八种阅读教学模型：诗歌诵读教学模型（分"疏解的读""逻辑的读""审美的读"三步教学），基于"三要素"有机联系的小说教学模型（从人物入手，分析具体情境中人物的言行和目的，以及作者的旨意），不同类型的散文教学模型（分为写人叙事、写景状物、抒情励志三类并确定不同的教学内容，按阅读心理过程将教学过程分为审美性阅读、批评性阅读、研究性阅读三步），基于"空间·会话·冲突"三要素的戏剧教学模型（将"空间·会话·冲突"作为戏剧新的三要素，将教学过程分为文本鉴赏和戏剧表演），"五要素——三大步"议论文教学模型（围绕论题、论点、论据、论证、论旨五个要素，分理解、批评、讨论三步教学），以"获取信息"为原点的说明文教学模型（分讲解讨论和情景驱动两步，教学生各种获取文本信息的技能），"读写结合·知写促读"的应用文教学模型（从了解不同应用文的结构及文本各部分的功能入手获取文本信息），以"言"为本位的文言文教学模型（运用评点切入、原文重现、同题比较等方法，教学文言词句的意义和用法，兼顾鉴赏文学艺术、分析文章作法、探讨文化内涵）。这八种阅读教学模型，其实就是八种阅读技能，也是八种阅读教学技能。[1]

即便是同一文体，如果是让不同学段的学生来学习，根据学生思维特点、知识能力基础还有整个课程知识体系的层级来看，不仅要求其对文本信息掌握的程度不同，就是阅读教学内容也应有不同的要求，如仅从认知角度来看（还应有情感、审美等），低年级只要求识别，小学高年级和初中就要求理解并初步评价，高中则要求理解和评价，而且识别、理解和评价的内容也不相同。如下表[2]所示。

---

[1] 张心科著《语文有效阅读教学：精要的内容与适宜的形式》，上海：华东师范大学出版社，2020年版第1—388页。
[2] 根据作者参与的2014—2015年上海市语文教育教学基地承担的"儿童分级阅读研究"的部分成果整理而成。

表3-2 不同文体的教学内容

文体	识别	理解	评价
诗歌	1. 知道诗中写的人、事或物的大概; 2. 能感受诗歌的节奏,诵读时会在标点、分节处自然停顿。	1. 找出诗中典型的意象,说出对其中氛围(或意境)的感受; 2. 用口头或书面语言说出作者要表达的情感、思想; 3. 结合时代背景等分析其中的文化因素; 4. 诵读时能根据内容把握语音的高低、缓急、停连; 5. 指出诗中运用的部分修辞(比喻、拟人、借代、夸张、对仗、排比、设问、反问、顶真、回环等)、表达方式(描写:动静、虚实、色彩、空间等;抒情:借景生情、寓情于景、托物言志)、表现手法(象征、联想、对比、衬托、用典等),并能结合作品分析其作用; 6. 从形式上判断出诗歌的体裁(古典诗歌、现代诗歌、格律诗、自由体诗等)。	1. 结合时代背景和作者生平评价诗中所表达的思想、情感; 2. 结合全诗鉴赏诗中关键词语(诗眼); 3. 将其中的修辞、表达方式和表现手法与其他诗歌进行比较,并简要说明优劣; 4. 结合体裁知识,对诗歌作出评价; 5. 指出诗歌的整体风格; 6. 利用古今评论文字对诗歌的内容和形式作出评价。
小说	1. 大致说出故事始末; 2. 说出主要人物。	1. 说出人物之间的关系; 2. 通过各种描写(尤其是语言、动作与心理)和叙事(包括作者的评论文字)分析人物的主要特点; 3. 通过小说情节和发表时间,推断出作品所要反映的时代及其特点; 4. 判断作者所要表达的旨意; 5. 找出小说中铺设的线索; 6. 大致说出几种叙事方式; 7. 运用自己所掌握的体裁知识判断出小说的种类,并指出其中的一两个体裁特征。	1. 对作品中的人物、事件进行评价; 2. 对作者的旨意结合现实进行价值判断; 3. 对其形式中最突出的特点进行阐释; 4. 结合一些研究论著写作简短的述评文字。
散文	1. 说出其中的主要人事物景; 2. 大致感到其中所表达的情感,明白其中所阐述的道理; 3. 诵读时有语音的高低、快慢的变化与内容(情感)相关的意识。	1. 通过各种描写和叙事等说出人物的性格; 2. 能解说事件发生的原因、经过; 3. 能说出作者所要表达的情感和道理; 4. 能理清叙事、写景、抒情、说理时的层次安排(线索、结构); 5. 体味一些优美的词句和语段; 6. 指出文中运用的部分修辞、表达方式和表现手法,并能结合作品分析其作用(同诗歌)。	1. 对作品中的人事物景情理联系现实作出评价; 2. 根据散文的分类(写景、叙事、抒情、说理)对作品的艺术手法的某几个方面进行评价。

续表

文体	识别	理解	评价
剧本	1. 说出故事的始末； 2. 结合舞台说明区分角色和场（幕）次。	1. 能理清主要人物的关系； 2. 能通过对话说出主要人物的性格； 3. 能结合文本情境指出对话中的潜台词； 4. 对主要冲突发生的原因、经过进行分析； 5. 理解舞台说明对表达场景氛围、人物身份、情绪、行为、事件的发展等方面的作用； 6. 结合具体作品解说戏剧具有的场景、时间、人物行动集中的特点。	1. 评价剧中主要人物的言行； 2. 结合不同体裁的剧本（古典：杂剧；现代：独幕剧、多幕剧、话剧、歌剧）的形式特点对剧本作出评价； 3. 能结合舞台说明和自己的理解分角色进行表演。
信息类文本	能在有着诸多陌生概念和观点的文本中找到关键信息。	能概括文本主要内容，提炼主要观点。区分文本中的主观观点和客观信息，把握观点、信息之间的相互关系。理清作者的表达逻辑。能解释文中出现的一些专门的概念、术语。	联系文本外的知识、生活经验对作者的观点作出评论，能在生活中适当运用文本中的信息、观点；对文中信息的清晰与否，作者推论中论据的相关性、有效性、充分性和推论过程的逻辑性等进行评价。

　　上表所列的教学内容有两点需要注意：一是没有将阅读教学与写作教学的内容分开。二是其中的阅读技能只是根据一般的认知过程中的识别、理解、评价三个层级来呈现的，也没有涉及阅读策略。其实，阅读技能还包括一般的阅读策略，如可以由浅入深分成五级：一、逐字逐句阅读，能适当调整停顿、断句，以保证读通文本。二、阅读不够流畅、娴熟，但能通过跳读、猜测、回看等继续阅读，获得对文本的理解。会用想象的方式进入文本。三、阅读过程较为自然、流畅，信息加工基本达到自动化的状态。通过联想的方式补充文本省略、中断之处。四、阅读流畅，且能确定文本局部信息或某些特征的重要性，适当停留思考或采取其他各种策略以加深理解或加深印象。五、能有意识地通过概括、提问、追问等加深对文本的理解和认识。

　　2. 阅读教学方法

　　教学内容吁求选用适合的教学方法。从阅读知识看，文本内容性知识的学习，除了在课堂上结合文本讲授，还可以通过课前印发资料或设置拓展练习等方式让学生获得；阅读技能性知识，则可以通过规则的介绍然后结合文本阅读训练来巩固，或者在阅读的过程中、结束后适时归纳获得。从文体看,各种文体教学方法也应不同,如对诗歌意象、意境的感受,不是通过知识讲解,而是要让学生通过诵读、联想、扩写、评点等方式进入文本情境,而诗歌关键词语的信息则可通过替换、比较等方式去鉴赏。如果是信息类文本,可引导学生通过笔划等形式寻找语言标志,通过分类、比较、归纳、推理甚至操作、实验等方式获取基本信息。从知识类型看,显性的知识可以通过口头讲授等方式获得,而缄默的知识只有在具体的实践中才能形成。

(四) 写作教学

写作活动与阅读教学一样,同样需要能力因素和非能力因素共同参与完成。写作能力因素包括显性的陈述性知识、程序性知识(含策略性知识),写作非能力因素包括动机、兴趣等。写作教学内容应该根据能力因素与非能力因素来选择,哪些必须教,哪些不必教。当然,在需要教的内容中还应考虑哪些可教,哪些不可教。

1. 教学内容

陈述性知识主要是文本内容性知识,包括人、事、物、景、情、理,等等。程序性知识包括一般的写作技能和较高级的写作策略。一般来说,显性的陈述性知识在写作教学中是不必教的,因为这些知识绝大多数是要靠学生在生活和阅读中获得的,在课堂教学中教师只能提醒学生(尤其是陈述性知识缺乏的学生)注意广泛而深入地接触生活,大量反复地阅读书刊,以积累直接和间接的素材。当然,对于低年级学生来说,也可以通过提供与写作内容相关的图画或开展相关的活动,调动儿童原有的知识积累,或补充其写作时可能欠缺的知识,所以在特定的学段、特定的环节,显性的陈述性知识还是有教的必要的。

程序性知识(包括策略性知识)是必须教,也是可以教授的。可通过全面系统地介绍写作方法,提供正反实例(范文),进行局部(单项)、整篇(综合)练习来解决。关于先进行局部(单项)练习还是先进行整篇(综合)练习,目前存在争议。提倡局部写作、单项练习的人认为:一是小孩说话是从单词到短句到长句到语段的,书面表达训练也应如此。二是文章构成也是由局部到整体的,如刘勰在《文心雕龙·章句》里说的:"夫人之立言,因字而生句,积句而成章,积章而成篇。"①所以,要按组词、造句、写段、过渡、连篇的顺序训练。三是单项技能的训练不到位会影响整套动作的发挥,把文

---

① 刘勰著,陆侃如、牟世金译注《文心雕龙译注》,济南:齐鲁书社,2009年版第452页。

章的局部写会了,单项技能掌握了,成篇的写作就水到渠成,综合运用各项技能时就能十分自如。提倡整篇写作、综合训练的人认为:一是语文是母语课程,不是学习第二语言(如英语等),儿童入学已经能够通过口头表达完整的意思,虽然口头表达与书面表达并非完全一回事,但是白话文写作过程中的口头表达与书面表达差异不是太大,儿童完全可以将说的写下来,而不必先进行局部写作、单项练习,应进行完整的段、篇写作,鼓励综合运用各项技能(在生活中习得的各项表达技能)。二是虽然文章写作时是由字到句到段再到篇的,但是在构思时是相反的,是先从整体上立意谋篇,再分设段落,再选词造句。而且只有立意正确、新奇,谋篇合理,才能做到段落安排恰当、段意明确,只有段落安排恰当、段意明确,才能恰当地选择、安排句子和词语。所以刘勰又说:"篇之彪炳,章无疵也;章之明靡,句无玷也;句之清英,字不妄也;振本而末从,知一而万毕矣。"(《文心雕龙·章句》)①刘师培在《论谋篇之术》中称:刘勰"此谓立言次第须先字句而后篇章",但是"临文构思,则宜先篇章而后字句。盖文章构成,须历命意、谋篇、用笔、选词、炼句五级。必先树意以定篇,始可安章而宅句。若术不素定,而委心逐辞,异端丛至,骈赘必多。……若徒致力于造句炼字之微,多见其舍本而逐末而已矣"。②写作时会综合运用多种技能,但并不是单项技能机械地组合,就好比吃东西,并不是先把怎么用筷子夹菜练习熟练,再把怎么张嘴练习熟练,再把怎么咀嚼练习熟练,再把怎么吞咽练习熟练,最后才吃的,而是每次这些动作都是连贯地一次性完成的,只不过开始时筷子用得不熟练,或者咀嚼的方式不恰当而已。我认为应该将文章局部写作与整篇写作、单项技能训练与综合训练结合起来,即每次命题或设置任务情境时让学生写作一个完整的文本,但是要提示文本局部的写法、某项技能的运用,或者围绕文章的局部写法、单项技能的运用进行教学,在练习时除了片段写作、运用单项技能,还要进行整篇写作、综合运用多种技能,只不过是以局部写作、单项技能运用为讲解、写作和评价的重点。而这些局部的、单项的写作技能,应该建构成一个体系,然后分散到单次的教学中去。

这种作文技能训练体系很多,如在前述20世纪90年代各种中学写作教材中,以及在一些写作论著中都有较为系统的程序性知识。又如近些年来章熊曾设计了一套"高中生写作技能":语言(准确、明白、生动)、思维(联想——单向、双向;想象;虚

---

① 刘勰著、陆侃如、牟世金译注《文心雕龙译注》,济南:齐鲁书社,2009年版第452页。
② 詹锳《文心雕龙义证(中)》,上海:上海古籍出版社,1989年版第1252页。

构)、比较(类比说理、借物喻理)、压缩和扩展、描写(感觉印象、空间)、记叙性写作(捕捉动情点、学会运用横截面和纵剖面)、议论性写作(缩小论题、展开成篇)、多种表现方法的结合(记叙和议论结合——记叙中议论、议论中记叙、记叙与议论并重;记叙、议论、说明、描写、抒情综合)、寻求新意(寻求匡正空间、开辟新的视角、捕捉新的形式)、学会在限制中开拓空间(应用性写作、命题作文),等等。①

又如最近几年程翔一直主张读写分开,尤其是要建构独立的写作课程。2019 年,程翔指出,"长期以来我们没有独立的写作课,缺少成熟的写作教科书"。他还提供了自己多年建构的"初中写作独立设课实验框架",展示了初一、初二两个年级四个学期的写作教学内容②:

表 3-3 初一第一学期

写作单元	写作内容	写作文体	写作素养
第一单元	自然之景	记叙类文体:写景散文	突出特点、语句通顺
第二单元	自然之景	记叙类文体:写景散文	修改提高:写景讲究顺序
第三单元	自然之景	记叙类文体:写景散文	修改提高:寓情于景物中
第四单元	动作或物件	记叙类文体:故事	完整的情节、故事的时限
第五单元	动作或物件	记叙类文体:故事	修改提高:故事的意义
第六单元	动作或物件	记叙类文体:故事	修改提高:语言生动

表 3-4 初一第二学期

写作单元	写作内容	写作文体	写作素养
第一单元	自己	记叙类文体:叙事散文	叙述顺序
第二单元	他人	记叙类文体:叙事散文	表现人物

---

① 章熊《我来"抛砖"——关于高中写作技能教程的设想》,《中学语文教学》,2014 年第 5 期第 4—13 页。
② 程翔《试论语文学科内容的结构性缺失》,《中学语文教学参考(中旬)》,2019 年第 9 期第 21—22 页。

续 表

写作单元	写作内容	写作文体	写作素养
第三单元	学校发生的事	记叙类文体：叙事散文	选材要严
第四单元	自然界	记叙类文体：童话故事	主题明确
第五单元	写未知的事物	记叙类文体：科幻故事	学习扩写
第六单元	语文学习心得	实用类文体：总结	学习缩写

表 3-5 初二第一学期

写作单元	写作内容	写作文体	写作素养
第一单元	虚构的人和事	记叙类文体：小小说	提炼主题
第二单元	课文中的人和事	记叙类文体：小说改写为话剧	学习改写
第三单元	热点事件	记叙类文体：新闻稿	新闻稿写作常识
第四单元	科学现象	说明类文体：科普小品	说明的基本要素
第五单元	内心想法	实用类文体：演讲稿	清晰表达内心想法
第六单元	读名著活动	实用类文体：读书报告	表达读书感受和收获

表 3-6 初二第二学期

写作单元	写作内容	写作文体	写作素养
第一单元	风景名胜	记叙类文体：游记散文	学习立意
第二单元	写人叙事	记叙类文体：叙事散文	多种表达方式综合运用
第三单元	设计语文活动方案	说明类文体：活动方案说明书	结构完整、表达明确
第四单元	表达一个观点	议论类文体：人物评论	用事实来证明
第五单元	评论一个观点	议论类文体：思想评论	初步的分析能力
第六单元	评论一个事件	议论类文体：时事评论	依据标准评判

早在 2017 年程翔、张新村就认为:"目前,中学写作教学一直处于混沌状态,既无独立教材,也无独立课时,更无独立师资,可谓'三无产品'。""当前,教育改革进入深水区,教育工作者须静下心来研究并解决实际问题,攻坚克难,而编写独立的、完整的、科学的中学写作教程,将阅读和写作分开设课就是最实际的任务之一。"为此,他在初中的基础上建构了一个"高中写作独立设课实验框架",这个框架是由写作内容、文体与素养(技能)构成的三维写作体系,兼顾了上述三类写作知识。高一高二学年全部教学内容安排如下[①]:

表3-7　高一第一学期

写作单元	写作内容	写作文体	写作素养
第一单元	写自己	记人的散文	故事·个性
第二单元	写他人	记人的散文	故事·个性
第三单元	写家庭生活	记事的散文	抓住动情点
第四单元	写学校生活	记事的散文	故事要典型
第五单元	写物	记物的散文	比兴寄托
第六单元	写社会、自然生活	记人叙述散文	叙述线索

表3-8　高一第二学期

写作单元	写作内容	写作文体	写作素养
第一单元	写历史人物	人物传记	叙议结合
第二单元	写历史事件	纪事本末	写出事件的波折
第三单元	塑造人物性格	小说	学习虚构
第四单元	咏史、怀古	格律诗	格律诗的写作常识

[①] 程翔、张新村《关于〈高中写作独立设课实验框架〉的说明》,《语文教学通讯·高中刊》,2017年第1期第59、60页。

续表

写作单元	写作内容	写作文体	写作素养
第五单元	表达思想观点	演讲辞	观点与得体
第六单元	社会实践	小品	学习幽默

表3-9 高二第一学期

写作单元	写作内容	写作文体	写作素养
第一单元	建言献策	建议书	突出针对性
第二单元	语文学习心得	总结	清晰·实在
第三单元	读书心得	读书报告	归纳·提炼
第四单元	家国情怀	词	词的写作常识
第五单元	热门话题	杂文	学习讽刺
第六单元	国家·社会·人生	随笔	角度·深度

表3-10 高二第二学期

写作单元	写作内容	写作文体	写作素养
第一单元	论当下人物	人物评论	学习分析
第二单元	论当下事件	时事评论	学习反驳
第三单元	鉴赏一首诗（词）	文学评论	景与情
第四单元	鉴赏一篇散文	文学评论	语言的魅力
第五单元	评论一部小说	文学评论	思想·艺术
第六单元	评论一部话剧	文学评论	对话·冲突

这个体系兼顾了写作内容、写作文体、写法知识体系以及学生的知识、经验、心理水平，显得较为周密、完备、合理。

表 3-11 所列,是根据多种研究成果综合而成的按照不同的分类方式呈现的写作教学内容。但是,和国外母语课程标准或专门写作教材中所建构的写作技能体系相比,还过于粗陋,所以,有待于进一步整理、筛选,以建构一个新的、科学的写作技能体系,便于合理安排科学、有效的教学内容。

表 3-11 按照不同的分类方式呈现的写作教学内容

分类方式	文章结构	表达方式	基本过程	各种文体	练习方式
教学内容	组词、造句、联句、构段、谋篇、立意	一、描写 1. 人(外貌、语言、神态、心理、动作)、景、物以及场面 2. 正面、侧面、直接、间接写出人物的个性以及景物的特征 二、记叙 1. 六要素(时间、地点、人物及事件的起因、经过、结果) 2. 情节 3. 人称、视角 4. 叙事方式(顺叙、倒叙、插叙、补叙等) 5. 真实与虚构 三、说明 1. 顺序 2. 结构 3. 方法 四、议论 1. 论题 2. 角度 3. 观点 4. 论据 5. 结构(纵横) 6. 方法(证明、证伪、比喻、对比、引证、例证、辩证分析、合理归纳) 7. 意图 五、抒情 1. 直接抒情 2. 间接抒情 六、多种表达方式的综合运用	审题、拟题、构思、选材、组材、表达、开头、过渡、结尾、修改、评析、发表	一、实用文 1. 记叙文 2. 议论文 3. 说明文 4. 抒情文 二、文学文 1. 诗歌 2. 小说 3. 散文 4. 剧本 三、应用文 1. 书信 2. 日记 3. 条据 4. 通知 5. 启事 6. 会议记录 7. 演讲稿 8. 答辩词 9. 其他	自由作文、命题作文、话题作文、材料作文、图画作文、活动作文、情境作文

当然，那些缄默的写作知识虽然不可教，但是也应该提醒学生通过撰写作文后记、与人交流写作心得等反思活动来尽可能地使之显性化。那些不可教的，如高考评分表中在基本分层基础上设计的发展分的项目，或者是一般学者在立规矩的基础上设计的使人巧的技法，而基本分、立规矩层面的知识是显性的可教的。

非能力因素，指除能力因素之外，影响能力活动和发展的那些具有动力作用的个性心理素质，主要包括需要、动机、兴趣、情感、意志、气质、性格等。如动机水平有高低之分。针对写作动机水平低的学生，可通过提供趣味性话题、新奇的题目，用批语或口头表扬、鼓励其习作中的亮点，将其习作当范文宣读、推荐展出，让其批改自己或同学的作文，以及帮助其进行正确、积极的归因等方法让他获得成就感，从而激发他的写作动机，使其逐渐对作文产生兴趣。

2. 教学方法

特定阶段陈述性写作知识的教授，一般是将其放在一定的活动中去完成。如20世纪二三十年代的设计教学法中常有的"作文"一项。例如沈百英设计的"分科设计法"[①]：

一、从读文出发的设计：预备表演

1. 读剧本（读文国语）。2. 做表演品（工艺美术）。3. 做说明书（作文）。4. 写幕表（写字）。5. 剧中人物的研究（社会自然）。6. 剧中应用的歌曲（音乐）。

二、从作文出发的设计：编学级周报

1. 计划内容（常识）。2. 分组作文（作文）。3. 画插图（美术）。4. 抄写（写字）。5. 指定装钉人（工艺）。

三、从历史科出发的设计：埃及的文明

1. 研究埃及的伟大建筑（历史）。2. 因尼罗河发明阳历（地理算术）。3. 最初的文具（历史工艺）。4. 木乃伊的保存（医药卫生）。5. 读埃及故事（读文）。6. 吊古埃及（作文）。

四、由地理科出发的设计：寒地热地人的生活

1. 讲寒地和热地人的故事（地理）。2. 研究气候之差异（自然）。3. 寒带和热带之动植物（自然）。4. 寒地儿童和热地儿童通信（作文）。5. 沙箱装排和想像画

[①] 沈百英《设计教学的种类和方法》，《教育杂志》，1927年第十九卷第五号第5—7页。

(工艺美术)。6. 唱寒地娱乐歌(音乐)。7. 读爱司克莫故事(读文)。

五、由卫生科出发的设计：组织灭除蚊蝇队

1. 出布告(作文)。2. 研究蚊蝇之发生(自然)。3. 定分队调查之区域(地理绘图)。4. 制作灭除用具(工艺)。5. 驱除蚊蝇通俗图(美术写字)。6. 组织灭除队会计(算术)。

六、由美术科出发的设计：寄贺年片

1. 讨论贺年礼节(社会)。2. 做贺年片(工艺美术)。3. 寄贺年片学校(地理；原文如此——引者)。4. 算邮费(算术)。5. 做贺年文(作文)。

七、由体育科出发的设计：开运动会

1. 研究运动与卫生(卫生)。2. 团体运动中唱歌表演(音乐)。3. 写布告文(写字)。4. 做临时新闻(作文美术)。5. 预赛决赛(体育)。6. 速算运动会(算术游戏)。

八、由节日出发的设计：端阳裹粽子吃

1. 研究端阳风俗(社会)。2. 购买裹粽子的用具材料(社会)。3. 计算捐款(算术)。4. 烧粽子(工艺)。5. 写请帖(美术写字)。6. 筹备娱乐事项(读文、音乐、体育、国语等)

九、由纪念日出发的设计：国庆纪念

1. 研究中华民国的史略(社会)。2. 中国的地大物博(地理)。3. 出国庆特号的新闻(作文)。4. 读国庆日表演的剧本(读文国语)。5. 做灯彩(工艺美术)。

十、由集会出发的设计：邮票展览会

1. 从寄信买邮票上引起动机(社会作文)。2. 邮票的种类(历史地理)。3. 邮政的组织(社会)。4. 用邮票排贴图形(美术)。5. 集会时应用的广告标帜(写字美术)。

让学生在这些活动中完成作文，主要目的有二：一是让学生有东西可写(提供陈述性知识)，二是让学生喜欢去写(激发写作动机)。当然，关于怎么去写(指导写作技能，即程序性、策略性知识)，在活动中并没有出现。

写作技能的教学一般要结合实例来进行。写作技能(知识)的教学在许多人看来是无效的，这种认识显然是偏颇的。写作技能(知识)的指导就像给出游的人提供地图或导航系统一样，如果没有地图或导航系统，虽然其中的一些人也可能会到达目的地，但是极有可能是先要满大街地乱跑，或碰巧到达了，或跑错了许多地方而最终才到达，也就是说会浪费很多的时间和精力，而且还要看是否有机缘。反对教授写作技能知识的人常引用鲁迅在《做古文和做好人的秘诀》中的一段话来证明:"从前教我们作文的先生,并不传授什么《马氏文通》《文章作法》之流,一天到晚,只是读,做,读,做;做得不好,又读,又做。他却决不说坏处在那里,作文要怎样。一条暗胡同,一任你自己去摸索,走得通与否,大家听天由命。但偶然之间,也会不知怎么一来——真是'偶然之间'而且'不知怎么一来',——卷子上的文章,居然被涂改的少下去,留下的,而且有密圈的处所多起来了。于是学生满心欢喜,就照这样——真是自己也莫名其妙,不过是'照这样'——做下去,年深月久之后,先生就不再删改你的文章了,只在篇末批些'有书有笔,不蔓不枝'之类,到这时候,即可以算作'通'。"①从这段话中可以看出,鲁迅是反对古人一味地做读作训练,同时,他对老师的技能指点("涂改""密圈""评批")是赞成的,只不过他反对空讲技能,而是赞成像这样就学生的习作指点技能。他在《不应该那么写》中还提倡在名家名作的完成稿和未定稿的比较中去学习写作技能,他说:"凡是有志于创作的青年,第一个想到的问题,大概总是'应该怎样写?'现在市场上陈列着的'小说作法','小说法程'之类,就是专掏这类青年的腰包的。然而,好像没有效,从'小说作法'学出来的作者,我们至今还没有听到过。有些青年是设法去问已经出名的作者,那些答案,还很少见有什么发表,但结果是不难推想而知的:不得要领。这也难怪,因为创作是并没有什么秘诀,能够交头接耳,一句话就传授给别一个的,倘不然,只要有这秘诀,就真可以登广告,收学费,开一个三天包成文豪学校了。以中国之大,或者也许会有罢,但是,这其实是骗子。在不难推想而知的种种答案中,大概总该有一个是'多看大作家的作品'。这恐怕也很不能满文学青年的意,因为太宽泛,茫无边际——然而倒是切实的。凡是已有定评的大作家,他的作品,全部就说明着'应该怎样写'。只是读者很不容易看出,也就不能领悟。因为在学习者一方面,是必须知道了'不应该那么写',这才会明白原来'应该这么写'的。这'不应该那么写',如何知道呢?惠列赛耶夫的《果戈理研究》第六章里,答复着这问题——'应该这么写,必须从大作家们的完成了的作品去领会。那么,不应该那么写这一面,恐怕最好是从那同一作品的未定稿本去学习了。在这里,简直好像艺术家在对我们用实物教授。恰如他指着每一行,直接对我们这样说——'你看——哪,这是应该删去的。这要缩

---

① 鲁迅著《鲁迅全集(第四卷)》,北京:人民文学出版社,2005年版第276页。

短,这要改作,因为不自然了。在这里,还得加些渲染,使形象更加显豁些。'"①就是在范例(正反)的比较中获得写作技能(知识)。除了上述鲁迅提出的言语点拨和范例比较这两种教学写作技能(知识)的方法很有效,还有一种有效的教学方法是情境练习。就像叶圣陶等人在谈写作教学时所说的,骑自行车是在车上骑会的、游泳是在水中游会的一样,教学写作需要模拟需要运用某种写作技能(知识)完成特定任务的情境,让学生在完成任务的过程中获得某种写作技能(知识)。如在上述沈百英呈现的设计教学法中,可在学生写作过程中或结束后来点拨需要使用的写作技能(知识)。

我们认为,还应该综合考虑写作能力因素和非能力因素的培养,借鉴近代历史上的经验(如前述《新学制作文教科书》的做法、上述鲁迅等人的说法)和教育心理学的研究成果,设计出如下的写作过程和方法:(1)听一听。将隐性与显性的写作知识结合呈现:可以围绕三四个小主人公编写连续的读写故事,一个故事介绍一种写作知识,老师以说故事的形式讲授写作知识。(2)读一读。阅读暗含本次所要训练的写作知识的范文(学生的或教师的)。(3)比一比。先比较两篇正例,再将其与一篇反例比较。(4)议一议。呈现题目或范围,展开讨论,商议如何确立主题、选择哪些材料、材料先后如何安排、详略如何设计,等等。(5)动一动。围绕题目或材料进行表演活动。(6)写一写。设置情境,布置任务,写作成篇的作文。(7)评一评。作者自评,师生互评。(8)改一改。自改,互改。

(五) 口语教学

口语教学要注意两点:一是做到任务情境化。以任务来驱动教学活动的展开,而教学活动应该在模拟真实的情境下进行,这样不仅提高了学生对口语交际的兴趣,而且可以迅速地提高其口语交际的能力。二是要做到知识隐性化。口语教学要提示规则、讲授技能,但是要求老师在教学前设计和教学中实施时将这些规则和技能隐含在所呈现的口语交际案例或者口语交际活动之中,最好是在案例学习或活动结束之后,由教师提示或让学生自己总结。

(六) 同一课文的不同课型举隅

根据上文的分析可知,同一课文在识字、写字、阅读、写作、口语等不同的教材中其教学内容的选择是不同的,其教学过程的安排和教学方法的运用也随着教学内容的不同而

---

① 鲁迅著《鲁迅全集(第六卷)》,北京:人民文学出版社,2005年版第321—322页。

不同。不仅某一项教学内容的完成需要不同的教学过程和教学方法,这项教学内容和其他教学内容的组合方式不同,其教学过程和教学方法也不同。所以,下面我们以《为圆女儿公主梦 男子沙漠插旗建国自封国王》这篇消息为例,只呈现其作为教材在阅读、写作和口语教学中不同的教学内容,不再一一列出不同内容的不同教学过程和教学方法。

为圆女儿公主梦　男子沙漠插旗建国自封国王

据台湾地区"联合新闻网"14日报道,为了圆女儿的公主梦,美国人希顿日前在埃及和苏丹边界的一块"无主土地"上插旗,建立"北苏丹王国",希顿自封"国王",埃米莉如愿当了"公主",而当天正是埃米莉7岁生日。

据悉,希顿在苏丹边界的比尔泰维勒(Bir Tawil)"建国",这片面积2 060平方公里的沙漠因为太贫瘠,埃及和苏丹都不想要,因此都未宣称享有主权,成为希顿"建国"的理想地点。

希顿在美国矿业工作,有三个孩子,曾任维吉尼亚州地方政府的救灾队队长,2012年参选维吉尼亚州第九选区联邦众议员落选。去年冬天,当时6岁的埃米莉问他,她能不能当真正的公主,希顿不想哄骗女儿,但仍一口答应。

希顿为了实现诺言,上网查全世界的无主土地,他用拉丁文"terra nullius"搜寻,意思是"不属于任何人的土地",结果找到了比尔泰维勒。希顿说,由于埃及和苏丹有边界纠纷,双方都未宣称享有这片沙漠。

希顿向埃及当局申请前往这块无人居住的不毛之地,并说明他要去的理由。当时连他自己都想打退堂鼓,因为他"害怕去恶劣的环境"。不过他抵达比尔泰维勒后,对当地的看法完全改观。他说:"埃及人非常友善和大方。"

希顿在比尔泰维勒插上一面蓝色旗帜,上面有四颗星星和一顶皇冠,图案是他孩子设计的。

希顿说:"我要让孩子知道,我会到天涯海角去实现他们的愿望和梦想。"

他的下一步是要把他的"王国"打造成农业生产中心,这也是埃米莉的愿望,并藉此与埃及和苏丹建立友好关系。

里奇蒙大学政治与国际关系教授谢拉·卡拉皮柯说,希顿必须获得邻国和联合国的承认,方能"实际控制"这块土地。

希顿打算请非洲联盟协助他正式"建国",他有信心他们会欢迎他。他说,他的插旗举动是合法的,历史上一些国家也是这样"建国"的,包括美国,不同的是,历史上的例子是战争行为,而他是出于爱。他说:"我为了爱我女儿而建国。"

(来源:中国新闻网,2014 年 07 月 14 日)

---

1. 阅读教学

(1) 请你给希顿写一份简历(包括姓名、国籍、性别、年龄、职业、家庭和经历)。

(2) 简述"北苏丹王国"的位置、历史、现状和未来。

(3) 希顿建国的原因是(C)

A. 他落选参议员后想当国王　　B. 他想为女儿庆祝 7 岁生日

C. 他想满足女儿当公主的愿望　　D. 他想建设一个农业生产中心

(4) "图案是他孩子设计的"中的"孩子"是谁?

答:是包括埃米莉在内的三个孩子,这从下文"我要让孩子知道,我会到天涯海角去实现他们的愿望和梦想"中的"孩子"与"他们"所指一致可以推导出来。所以,译文中的"孩子"应该是翻译错误,原文可能是"孩子们"。

(5) "国旗"是"一面蓝色旗帜,上面有四颗星星和一顶皇冠",其图案有什么寓意?

答:皇冠代表埃米莉,因为"建国"主要就是为了满足她成为公主的愿望;最上面一颗星代表爸爸,下面三颗星代表妈妈和另外两个孩子。图案指代家庭成员,也是最初的国民。

(6) 文章中的"建国"被打上引号的原因是(B)

A. 强调希顿建国的行为很感人　　B. 说明这并不是真正的建国

C. 讽刺希顿建国是异想天开　　　D. 强调建国是本文的关键词

(7) 最终"建国"需要满足哪些条件?

答:首先是无主土地;其次要得到邻国甚至联合国等国际组织的承认。

(8) 如果让希顿拟一份建国纲领(理念),他会写上哪些内容?

答:(略)。

(9) 希顿是一个怎样性格的人?

答:有爱心(爱女儿、爱他人)、富有想象力、有创新精神、守信、执着、友善、实干。

(10) 希顿说:"我为了爱我女儿而建国。"你觉得他的说法对吗?为什么?

答:对的。首先是因为他爱女儿。当然,还为了开发不毛之地,使其变为农业生产中心。还可"藉此与埃及和苏丹建立友好关系",体现出一种"大爱"。

(11) 如果你的女儿向你提出同样的问题,你会告诉她什么,又会怎样去做呢?

(12) 请比较希顿与下列短文中主人公的行为的异同点。

男子犯"弥天大罪"? 要在"天空中"道歉

如果惹怒另一半,一般人会选择送花、送礼物或以一份佳肴打动对方让她消气。但国外近日却有一位神秘人,找来小型飞机在天空中写下向另一半道歉的话,这个做法不但引起当地居民注意,更让外界猜测到底这个神秘人犯下什么"弥天大罪",让他需如此大费周张地道歉。

据英国《每日邮报》报道,于澳大利亚布里斯班当地周一(27日)时,有居民抬头看天空时发现,在万里无云的天上竟出现"I'm sorry, ♡ U XX"(对不起,爱你XX)的字句。其间,有居民把这个"奇景"拍下上传至网站,对此许多网友纷纷猜测,到底是谁犯下大错得罪了另一半,使他需利用这个方法来道歉。

而在众人还在猜测神秘人与该字句的收件人为谁时,有人则出面声称,天空中的字句是由他利用小型飞机所"写下",指出是一位神秘人花钱聘请他向其女友道歉,希望藉此获得女友的原谅。

(来源:联合新闻网,2015年04月29日)

(13) 阅读下列短文,请比较希顿与这些波兰人"建国"的异同点。

数名波兰人在无主地"建国" 官方语言有中文

人人都可当国王!日前数名波兰人在欧洲意外发现一处土地为"无主地"后,便自行宣告建国,一伙人以国王自居,国名为恩克拉瓦王国(the Kingdom of

Enclava),由于此地面积相当窄小,仅1 076平方英尺,相当于100平方米,堪称欧洲最小虚拟国家。

根据《英国电讯报》报道,这个虚拟国"恩克拉瓦王国"位于斯洛文尼亚的梅特利卡镇(Metlika)及罗埃西亚首都萨格勒布(Zagreb)往西约30英里的地方,当中一位建国者瓦辛奇维兹(Piotr Wawrzynkiewicz)表示,王国将打造一处不分国籍、肤色、宗教的乐土,国民享有言论自由,且无需缴税,目前尚未有公民。

恩克拉瓦王国建国来势汹汹,虽然王国宪法仍在草拟中,但已计划使用虚拟货币,且提供5种官方语言,当中包含英语、波兰语、斯洛文尼亚语、克罗地亚语,奇怪的是,第5种语言竟然是中文。

另外,恩克拉瓦王国目前仍在筹备阶段,且尚未获得国际承认,但日前已经释出官方网站(http://enclava.org/),欢迎全球民众上网登记取得公民的资格,令人讶异的是,目前已有累积超过5 000人登记。

(来源:东森新闻,2015年5月17日)

(14)阅读下列短文,请比较希顿与这位汽修工的异同点。

美国一名修车工意外发现自己是英属岛国王储

中新网8月9日电 据外媒报道,美国45岁汽车修理工人赫尔在2008年搜寻祖先宗谱时,意外发现自己竟是英属曼岛的王位继承人,经过7年的人生探险,他逐渐赢得自己"子民"的民心,使他们对其以王室相待。

报道称,来自马里兰州的赫尔,带着妻子帕梅拉和12岁的女儿葛莉丝,越洋3 000英里,来到这个位于英格兰和爱尔兰之间的小岛,学习如何像个皇族般起居坐卧。

纵使赫尔的家世让他有资格获邀参加英国威廉王子的婚礼,但要赢得当地人民的尊崇和接纳,却要困难得多,因为当地民众对于一名美国人获得该岛王位颇不以为然。

当赫尔一家人来到曼岛后,对该岛无处不充满好奇,也开始熟悉当地传统及学习当地土语。但他们很快发现,从普通老百姓转变成勉强及格的王公贵族,非常不容易。

赫尔在酒吧和一名男子闲聊谈及此事,对方回答:"你是国王?哪里的?"赫尔说自己是曼岛国王,这位陌生人忍俊不禁说:"这是个好笑话。"另一位当地人也告诉他:"你不能宣称自己是曼岛国王就成了国王。"

赫尔说:"即使我已正式成为国王,除非赢得曼岛人民的人心,这个头衔毫无意义。"为了达到此目标,赫尔为一家三口聘请了皇室顾问和礼仪老师。赫尔初见顾问时,拿自己的大肚腩和对方相撞以示热情寒暄,吓坏了对方;他把餐巾扣在衣领下,还拿它擤鼻子,也令礼仪老师目瞪口呆。

帕梅拉说:"如今我学了这么多礼仪和文化,终于感觉自己比较像是个皇族了。"

然而,在赫尔逐渐地赢得当地人敬重的同时,他的家人对于完全定居曼岛并不热衷。葛莉丝说:"我不希望抛弃我的成长之地,永久住在这里。"

(原标题:美国一名修车工竟是英小岛王储 花费7年赢民心。

来源:中国新闻网,2015年08月09日)

明确:按照识记、理解、评价的顺序设计问题,其中(1)—(3)属识记、(4)—(8)属理解、(9)—(14)属评价。然后,让学生围绕这些问题讨论、回答,让学生在解决问题中学习获取信息进而与文本交流、对话的技能。

2. 写作教学

(1) 分析。《故事技巧:叙事性非虚构文学写作指南》(杰克·哈特著,中国人民大学出版,2012年版第11、20—37页)认为,好的新闻作品(叙事性非虚构文学作品)存在着一种"主人公——困境——解决问题"的结构,或者说存在着一种"叙事弧线",

这个弧线由五部分构成：① 阐述。即提供有关主人公的必要信息。② 上升动作。即安排跌宕起伏的情节。③ 危机。即设置情节的突转。④ 高潮。即呈现解决问题的关键性事件。⑤ 下降动作。即结局，可以是顺势回答问题，也可以是出现意外的结局。请你对照本文，分析其中的"叙事弧线"。

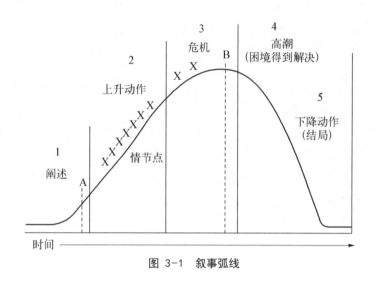

图 3-1　叙事弧线

（2）仿写。运用"叙事弧线"叙述一则小故事。

（3）改写。运用上述"叙事弧线"知识，改写报纸上的一则消息。

（4）缩写。请将上文压缩成 100 字的短消息。

（5）补写。

这是一则消息，但是缺乏比尔泰维勒为什么会成为无主地的"背景"，请搜集相关资料，补写一段新闻背景。

答：那么比尔泰维勒为什么会无主呢？根据秘境舆图网站（Atlas Obscura）（探索天下奇观的一个神奇网站）提供的信息，1899 年一份条约将比尔泰维勒划给苏丹，同时作为补偿将另一片名为哈拉伊卜（Hala'ib）的、资源更丰富的地区划给埃及。而 1902 年另一份条约则把哈拉伊卜划给苏丹，把比尔泰维勒划给埃及。然而，埃及和苏丹两国都只承认把哈拉伊卜划给自己的那份条约。直到现在，两国都没有声称对比尔泰维勒拥有主权，因为如果这样做，就等于承认了另一国拥有哈拉伊卜。

（6）请写一封信申请加入希顿建立的这个王国。

(7) 请结合课文以"小爱与大爱"写一篇议论文。

(8) 阅读消息《女孩在556万平方米湖床上写思念 宇航员父亲太空拍到》,结合课文,以"爱的表达方式"为主题写一篇文章。

4月14日报道,美国13岁女孩斯蒂芬妮的父亲是一名宇航员,因为觉得与远在太空的父亲通话时间太短,她决定"写出"对父亲的思念。在汽车公司的帮助下,她在内华达州的一座干涸的湖床上写下了"斯蒂芬爱你",而这几个字占地面积达5 980万平方英尺(约合556万平方米)。这样她的父亲就可以在太空看到这几个字了。

(来源:中国青年网,2015年04月15日)

3. 口语教学

可以设计人物的独白、对话以及申请、访谈等口语活动。

(1) 设计国王和公主的对白(女儿向父亲提出当公主的要求,父亲当时的回答。注意问和答的场合、心理、语气、修辞技巧等)。

(2) 国旗下的演讲（图标解释、施政理念等）。

(3) 国王的说服艺术：如果你是希顿，接下来你该如何去游说邻国和国际组织，从而实现最终的建国？

(4) 社会上流传希顿的另两个儿子将成为"王子"。如果你是一名记者且获得了采访他两个儿子的机会，请你拟一个采访提纲。

(5) 请在阅读《捷克男子宣布独立建国 约两万人申请国籍》的消息后，立即用3—5分钟评价其与上文中希顿"建国"的动机、行为和可能的结果的异同（当然，也可以稍微将二者与最近两年出现的一个恐怖组织 ISIS"伊斯兰国"进行比较）。

一名捷克男子日前宣布在欧洲独立建国，自称总统。国家名叫"自由土地"（Liberland），拥有国旗和官方网站，国土面积约为3平方英里。

男子名叫维特·耶德利奇卡，是捷克保守派自由公民党的党员。耶德利奇卡日前宣布占领塞尔维亚和克罗地亚之间大约3平方英里的"无主之地"，建立名为"自由土地"的独立国家。"自由土地"官方网站称，该国不收税，不设军队，也不干涉他国的领土完整。"自由土地"的格言是："自己活，也让别人活。"网站声明说："这个崭新国家的创始人的目的在于，让诚实的人们生活富足，不用受到政府的压迫，不让生活因为多余的限制和税收负担而痛苦。"

现年31岁的耶德利奇卡表示，独立建国的最初动机是吸引媒体关注。他说："最开始有一点像示威一样，不过现在它已经成了一个实际的项目，有了实际的支持。"据称，到目前已有大约两万人申请"自由土地"的国籍。这一数字到下个星期可能达到10万。"自由土地"的网站信息称，申请者需要发送电子邮件进行自我介绍，如果愿意，也可以发送一份简历。

耶德利奇卡还说，已经有人准备搬家了，而自己手下现在有7个志愿者。他开玩笑说："我们的移民局是全世界最繁忙的。"耶德利奇卡表示，目前打算把"自由土地"的公民数量限制在3 000至5 000人，将来会逐渐增长到列支敦士登的水平——约为3.5万人。

> 谈到祖国捷克,耶德利奇卡说,自己反对捷克政府,但努力并没有取得成效。"所以我们决定反其道而行之。我们必须建立另一个国家,从头开始,完完全全反着来。我依然会活跃于捷克政坛。如果有机会改变捷克共和国的政治局面,我很有可能会辞职,然后让别人替我掌管'自由土地'。"
>
> 耶德利奇卡还说,"自由土地"本着和平原则不设军队。如果遭到邻国克罗地亚和塞尔维亚的反对,只会做出"被动防御"。他说:"我们就搬家,但是照样坚持对这个国家的主权。"
>
> 截至目前,克罗地亚和塞尔维亚尚未理睬"自由土地"。
>
> (来源:中国青年报,2015年04月18日03版)

(6) 假如让你在印度洋上造出一个人工岛屿,然后据此创造出一个新的国家,说说你打算怎么做。

— 结语

— 分而有合：
语文教育正本清源

— 其实地上本没有路，走的人多了，也便成了路。

——鲁迅《故乡》

不能用非此即彼的思维方式说诸如"合则相得益彰,分则两败俱伤"或者"分则相得益彰,合则两败俱伤"之类绝对的话,而是要从分与合的利弊讨论为何分与合以及如何分与合。

为何要分合?一般讨论分合者多从教材的类型来分析分合的利弊,如称综合型教材("合编型"教材)的优点是教师使用一套教科书容易从整体上处理教学内容而取得较好的综合效应,缺点是系统性不容易体现;分科型教材("分编型"教材)的优点是眉目较清楚、序列较分明、系统性也较强,缺点是多套教科书不易配合,想求得教学上的综合效应和整体效应比较困难。将这种判断用在综合与分科课程设置和教学实施上也较恰当。

如何去分合?也就是"合,怎样做到合而不乱;分,怎样做到既有分工又互相配合?"[1]对此,周正逵曾指出的人民教育出版社出版的高中语文实验教材的三项基本编写原则同样适用于解决语文课程分合问题:"相对集中,分步训练""抓住重点,内外结合""统筹兼顾,要求灵活"。[2] 下面拟在以上正文部分论述的基础上,再作进一步的申说。

一、为何分

不分,会产生教学盲目、混沌、无序、无效等弊端。分的好处有三点:一是各种知识明确,而且能够形成体系。知识本身就是成体系的,以前语文课程知识无用并不在其成体系而是其不实用,或者干脆说在过去语文课程知识的体系根本没有完整地建构出来,而原来那种体系是虚构的、错误的,一个最明显的表征就是此前所谓的语文课程知识多是静态的言语形式知识,而缺乏动态的言语技能知识。识字、写字、阅读、写作、口语各自有哪些知识,这些知识的层级是如何构成的,都缺乏真正的研究。如果分开

---

[1] 黄光硕著《语文教材论》,北京:人民教育出版社,1996年版第6页。
[2] 周正逵《高中语文教材改革势在必行——编写六年制重点中学语文课本(试教本)的体会》,《运城师专学报》,1986年第2期第48—49页。

研制,则目标明确,且容易判断出言语内容性知识、静态的言语形式知识和动态的言语技能知识如何建构,如何排列,知识是否缺乏,体系是否完善。二是教材分编,成为系列。教材分编以后,相对容易确定不同的教材内容、选文功能,这样就可以提供不同的知识和材料,采用不同的呈现方式。三是教学目标(内容)明确、具体,容易确定,便于检测;教学过程便于安排,教学方法便于选择。"分化的方式注重探究事物自身的特征,注重了解特定事物的个性和特殊规律;综合的方式则强调事物之间的联系,不同事物之间的共性和普遍规律"[1]。按理说,"语文"教学是不存在的,只存在涉及具体课业的识字、写字、阅读、写作和口语教学。也只有将语文课程分成识字、写字、阅读、写作和口语课业,才能明确其各自特定的教学内容,选择与教学内容相匹配的特定的教学过程和教学方法,确定各自不同的测试内容与评价标准。

现在很多人提倡"跨学科""任务群""大概念""大单元"之类,主张整合课程、合编教材、综合教学,这自然有其合理性和必要性。不过,我们不能忘了,分才是合的前提。"分科是综合的基础,只有在深入分化的基础上,才能有较高水平的综合。否则,综合只能是表面和肤浅的","无论综合能够达到怎样的高度和形式,都不可能也不应当完全彻底地取消分科,在科学研究的领域如此,在课程与教学的领域也是如此。强调联系的绝对性和独立的相对性,应当包含这样的含义:分科的深化程度决定综合的层次"[2]。如果没有分,哪来合?拿什么去合?怎么去合?没有分的合,绝大多数是盲目的合,随意的合,浅表的合,会导致教学内容不清、教学形式混乱,也就是既搞不清教什么,也不能正真搞清楚怎么教,并最终导致教学效果低下。在语文学科没有分别深入地研究过识字、写字、阅读、写作、口语等课业所涉及的不同的知识、技能、教材、目标、内容、过程、方法的当下,依然会如此。所以,非常有必要先分。不能一直无视识字、写字、阅读、写作、口语等课业在综合之前的特殊性,不能一直漠视这些课业在综合之前所体现出的基础性(前提性)。

二、为何合

不合,会造成识字、写字、阅读、写作、口语知识无谓地重复,相互抵牾,甚至知识体

---

[1] 丛立新著《课程论问题》,北京:教育科学出版社,2000 年版第 196 页。
[2] 丛立新著《课程论问题》,北京:教育科学出版社,2000 年版第 195—196 页。

系的局部缺失,造成各项活动难以高效完成。如阅读中如果只默读而不说(讨论、讲解、诵读)、不写(摘录、评点、缩写、扩写等),效果将是低下的。不合,也难以让学生在解决复杂任务时能自如地综合运用多种语文知识和技能以顺利地完成。所以,合是通盘考虑,相互为用。顾黄初先生在《语文教育论稿》中讨论语文教材编排体系时就提到,"分则眉目清楚","合则相互为用"。①

三、如何分

落实"分",要做到以下四点。

一是有先后。先识字教学后写字教学,先识字教学后阅读教学,先阅读教学后写作教学,先识字、写字、阅读、写作教学后口语交际教学(训练高级的、接近书面的、需要教学的口语而非日常的、自然的口语)。总之,整体有先后、局部有同步(即在某一阶段,可同时进行识字、写字、阅读、写作、口语教学的分项训练)。

二是有轻重。在进行识字、写字、阅读、写作、口语教学时不是平均用力、相互掣肘,而是各有侧重、各个击破。如在进行识字教学时就以识字为主,以其他活动为辅,其基本教学内容是识字而不是其他,其活动设计也是围绕识字进行,其他行为是为了辅助完成识字。

三是有缓急。识字、阅读教学应该比写字、写作、口语交际教学等急切,因为先要吸收然后才能发表。识字是基础,是掌握书面符号的第一步。阅读不仅是为了提高阅读能力,更是借此积累各种知识(陈述性知识——各门学科知识和各种生活知识),从而为写字、写作、口语交际能力的形成奠定基础。

四是有相对与绝对。绝对地分是少见的,只有在识字教学中集中识记无意义关联的成百上千的单字才属此类。如果是集中韵语歌谣识字,其文字虽不重复,但三五个字本身就组成了一个有意义的句子,也就是说表面上是识字其实也是在阅读了。绝对地分在口语教学之中也会出现,如那种不涉及识字、写字、阅读、写作的口语行为(活动)。一般来说,在一项活动完成时都涉及其他活动,例如在写字教学中,写一个字一般就要求会识这个字。又如在阅读教学中,说、写往往是必不可少的,只不过识字是为

---

① 顾黄初著《语文教育论稿》,北京:人民教育出版社,1995年版第52页。

了写字,说、写是为了阅读。另外,从总体上看是分的,在局部实施上要合。最初是分,最终是合。研究课程与教学及编写教材时要分,实施教学时要适当地合。

四、如何合

首先,合主要体现在实践中。主要体现在教学过程中各项活动会以某一项为主、与其他项相互为用。分只是手段不是目的:在识字、写字、阅读、写作、口语某项教学中,如果分就可以某项为主,但并不是、其实也不可能完全排斥其他活动的参与,或者说只有其他活动的参与才能支撑某一项活动的完成;当基本掌握了某一项活动的知识,就需要和其他活动来综合实施,以使其活用、转化为能力。或者说,教学可以也应该"全"但要突出"一",但是课程研究和教材编写不能仅盯着"全"。如我国香港地区的考试分为口语、聆听、识字与阅读、写作综合,但是在实际教学时是以其中的一项活动带动其他活动的学习(从目的来看)的,而且也需要其他活动的参与(从过程来看)。也可以以完成某项任务(或者是解决复杂的问题、学习特定的主题)的形式,训练学生综合运用多种语文知识、技能的能力。不过,这一般要在单项知识、技能学习初步完成的某个阶段,这涉及下文将提到的时机问题。

其次,合主要体现在设计时。无论是整体设计课程,还是局部安排课程知识,还是将这些知识编进教材,还是将教材内容转化为教学内容,都要着眼全局,统筹安排,就是将这些分的东西合在一起来设计。

最后,合主要体现在时机上。其整体思路是先分,然后边分边合,最后再合。教材先分编,教学先分项练习,最后学段(或者毕业年级)的教材合编,教学时合用一套(本)教材,合练各种活动(合有活动中的合,阶段结束后的合,升学考试之前的合)。例如现在高中阶段的语文课程就是以合为主,《普通高中语文课程标准(2017年版)》设置了18个任务群,要求以任务驱动的形式落实,统编教材《语文·必修》在"单元学习任务"中设置了各种任务,并要求学生开展多种活动,在活动中综合运用多种知识和技能完成这些任务,并最终形成在学习、生活、工作中完成具体任务、解决特定问题的语文能力,而不是像过去那样到了高中阶段仍然以讲解与习题的形式,让学生掌握停留在纸笔考试中的脱离现实的单项的语文知识、技能。相反,如果在小学阶段,在单项语文知识和技能尚未掌握的情况下,就要求小学生综合运用多种知识和技能去解决复杂的"任务",这种做法也是可商榷的。

　　这和目前西方流行的"全语文教学法"("全语言")不同。美国"全语文教学法"的倡导者古德曼等反对将听说读写分开教学,也反对将读写的时机等按先后顺序排序,①类似于前文所说的各项教学齐头并进、混沌不分,忽视了各项活动所需要的特殊技能及其相应的教材、教学(内容、过程和方法)。这和我国香港地区受此影响而提出的"全语言"教学法也不同。"全语言"教学法强调在真实环境中练习语言、侧重能力运用——主张浸润式学习,忽视显性知识在能力形成中的作用(重隐性知识);侧重学生的活动,忽视教师的讲授引导等。总之,忽视了语文教学和语文学习之间的差异。也就是说,学习更多的是要在练习中获得能力,而教学不仅要开展活动,还要提供知识(技能)。

　　课程论专家丛立新老师在《课程论问题》中指出:"就课程结构而言,包括了分科与综合两个方面才是全面的;就学习者的认识结构而言,包括了分化与综合两种方式才是合理的。根据这样的思想,我们认为,课程在今后的发展,仍将在分科与综合这一基本关系的相互作用中实现,两种课程也将共同存在。"②我想,语文课程至少应该其实也必然如此!

---

① 董蓓菲主编《全景搜索:美国语文课程、教材、教法、评价》,上海:华东师范大学出版社,2009年版第136—143页。
② 丛立新著《课程论问题》,北京:教育科学出版社,2000年版第197页。

附 录

表1 初中实验课本《语文(阅读)》单元"导言"和"知识短文"一览表

册 数	第一册	第二册	第三册
阅读指导	一、谈阅读 要培养阅读能力 要认真读书 怎样圈点勾画	二、阅读和思考 怎样理解文章中的词句含义 摘录和评点 三、怎样理解段落	四、怎样分析文章的结构 怎样编写段落提纲 五、怎样总结文章的中心思想
听说训练	一、要培养听说能力 二、课堂问答的基本要求 三、怎样复述 四、怎样做课堂笔记	五、要重视听力的培养 通过阅读练习讲故事	六、怎样概述
朗读训练	怎样朗读		
记叙文	谈记叙文	怎样阅读以写人为主的记叙文	记叙文中的场面描写
说明文	说明文与记叙文的区别	谈说明文的阅读	说明文的结构
议论文		怎样读议论文	
小说		小说中的人物	小说中的情节
文言文			古代汉语的词汇(一)
其他	寓言和童话	旧体诗的格律 人民艺术家——老舍 《西游记》简介	谈散文 著名小说家——巴金 《水浒传》简介
册 数	第四册	第五册	第六册
阅读指导	六、谈精读 七、谈略读	八、怎样评论文章 九、谈阅读的速度	十、怎样选择书目和利用图书馆 读书札记 十一、怎样阅读报纸
听说训练	七、怎样评述	八、怎样讨论	九、怎样作读书报告
记叙文	记叙文中的议论和抒情	记叙文中的线索	
议论文		议论文中的驳论	再谈怎样读议论文

续表

册　数	第四册	第五册	第六册
小说	小说中的环境描写		
文言文	古代汉语的词汇（二）	古代汉语句法的一些特点 古代汉语的词汇（二）续	
其他	词的基本知识 现代革命文学巨匠——茅盾 《儒林外史》简介	谈报告文学 卓越的无产阶级文化战士——郭沫若 《三国演义》简介	怎样欣赏诗歌 中国现代文学的奠基人——鲁迅 《红楼梦》简介 有关戏剧的一些基本知识

注：选自中央教育科学研究所教改实验小组编初中实验课本《语文》第一册，教育科学出版社，1981年5月版，1984年5月第4次印刷。

表2　初中实验课本《作文》单元目录一览表

册　数	第一册	第二册	第三册	第四册	第五册	第六册
第一单元	作文的重要性和基本要求	打开思路	收集和积累材料	叙事训练（八）怎样写清楚一件比较复杂的事	参观记	语言和文风
第二单元	日记	叙述训练（三）材料的取舍和详写、略写	叙事训练（五）一篇文章写几件事——中心和层次	叙事训练（九）叙事中的描写	访问记	审题和构思
第三单元	作文的一般过程（一）列提纲	叙事训练（四）叙述的顺序	叙事训练（六）一篇文章写几件事——过渡和照应	叙事训练（十）叙事中的议论和抒情	调查报告	议论文（二）短评 附：议论文学习参考资料
第四单元	作文的一般过程（二）写初稿 修改	写人训练（一）人物概括介绍	叙事训练（七）一篇文章写几件事——开头和结尾	说明训练（四）平实性说明文的综合练习	议论文（一）	总结报告

续 表

册 数	第一册	第二册	第三册	第四册	第五册	第六册
第五单元	"静物写生"	写人训练（二）通过一件事写一个人	说明训练（三）事理说明文	记录	说明训练（五）文艺性说明文	总复习和总练习 附：关于总复习和总练习的建议
第六单元	叙事训练（一）怎样写清楚一件事	一事一议	读后感	辩论		
第七单元	叙事训练（二）两种叙述方法	说明训练（二）程序说明文	怎样发表意见			
第八单元	说明训练（一）实物说明文	消息	壁报			
第九单元	书信	通知和启事				

注：根据中央教育科学研究所教改实验小组编初中实验课本《作文》第一至六册整理，教育科学出版社，1981—1983年版。

表3　三年制初级中学课本《阅读》第1册单元教学要点

单元名称	教　学　要　点
第一单元	一、了解记叙文通过人和事反映社会生活的特点 二、体会作者在叙述和描写中所表达的思想感情 三、学会使用字典、词典
第二单元	一、体会六要素在记叙文中的运用 二、注意记叙文中时间顺序以及时间、地点的变化 三、学习列提纲的方法
第三单元	一、初步了解诗歌的特点 二、体会诗歌中作者所抒发的感情 三、学习怎样朗诵诗歌

续 表

单元名称	教　学　要　点
第四单元	一、学习如何把握事物的特征 二、注意说明的空间顺序 三、体会说明的准确性和生动性
第五单元	一、理解写景文章的特点 二、体会描写的作用
第六单元	一、了解童话和寓言的特点 二、理解童话、寓言中的具体描述 三、注意朗读的语调和语气
第七单元	一、了解论点和论据的关系 二、学习分辨中心论点和分论点 三、体会议论文和记叙文在叙述事实方面的区别
第八单元	一、了解小说的特点 二、体会人物描写的作用和作品中人物的特点 三、了解描写人物的几种方法

注：根据人民教育出版社语文二室编三年制初级语文课本《阅读》第一册整理，人民教育出版社，1986年版。

表4　六年制重点中学初中语文课本《写作》目录一览表

册　数	说和写的训练	现代汉语常识
第一册	作文训练（一）写自己熟悉的事情 作文训练（二）记叙的要素 作文训练（三）观察和选材 作文训练（四）描写和记叙 作文训练（五）写真人真事和虚构 作文训练（六）写清楚一个观点 说话训练（一）说清楚一件事 作文训练（二）说清楚一个观点	为什么要学点现代汉语常识 要学会说普通话 汉语拼音用处大 汉字和语素 形声字 字要写得对 字要写得美观 学会使用字典和词典 附录：课外练笔 汉语拼音方案
第二册	作文训练（一）记叙的顺序和中心 作文训练（二）写人要写好人的行为和语言 作文训练（三）说明事物要注意特点 作文训练（四）写景要抓住特点 作文训练（五）阐述一个观点要层次分明 作文训练（六）怎样写信 说话训练（一）说话要围绕中心 说话训练（一）说话要有说服力 附录：评改《澜沧江边的蝴蝶会》	要注意积累词语 词的构成 词义 同义词和反义词 成语 词语的表达色彩 使用词汇要注意语言环境 词汇的发展变化

续 表

册 数	说和写的训练	现代汉语常识
第三册	作文训练(一)记叙的详略 作文训练(二)怎样写新闻 作文训练(三)说明的顺序 作文训练(四)说明的准确性 作文训练(五)说明的生动性 作文训练(六)怎样借景抒情 作文训练(七)阐述观点要突出中心 说话训练(一)说话要用语得体 说话训练(二)学会朗诵 附录：办好墙报	实词—虚词 时间—空间 数量 肯定—否定 指称 程度 对于—关于 把—被
第四册	作文训练(一)怎样剪裁 作文训练(二)怎样写通讯 作文训练(三)说明事物的状态 作文训练(四)说明事物的本质 作文训练(五)说明事物的发展变化 作文训练(六)阐述观点要有针对性 说话训练(一)会议发言之一　汇报 说话训练(二)会议发言之二　讨论 附录：做卡片	短语及其类型 名词短语和动词短语 短语的扩展和紧缩 主谓句和非主谓句 句子成分的搭配 句子的复杂化 句子的语气(一) 句子的语气(二) 常见的几种语病
第五册	作文训练(一)记叙比较复杂的事件 作文训练(二)从几个方面说明事物 作文训练(三)论点和论据 作文训练(四)立论 作文训练(五)驳论 作文训练(六)怎样写调查报告 说话训练　演讲 附录：怎样做读书笔记	复句中的关联词语 复句中分句之间的逻辑关系 句式的选择和变换(一) 句式的选择和变换(二) 多重复句 句群 作文评改练习(一) 作文评改练习(二)
第六册	作文训练(一)写两个人的关系 作文训练(二)说明社会现象 作文训练(三)怎样写书评影评 作文训练(四)怎样写社会生活评论 作文训练(五)记叙、说明、议论的综合运用 作文训练(六)怎样写总结报告 说话训练　辩论	运用语言要讲究艺术性 要精心选用词语(一) 要精心选用词语(二) 常用的修辞方式(一) 常用的修辞方式(二) 常用的修辞方式(三) 附录：语法复习表

注：根据人民教育出版社中学语文编辑室编六年制重点中学初中语文课本《写作》第一至六册整理，人民教育出版社，1982—1984年版。其中第五册没有找到。

表5　六年制重点中学高中语文课本《文学读本》鉴赏常识一览表

册　　数	鉴　赏　常　识
上　册	第一单元　古代诗歌鉴赏常识 第二单元　现代诗歌鉴赏常识 第三单元　古代散文鉴赏常识 第四单元　现代散文鉴赏常识
下　册	第五单元　古代小说鉴赏常识 第六单元　现代小说鉴赏常识 第七单元　古代戏剧鉴赏常识 第八单元　现代戏剧鉴赏常识

注：根据人民教育出版社中学语文编辑室编六年制重点中学高中语文课本（试教本）《文学读本》上下册整理，人民教育出版社，1985—1986年版。

表6　六年制重点中学高中语文课本《写作》目录一览表

第一册	高中一年级上学期	高中一年级下学期
	一　作文训练（一）以记叙为主的书信 二　作文训练（二）以抒情为主的书信 三　作文训练（三）以议论为主的书信（一） 四　作文训练（四）以议论为主的书信（二） 五　作文训练（五）以说明为主的书信（一） 六　作文训练（六）以说明为主的书信（二） 七　说话训练（一）演讲 八　练笔	一　作文训练（一）选准角度、确定论点 二　作文训练（二）选择论据 三　作文训练（三）运用辩证分析 四　作文训练（四）力求生动活泼 五　说话训练（二）模拟法庭辩论 附录　办好写作小报
第二册	高中二年级上学期	高中二年级下学期
	一　作文训练（一）采访是写好通讯的前提 二　作文训练（二）学习写事件通讯 三　作文训练（三）学习写人物专访 四　作文训练（四）学习写人物通讯（1） 五　作文训练（五）学习写人物通讯（2） 六　说话训练　演讲 七　练笔	一　作文训练（一）学习写诗评 二　作文训练（二）学习写小说评论 三　作文训练（三）学习写剧评 四　作文训练（四）学习写影评 五　作文训练（五）学习写画评 六　说话训练　文艺辩论

续 表

第三册	高三年级
	一　科学小论文写作训练 （一）科学小论文的特点 （二）选择题目 （三）搜集材料 （四）提炼观点 （五）安排结构 （六）起草、修改 二　说话训练 （一）科学小论文答辩 （二）专题辩论 三　综合写作训练 （一）说明的多角度 （二）说明方法的灵活性 （三）说明性段落的结构模式 （四）记叙的多角度 （五）记叙方法的多样性 （六）记叙的生动性 （七）议论的多角度 （八）议论方式的多样性 四　练笔 五　附录　应用文

注：根据人民教育出版社中学语文编辑室编六年制重点中学高中语文课本《写作》第一至三册整理，人民教育出版社，1985—1986年版。

表7　高中实验课本《写作与说话》单元目录一览表

册　数	第一册	第二册	第三册	第四册	第五册	第六册
训练内容	思考与表达（上）	思考与表达（下）	思路与章法（上）	思路与章法（下）	思辨与立意（上）	思辨与立意（下）
第一单元	观察与思考	复述与转述	论说文的特点与体式	记叙文的特点与体式	择要与概括	审题与立意
第二单元	阅读与思考	叙述与描述	论说结构的基本模式	记叙文的选材与截取	联想与想象	联想与取材
第三单元	口述与笔述	阐述与评述	论说展开的常用技法	记叙文的场面与线索	比同与辨异	构思与布局

续表

册数	第一册	第二册	第三册	第四册	第五册	第六册
第四单元	连贯与照应	概述与综述	论说文的开头与结尾	记叙结构的常见模式	推因与论果	行文与修改
第五单元	层次与中心	识体与得体	论说文的精写与修改	记叙组合的常用技法	质疑与创新	
第六单元	交际与交谈	赏析与借鉴	致辞与演讲	记叙文的精写与修改	申辩与反驳	

注：根据人民教育出版社中学语文室编高中语文实验课本《写作与说话》第一至六册整理，人民教育出版社，1994—1996年版。

九年义务教育三年制初级中学试用课本《阅读》第一册目录

第一单元　查阅字（词）典——阅读的基本能力（之一）

　　一　荔枝蜜　　　　　　　　　　　　杨朔

　　二　驿路梨花　　　　　　　　　　　彭荆风

　　三　清贫　　　　　　　　　　　　　方志敏

　　四　风筝的妙用　　　　　　　　　　陈金生

　　五　明日歌　　　　　　　　　　　　钱泳

　　语文知识（一）　汉字知识

第二单元　在听讲中培养集中注意力的习惯——听讲的基本能力（之一）

　　六　春　　　　　　　　　　　　　　朱自清

　　七　同志的信任　　　　　　　　　　唐弢

　　八　渔夫的故事　　　　　　　　　　《天方夜谭》

　　九　第比利斯的地下印刷所　　　　　茅盾

　　一〇　九个炊事员　　　　　　　　　谢方祠

第三单元　抓住文章脉络　归纳中心思想——阅读的基本能力（之二）

  一一　皇帝的新装　　　　　　　　　　　　安徒生

  一二　一件珍贵的衬衫

  一三　继续保持艰苦奋斗的作风　　　　　　毛泽东

  一四　我们宣誓　　　　　　　　　　　　　白求恩

  一五　缝纫鸟　　　　　　　　　　　　　　玛拉沁夫

  语文知识（二）　词的构成与词义

第四单元　评点式的读书方法——阅读的基本能力（之三）

  一六　鲁提辖拳打镇关西　　　　　　　　　施耐庵

  一七　草地晚餐　　　　　　　　　　　　　刘坚

  一八　老山界　　　　　　　　　　　　　　陆定一

  一九　花的话　　　　　　　　　　　　　　宗璞

  二〇　一盆万年青　　　　　　　　　　　　陶钝

  语文知识（三）　词类

第五单元　在听讲中作记录——听讲的基本能力（之二）

  二一　梅岭三章　　　　　　　　　　　　　陈毅

  二二　诗二首

    天上的街市　　　　　　　　　　　　郭沫若

    有的人　　　　　　　　　　　　　　臧克家

  二三　功名难夺报国心　　　　　　　　　　张志光

  二四　勤奋出天才　　　　　　　　　　　　郭梅尼

  二五　落花生　　　　　　　　　　　　　　许地山

第六单元　查阅参考资料的方法——阅读的基本能力（之四）

  二六　枣核　　　　　　　　　　　　　　　萧乾

  二七　古代英雄的石像　　　　　　　　　　叶圣陶

  二八　梁生宝买稻种　　　　　　　　　　　柳青

  二九　在太平洋的彼岸　　　　　　　　　　罗伯逊

  三〇　生的伟大　死的光荣

  语文知识（四）　朗读与背诵

第七单元　朗读与背诵——阅读的基本能力（之五）

　　　　三一　生命的意义　　　　　　　　　尼·奥斯托洛夫斯基

　　　　三二　最后一次讲演　　　　　　　　闻一多

　　　　三三　松树的风格　　　　　　　　　陶铸

　　　　三四　诗词二首

　　　　　　　卜算子·咏梅　　　　　　　　毛泽东

　　　　　　　雷锋之歌　　　　　　　　　　贺敬之

　　　　三五　野草　　　　　　　　　　　　夏衍

　　语文知识（五）　记叙文

第八单元　怎样阅读记叙文——阅读的基本能力（之六）

　　　　三六　小桔灯　　　　　　　　　　　冰心

　　　　三七　从百草园到三味书屋　　　　　鲁迅

　　　　三八　最后一课　　　　　　　　　　都德

　　　　三九　凡卡　　　　　　　　　　　　契诃夫

　　　　四〇　挺进报　　　　　　　　　　　罗广斌　刘德彬　杨益言

诗文欣赏

　　　　一　　狐假虎威　　　　　　　　　　《战国策》

　　　　二　　滥竽充数　　　　　　　　　　《韩非子》

　　　　三　　鹬蚌相争　　　　　　　　　　《战国策》

　　　　四　　画蛇添足　　　　　　　　　　《战国策》

　　　　五　　自相矛盾　　　　　　　　　　《韩非子》

　　　　六　　郑人买履　　　　　　　　　　《韩非子》

　　　　七　　刻舟求剑　　　　　　　　　　《吕氏春秋》

　　　　八　　王戎识李　　　　　　　　　　《世说新语》

　　　　九　　乐羊子妻　　　　　　　　　　范晔

　　　　一〇　曹冲称象　　　　　　　　　　《三国志》

　　　　一一　望庐山瀑布　　　　　　　　　李白

　　　　一二　秋浦歌　　　　　　　　　　　李白

　　　　一三　春夜喜雨　　　　　　　　　　杜甫

一四	赋得古原草送别	白居易
一五	凉州词	王之涣
一六	回乡偶书	贺知章
一七	芙蓉楼送辛渐	王昌龄
一八	泊秦淮	杜牧
一九	伤田家	聂夷中
二〇	塞下曲	卢伦
二一	游子吟	孟郊
二二	示儿	陆游
二三	题西林壁	苏轼
二四	江山渔者	范仲淹
二五	蚕妇	张俞
二六	淮村兵后	戴复古
二七	浪淘沙·北戴河	毛泽东

注：欧阳代娜主编九年义务教育三年制初级中学试用课本《阅读》(第一册)，辽宁教育出版社，1995年6月第2版。

九年义务教育三年制初级中学试用课本《写作》第一册目录

第一单元　作文的基本要求
　　　　第一次作文　多么美好的一天
　　　　第二次作文　妈妈的笑脸
第二单元　写记叙文怎样审题和拟题——审题和拟题能力训练(之一)
　　　　第三次作文　老师，您好！
　　　　第四次作文　主标题自拟——街道喜讯
第三单元　怎样在口头表达中叙述与描写事物——口头表达能力训练(之一)
　　　　第五次作文　我是一个中学生了
　　　　第六次作文　一个最好的童话

第四单元　写记叙文怎样立意——立意能力训练(之一)

　　　　第七次作文　我爱校园(　)美

　　　　第八次作文　我有一个(　)心愿

第五单元　写记叙文怎样进行观察——观察能力训练(之一)

　　　　第九次作文　主标题自拟——童年趣事

　　　　第一〇次作文　主标题自拟——故乡之行

第六单元　写记叙文怎样选择材料——选材能力训练(之一)

　　　　第一一次作文　雷锋叔叔走在我们的行列中

　　　　第一二次作文　窗前的歌

第七单元　怎样在口头表达中进行抒情与议论——口头表达能力训练(之二)

　　　　第一三次作文　我跑在清晨的小路上(或《在我身边发生的故事》)

　　　　第一四次作文　主标题自拟——对(　)事件的评议

注：欧阳代娜主编九年义务教育三年制初级中学试用课本《写作》(第一册)，辽宁教育出版社，1995年5月第2版。

义务教育初级中学课本(试用)《语文》第一册目录

第一单元　美好的思想感情

　　　　阅读训练

　　　　　　一　为中华崛起而读书　　　　　　　余心言

　　　　　　二　春笋　　　　　　　　　　　　　张翅

　　　　　　三　歌词两首

　　　　　　　　黄河颂　　　　　　　　　　　　光未然

　　　　　　　　长江之歌　　　　　　　　　　　胡宏伟

　　　　写作训练

　　　　　　四　说说我自己　　　　　　　　　　穆青

　　　　　　附　学生习作

　　　　听说训练

　　　　　　五　要说普通话　　　　　　　　　　王力

字词句系列训练
    复习汉语拼音
古诗词诵读
    出塞 　　　　　　　　　　　　　　王昌龄
    石灰吟 　　　　　　　　　　　　　于谦

第二单元　富有表现力的祖国语言
阅读训练
    六　龙宫索宝 　　　　　　　　　　吴承恩
    七　笑 　　　　　　　　　　　　　高士其
    八　政论两则 　　　　　　　　　　毛泽东
        打扫房子和洗脸
        开动机器
写作训练
    九　要丰富自己的语言 　　　　　　沈贻炜
听说训练
    一〇　说"话" 　　　　　　　　　　陈新
字词句系列训练
    复习标点符号
古诗词诵读
    泊船瓜洲 　　　　　　　　　　　　王安石
    饮湖上，初晴后雨 　　　　　　　　苏轼

第三单元　学习方法和学习习惯
阅读训练
    一一　学习语文要养成好习惯 　　　叶圣陶
    一二　短文两篇
        谈兴趣 　　　　　　　　　　　廖枝春
        触发 　　　　　　　　　　　　夏丏尊
    一三　"论学"六则
写作训练

一四　读书琐忆　　　　　　　　　　曾镇南
　字词句系列训练
　　汉字的构造
　古诗词诵读
　　观书有感　　　　　　　　　　　　朱熹
　　冬夜读书示子聿　　　　　　　　　陆游

第四单元　观察、反映生活——人和事
　阅读训练
　　一五　难忘寄园情　　　　　　　　谢稚柳
　　一六　炊烟　　　　　　　　　　　赵丽宏
　　一七　文言短文两则
　　　　牡丹图　　　　　　　　　　　沈括
　　　　斗牛图　　　　　　　　　　　苏轼
　写作训练
　　一八　一点启示　　　　　　　　　任斌武
　听说训练
　　一九　纸的故事　　　　　　　　　梅梓祥
　字词句系列训练
　　汉字的结构
　古诗词诵读
　　回乡偶书　　　　　　　　　　　　贺知章
　　蚕妇　　　　　　　　　　　　　　张俞

第五单元　观察、反映生活——景和物
　阅读训练
　　二〇　百草园　　　　　　　　　　鲁迅
　　二一　珍珠鸟　　　　　　　　　　冯骥才
　　二二　螳螂捕蛇　　　　　　　　　蒲松龄
　写作训练
　　二三　蛛网　　　　　　　　　　　杨櫺

字词句系列训练
　　不要读错字音
古诗词诵读
　　题菊花　　　　　　　　　　　　　　　　黄巢
　　小池　　　　　　　　　　　　　　　　　杨万里

第六单元　现实和想象——神话、民间故事
阅读训练
　　二四　牛郎织女
　　二五　渔夫的故事
　　二六　大禹治水
说话训练
　　二七　怎样讲故事　　　　　　　　　　　董兆杰
字词句系列训练
　　不要写错别字
古诗词诵读
　　夜宿山寺　　　　　　　　　　　　　　　李白
　　霜月　　　　　　　　　　　　　　　　　李商隐

第七单元　书信的特点和应用
阅读训练
　　二八　现代书信三封
　　　　给子女的信　　　　　　　　　　　　谢觉哉
　　　　给一位中学生的信　　　　　　　　　谈家桢
　　　　给妻子的信　　　　　　　　　　　　陈觉
　　二九　答李几仲书　　　　　　　　　　　黄庭坚
写作训练
　　三〇　谈写信　　　　　　　　　　　　　李有行
　　　附　学生习作
字词句系列训练
　　正确使用字典和词典

古诗词诵读

  逢入京使   岑参

  秋思   张籍

附录

  一 课文中的常用词语

  二 汉语拼音方案

  三 标点符号用法简表

注：浙江省义务教育教材编委会编义务教育初级中学课本(试用)《语文》(第一册)，浙江教育出版社，1997年6月第2版。

九年义务教育三年制初级中学课本《语文》第一册目录

第一单元 记叙文

  知识短文：整体感知课文的大概内容

    一 老山界   陆定一

    二 枣核   萧乾

    三 读书趣事   胡万春

    四 一张电影票   罗辰生

  作文训练

    记一件有意义的事

  汉字·形声字

第二单元 记叙文

  知识短文：掌握课文内容要点

    五 我的老师   魏巍

    六 回忆我的母亲   朱德

    七 丁冬！丁冬！丁令冬   陈伯吹

    八 为了那片光明   杨庆福

  作文训练

    写写自己

　　　　　　汉字・形似字、同音字、多音多义字

第三单元　散文

　　　　知识短文：把握课文的中心意思

　　　　　　九　从百草园到三味书屋　　　　　　　鲁迅
　　　　　　一〇　挖荠菜　　　　　　　　　　　　张洁
　　　　　　一一　书架　　　　　　　　　　　　　冯骥才
　　　　　　一二　短文两篇
　　　　　　　　落花生　　　　　　　　　　　　许地山
　　　　　　　　小名　　　　　　　　　　　　　高翔

　　　　作文训练

　　　　　　写亲人之情

　　　　语法・名词、动词、形容词

第四单元　新闻　通讯

　　　　知识短文：抓住一段文字的中心

　　　　　　一三　人民解放军百万大军横渡长江　　毛泽东
　　　　　　一四　谁是最可爱的人　　　　　　　　魏巍
　　　　　　一五　美"挑战者"号航天飞机升空后爆炸　张允文
　　　　　　一六　热血铸辉煌——澳星发射场记事　苏扩善　谢联辉　严刚

　　　　作文训练

　　　　　　写写班里的事

　　　　语法・数词、量词

第五单元　读法四则

　　　　知识短文：圈点批注，查字典和词典，用卡片做摘读笔记，写心得式笔记

　　　　　　一七　毛泽东的读书笔记　　　　　　　王国荣
　　　　　　一八　"偃旗息鼓"和"圆满结束"　　　吕叔湘
　　　　　　一九　不摆卡片不读书　　　　　　　　张寿康
　　　　　　二〇　读《画蛋》有感　　　　　　　　王延凤

　　　　作文训练

　　　　　　写读后感

　　　　语法·代词

第六单元　小说

　　知识短文：把握小说情节

　　　　二一　夜走灵官峡　　　　　　　　杜鹏程
　　　　二二　最后一课　　　　　　　　　都德
　　　　二三　窗口　　　　　　　　　　　泰格特
　　　　二四　小小说两篇
　　　　　　　泥活　　　　　　　　　　　房树民
　　　　　　　落棋有声　　　　　　　　　张新民

　　语言交际训练
　　　　自我介绍

　　语法·副词、介词

第七单元　童话　寓言

　　知识短文：童话　寓言

　　　　二五　皇帝的新装　　　　　　　　安徒生
　　　　二六　愚公移山　　　　　　　　　《列子》
　　　　二七　小溪流的歌　　　　　　　　严文井
　　　　二八　寓言四则
　　　　　　　赫尔墨斯和雕像者　　　　　《伊索寓言》
　　　　　　　蚊子和狮子　　　　　　　　《伊索寓言》
　　　　　　　两只桶　　　　　　　　　　克雷洛夫
　　　　　　　陶罐和铁罐　　　　　　　　黄瑞云

　　作文训练
　　　　写童话

　　语言交际训练
　　　　交谈

第八单元　诗歌

　　知识短文：抒情诗和叙事诗

　　　　二九　木兰诗　　　　　　　　　　北朝民歌

三〇　古代诗歌四首

　　　君子于役　　　　　　　　《诗经》

　　　敕勒歌　　　　　　　　　北朝民歌

　　　十五从军征　　　　　　　《乐府诗集》

　　　卖炭翁　　　　　　　　　白居易

三一　回延安　　　　　　　　　贺敬之

三二　新诗二首

　　　天上的街市　　　　　　　郭沫若

　　　致黄浦江　　　　　　　　公刘

作文训练

　　应用文　条据

语法·连词、助词、叹词、拟声词

注：张志公主编九年义务教育三年制初级中学课本《语文》（第一册），北京大学出版社，1998年5月第3版。

参考文献

丛立新著《课程论问题》,北京:教育科学出版社,2000年版。

顾黄初、顾振彪著《语文教材的编制与使用》,南京:江苏教育出版社,1996年版。

顾黄初著《顾黄初语文教育文集外集(上、下)》,南京:江苏教育出版社,2013年版。

黄光硕著《语文教材论》,北京:人民教育出版社,1996年版。

拉尔夫·泰勒著,施良方译《课程与教学的基本原理》,北京:人民教育出版社,1994年版。

刘征著《刘征文集(第一卷 语文教育论著)》,北京:人民教育出版社,2000年版。

施良方著《课程理论——课程的基础、原理与问题》,北京:教育科学出版社,1996年版。

张心科著《清末民国儿童文学教育发展史论》,北京:北京师范大学出版社,2011年版。

张心科著《语文课程论》,福州:福建教育出版社,2014年版。

张心科著《语文有效阅读教学:精要的内容与适宜的形式》,上海:华东师范大学出版社,2020年版。

张志公著《传统语文教育初探(附蒙学书目稿)》,上海:上海教育出版社,1962年版。

张志公著《传统语文教育教材论——暨蒙学书目和书影》,上海:上海教育出版社,1992年版。

章熊著《思索·探索:章熊语文教育论集》,北京:人民教育出版社,2002年版。

周正逵著《语文教育改革纵横谈》,北京:教育科学出版社,2013年版。

后 记

正文论述完毕之后,这里再说一下我的总的判断,那就是在中国古代教育中识字、写字、阅读、写作是相对独立的,在现代欧美英语教育中阅读、写作、口语也是相对独立的,只是我国现代语文自1902—1904年独立设科之后,因为多种原因,一直是借一篇篇的选文在同时教识字、写字、阅读、写作和口语。按理说,这种合而不分的语文教育是一种变异的语文教育,不过,因为我们多年来一直这样做,长期的非常态成了常态,身处其中久了没有觉得这不正常,不仅会把这种不正常的教育当成正常,反而会觉得提出分而有合的主张是异端思想。发现这种立场"倒错"现象的人,也许只有少数熟悉这个民族、国家历史的人,因为他们知道我们来时的路,所以才有可能知道我们从某个时段开始把路走偏了或者走错了。也只有知道我们怎么从过去走到现在的,才能反观、审视来时的路,探寻走偏、走错的原因是什么,以及正确的方向在哪里,然后规划未来,重新出发。我的努力与其说是创新,不如说我说的是常识,我只是在努力使语文教育回归常态而已。然后,有更多的人为语文教育未来的路设计蓝图、开山架桥,使之走上一条康庄大道。

从传统语文教育突转为现代语文教育,就好比过去走了几百上千年的坦途,突然变道,然后走上一条用别人的图纸在自己的土地上开辟的道路。这种开路的方式未必不当,关键是还要看其是否观察了自己的地形,是否思考过自己的行走习惯。依图开路,开出了一条正路也罢,如果像蹚水过河那样踏出来的是一条坎坷不平、荆棘丛生、越走越窄的路,那必须改弦易辙。正如施良方先生所言,"我国学校的课程并不是我国教育本身自然发展的产物,而是晚清以来由西方引进的。其所以已经融入我国教育之中,成为学校教育不可或缺的部分,不可否认是因为其中饱含了我国数代教育工作者艰辛而富于创造性的吸收与改造。也就是说,那些当年移植进来的西方课程,如今已在很大程度上中国化了。很显然,我们接受了西方近代以来的课程设置"。可是,在接受的过程中,"我们并不完全认同西方提出近代课程的理由。我们以某种独特的方式和理由实现了课程的近代化,问题是:我们的理由是什么? 这方面的实际调查尚待开展,而这个方面的伦理反思和伦理辩护更是几近空白"。[①] 本书就是对"我们并不完全

---

① 施良方著《课程理论——课程的基础、原理与问题》,北京:教育科学出版社,1996年版第285页。

认同西方提出近代课程的理由"及"我们以某种独特的方式和理由实现了课程的近代化"的语文学科展开反思,进而试图重建语文学科。

2008年,在用了近8个月时间浏览了北师大馆藏的清末民国教育类期刊后,在导师郑国民教授组织的一次学术沙龙上,我针对语文教育所存在的问题一口气提出了包括语文课程分合论在内的带"重"字的八个主张,师妹王轩蕊听后很兴奋地告诉我,她刚去访谈过周正逵先生,周先生提出了与我相似的观点。后来,针对语文课程分合问题,我在《清末民国儿童文学教育发展史论》的余论中作了初步分析,在《语文课程论》中设专章进行了论述。至此,我以为有关这个问题不需要再研究,即使去研究,在认知上也难以有所突破了。2012年冬天,我身体极差。我感觉到了生命的脆弱,于是果断地停止了此前一直在进行的语文教育史专题研究。我想做更有价值的研究,便开始总结自己的研究方法,从那时至今以随笔的形式写了三百多篇治学随笔,形成了《治学面面观》(尚未出版)一书。同时,我开始寻找语文教育中真正的最为根本、影响全局的问题。当我思考每一个现实难题并往前追溯其产生原因和推理其解决办法时,最后都落在了语文课程分合的问题上。我突然意识到,课程分合问题就是我要苦苦寻找的真正的最为根本、影响全局的问题。于是,我在此前研究的基础上,再"取证",再"发挥",提出了"语文课程:适当地分与适时地合"的命题并开展研究。本书分为三章,第一章是回溯语文课程分合的历史。试图通过文献梳理呈现识字、写字、阅读、写作、口语五项课业在近代以来分合的客观历史,揭示合而不分的多种客观的因素,如传统文选型教科书承担着多重教学功能,各种课业的教科书出版滞后,独立课业的知识体系没有建构起来,不过还有一个非常重要的原因,就是没有从理论上证明分科的合理性,没有从实践上证明其可行性,因此第二、三章在反思的基础上分别从理论论证和实践设计两方面来探讨语文课程分合的问题。这项研究的部分内容看起来已经在我上述已出的两本书中出现过,甚至有些重要的史料仍然被保留着,核心观点也没有改变,但实际上并不是简单地一再重复,而是一以贯之,第一章梳理历史和第三章设计课程是在原来的基础上的补充、拓展和深化,第二章理论阐述则为全新之作。

我过去对几十年如一日地研究一个对象的做法颇为不屑。在他人看来这是一种值得赞赏的持之以恒的精神,在我看来恰恰是其智慧不够的表现。不过,有关语文课程分合的研究改变了我此前的偏颇认识。受自身学力和客观条件的限制,当时你确实只能认识到这一步,有些问题看起来确实似乎不可再研究,但是你应该意识到所得的结论可能并非定论,因为随着时移势迁,你建构的体系如同房子会露出罅隙,你自己的认知也发生了变化,也会发现房子的破绽。文史大家章学诚曾投身朱竹君门下,得以遍览群书,交游群贤,"以所闻见,证平日之见解,有幼时所见及,至老不可移者。乃知一时创见,或亦有关天授,特少时学力未充,无所取证,不能发挥尽至(致)耳。从此所学益以坚定。著有《文史通义》一书,其中倡言立议,多前人所未发"(《文史通义·序》)①。初凭直觉所得的即便是创见,也需要在日后对此进行反复思考、深入论证。

顾炎武在《日知录》卷十九中讨论"著述之难"时称:"其必古人之所未及就,后世之所不可无而后为之。"②也就是说,学术问题必须是前人还没来得及做而后世又非常缺乏的才值得做。怎样的研究才算是拓展深化呢?其实,过去其他一些论者在讨论教材编写方式时也提出了教材的分合问题,也曾见有些人从经验的角度、以直觉的方式来讨论分合问题,但是他们对为什么分或合的原因的解释都比较简略,例如称综合课程怎样、分科课程如何,如"分则眉目清楚,合则相互为用"之类,并没有深入、全面、系统地论述;对解决的办法的设计,往往角度单一,方法简单,如只从教材分编的角度称"改革语文教材,实行分科教学,是语文教学和语文教材改革的必由之路"。这些论著多数只有主张而没有论证。也就是说,并没有提供历史、现实证据,也没进行逻辑推理,而是直接说出结论,并以"我以为"式的言语来表述。于是,我想通过历史梳理、理论阐释、实践开发的方式来研讨这个问题。

当然,实际上我也没有完全达到自己最初的设想。从总体上看,这本小书的有些地方可能还带有概论的性质。最明显的地方是我只是对语文课程分合的问题进行了论证和设计,并没有对此全面地进行课程开发,例如原先想设计的课程知识框架没有完整地建构出来,各种课程知识也没有详尽地开发出来,各种教材样张也没编写出来。目前只是在《语文有效阅读教学:精要的内容与适宜的形式》(华东师范大学出版社,2020年版)一书中从文体和语体的角度将本书的第二章第六、七节所讨论的教学内容与形式问题中的阅读教学部分具体化了。总之,这让我想起以前读过的一篇寓言《造屋》(陈四益):"东市有一愚人,欲造一华美居室,竟日瘩痳思量,何处作基,何处立柱,何处架屋,何处安门,如何涂饰,如何安顿。如是五年,一砖未置,一木未备。其人抚膺

---

① 章学诚著,罗炳良译注《文史通义》,北京:中华书局,2012年版第1页。
② 张艳云、段塔丽译注《日知录选译》,南京:凤凰出版社,2011年版第186页。

叹曰:'建屋如是之难乎!吾殚思竭虑,竟不能成。'"①我大概就是这个喜欢"想"的愚人吧!不过,令人欣慰的是,我把一百年来时隐时现、在大家所熟知的以"合"为主的"主流"课程(教材)与教学背后的那条以"分"为主的虚线揭示了出来,而且试图把这条虚线变成实线,至少要和"主流"课程(教材)与教学并驾齐驱,进而能相辅相成。我在前人的基础上,通过历史回溯、理论分析、未来设计的方式,把对语文课程分合问题的认识推进了一步。也希望大家尝试从课程分合的角度去重新思考多年来争论不休、尚无共识的语文课程名称、性质、目标、知识等问题,也许能获得一些新的认识。例如我后来在《以主题组织选文的成因与利弊分析——由新学制时期中学语文教科书谈起》(《语文建设》,2016年第5期)中就从课程分合的角度讨论过教科书选文的编排方式。我在文中指出,多年来我国的语文教科书是一种"集成课本",就是由一篇篇选文组成,而且选文同时充当识字、写字、阅读、写作和口语交际教材之用,如果我们独立编写出识字、写字、阅读、写作和口语交际教材,那么根据各种教材中的选文功能不同,其组织方式是否也应该有所不同呢?例如,如果是写作教材,那么选文主要充当的是某种写法的例子或者引发某种话题的引子。相应地,作为例子为了凸显其示范功能则以体裁来组织一组选文为宜;作为引子则应多从内容考虑而宜以主题—题材来组织一组选文。如果是口语交际教材,那么其中的选文除了演讲稿、论辩词等口语交际的例子,更多的是为交际活动的开展提供一个话题和情境,同时为了提高学生参与活动的动机,以主题—情境来组织选文最为恰当。如果是阅读教材,那么需要进一步细分选文的功能(教学目的)。据此可以大致分为获取知识(教化)、审美怡情、训练技能三种,每种选文的组织方式也不同。就获取知识来说,如果是让学生获得某种内容性知识(教化),自然以主题组织选文为宜;如果是让学生获得文本形式知识(包括文学史知识),自然应以体裁(兼顾文学史顺序)来组织选文。如果是为了让学生审美怡情,则各种安排方式均可。如果是训练阅读技能,则应建构阅读技能体系,再围绕各项技能来选择最能训练这项技能的一组文章。

当然,最重要的一项建设还是在2015年本书初稿完成后我在2018年写作的《语文有效阅读教学:精要的内容与适宜的形式》一书。我在后者中对在阅读教学中历来如此、千万人如此的做法提出了批评,揭示了包括因读写不分在内的因素所造成的不

---

① 陈四益文,丁聪图《陈文丁画之百喻图》,北京:文化艺术出版社,2006年版第27页。

当,然后从文本体式的角度建构了八种不同文体、语体的阅读教学模型,其实就是八种阅读及其教学的技能。打个比方,《语文课程分合论》就如同我新造的一座大房子,它肯定已经不是尚处于图纸上的那个形象,而是四梁八柱已经架构起来而多个房厅又还处于毛坯阶段的房子,而在这本书之后写出却早于这本书出版的《语文有效阅读教学:精要的内容与适宜的形式》就像是这座房子里的先行精装用作样板的单间。我只是以"精要的内容与适宜的形式"为主题并从文本体式这个角度切入来设计、装修了这个单间。当然,包括这个单间在内的所有房间,还有多种可能的装修风格。我建了一座房子,只是装了一个房间而已。语文学科建设这项工程巨大,我希望有更多的人能参与其中。

总之,我相信黑格尔的"可能性"是"潜在的现实性"的论断,并相信自己有关语文课程分合的主张在一定的条件下有一天会变成现实。一座带有民族风格又不古旧的新的语文教育大厦会矗立在这片广袤的土地上熠熠生辉!

最后,要特别感谢责任编辑王丹丹老师,她发现了书稿的不少错漏之处。还要感谢我的妻子元枝,十五年前我开始思考语文课程分合问题时,和她说起过写作此书的想法。

张心科

2022 年 03 月 22 日